High Speed Rail and China's New
Economic Geography:
Impact Assessment from the Regional Science Perspective

陈振华（ZHENHUA CHEN）
【美】金斯利·E.海恩斯（KINGSLEY E. HAYNES）   著
周玉龙（YULONG ZHOU）
戴昭鑫（ZHAOXIN DAI）

李红昌｜译

高速铁路与中国的新经济地理
——基于区域科学视角的影响评价

中国财经出版传媒集团
经济科学出版社
Economic Science Press

图书在版编目（CIP）数据

高速铁路与中国的新经济地理：基于区域科学视角的影响
评价 / 陈振华等著；李红昌译. —北京：经济科学出版社，
2022.8

书名原文 High Speed Rail and China's New Economic Geography：
Impact Assessment from the Regional Science Perspective

ISBN 978 - 7 - 5218 - 3910 - 4

Ⅰ.①高… Ⅱ.①陈… ②李… Ⅲ.①高速铁路 - 关系 -
中国经济 - 经济发展 - 研究 Ⅳ.①F532.3②F124

中国版本图书馆 CIP 数据核字（2022）第 138693 号

责任编辑：杨 洋 赵 岩
责任校对：隗立娜 杨 海
责任印制：范 艳

高速铁路与中国的新经济地理
——基于区域科学视角的影响评价

陈振华 等著

李红昌 译

经济科学出版社出版、发行 新华书店经销

社址：北京市海淀区阜成路甲 28 号 邮编：100142

总编部电话：010 - 88191217 发行部电话：010 - 88191522

网址：www. esp. com. cn

电子邮箱：esp@ esp. com. cn

天猫网店：经济科学出版社旗舰店

网址：http：//jjkxcbs. tmall. com

北京季蜂印刷有限公司印装

787 × 1092 16 开 15.25 印张 300000 字

2022 年 8 月第 1 版 2022 年 8 月第 1 次印刷

ISBN 978 - 7 - 5218 - 3910 - 4 定价：62.00 元

（图书出现印装问题，本社负责调换。电话：010 - 88191545）

（版权所有 侵权必究 打击盗版 举报热线：010 - 88191661

QQ：2242791300 营销中心电话：010 - 88191537

电子邮箱：dbts@ esp. com. cn）

图字：01 - 2021 - 7134

HIGH SPEED RAIL AND CHINA'S NEW ECONOMIC
GEOGRAPHY：IMPACT ASSESSMENT FROM
THE REGIONAL SCIENCE PERSPECTIVE
by
ZHENHUA CHEN, KINGSLEY E. HAYNES, YULONG
ZHOU AND ZHAOXIN DAI
Copyright：© ZHENHUA CHEN AND KINGSLEY E. HAYNES 2019

This edition arranged with EDWARD ELGAR PUBLISHING LIMITED （EE）
through Big Apple Agency, Inc. , Labuan, Malaysia.
Simplified Chinese edition copyright：
2022 ECONOMIC SCIENCE PRESS

目 录

CONTENTS

第二部分
旅游业和航空的影响

第1章

引 言*

1.1 中国高铁

高速铁路（HSR，以下简称"中国高铁"）主要为客运设计，运行速度为250公里/小时或更快，中国高铁自21世纪初以来经历了前所未有的发展。与日本和欧洲经历的渐进式发展模式不同，从系统的规模和部署速度来看，中国的高铁发展可以视为一场革命。就全球扩张速度而言，没有任何国家能与中国相提并论（Chen & Haynes，2015）。2004～2016年，高铁的客运专线设计全长22000公里，新建了425座高铁车站，部署了1000多列高铁列车。迄今为止，已连通的高铁网络服务了中国28个省份中的500多个城市，每年使数十亿人受益。

中国高铁的发展离不开社会经济和政治因素的推动。自1978年实施改革开放政策以来，人口的快速增长和国民经济的扩张导致铁路旅行需求急剧增加。由于内陆和沿海地区以及城市和农村地区之间的区域经济不平等加剧，这种扩张引起了区域移民。而中国经济的快速增长又刺激了出行需求的增长。2004～2012年，铁路客运量增长超过70%，从2004年的11.1亿人增加到2012年的18.9亿人。这样的快速增长超过了现有客运铁路服务能力，使其面临严峻的社会挑战，如火车

＊ （1）本章根据陈和海恩斯（2015）的4.1节，对1.3节和1.4节进行了修订和更新。（2）应当指出，核心区域和外围区域的分类不一定反映其地理位置。它更经常指的是城市或地区的经济状况。因此，中间城市可能是高铁路线的地理核心，但其经济地位是外围的，不是在经济地位方面具有中心作用的主要大城市。

票供不应求、车厢人满为患，尤其是在旅游旺季。铁路基础设施网络的有限能力，使在同一轨道系统上运行的铁路货运服务也受到了限制。反过来，由于替代效应，导致铁路货运的市场份额持续下降，以及货运卡车的竞争加剧，最后导致运输瓶颈。因此，发展高铁不仅是解决铁路客运供需不平衡问题的方案，而且还有助于扩大现有铁路货运网络的货运能力。

高铁在中国的快速发展还要归因于基础设施规划、融资、建设和营销过程中的政策因素。在中央政府的大力支持下，社会经济资源迅速分配给了高铁发展，这一目标主要是通过行政法规和经济干预手段实现的。例如，在"技术换市场"的原则下，中国铁路部门的研发（R&D）能力和制造技能通过与高铁技术领先的国家（包括日本、法国和德国）合作而得到了提高。中国不仅仅是依赖于单一技术类型，还收购、改造、改进和集成了包括日本新干线、法国 TGV 和德国 ICE 在内的各种高铁技术，以及环境与技术标准。此外，在中央、省和市政府的信贷认可下，高铁项目先通过中央政府的直接付款和补贴，随后获得国家公共部门实体的铁路债券以及国内商业银行的银行贷款，以相对较低的成本迅速获得了融资（Chen & Haynes，2016）。

中国高铁早期研发工作可以追溯到 20 世纪 80 年代，但是直到 2004 年国家铁路发展战略《中长期铁路网规划》颁布和全面实施之后，才首次制订了中国高铁的具体发展计划。该战略概述了有关铁路基础设施网络扩展的详细计划和政策规划，其中包括铁路升级和铁路技术改进。近几十年来，高铁网络经历了快速的扩展。国家发展和改革委员会分别于 2008 年和 2016 年进一步修订和更新了该计划，以促进国家铁路基础设施网络的不断扩展。如表 1-1 所示，这些策略概述了国家级和地区级铁路基础设施发展的规划目标，这些策略的主要特征之一是高速铁路网络的互联互通，以促进城际旅客旅行。高铁系统预计将比传统的客运铁路系统更先进，因为大多数高铁列车的运行速度为 250 公里/小时及以上。此外，高铁系统的设计将在准时性、便利性、安全性和服务频率方面，提供比常规铁路更好的旅行体验（Givoni & Banister，2012），该系统还有望减轻货运和客运铁路运输的供需不平衡（Chen & Haynes，2015）。

表 1-1　　　　　中国中长期铁路网规划策略

规划内容	2004 年规划策略	2008 年规划策略	2016 年规划策略
规划周期	2003～2020 年	2008～2020 年	2016～2025 年和 2030 年
预期轨道长度	100000 公里	120000 公里	175000 公里

规划内容	2004 年规划策略	2008 年规划策略	2016 年规划策略
高铁轨道长度	12000 公里	16000 公里	38000 公里
规划主要特征	铁路干线的客货运输分开；将双轨和电气化率提升到 50%；修建 4 条东西向和 4 条南北向干线；高铁的运行速度应为 200 公里/小时或者更高	建立 4 条东西向、4 条南北向干线，重点发展人口密度高地区；为主要城市建立城市间铁路系统；在欠发达的西部地区扩大铁路网络	开发 8 条东西向、8 条南北向的干线；运行速度为 250 公里/小时或更高（连接主要城市的运行速度为 350 公里/小时，连接区域的运行速度为 250 公里/小时，城际铁路的运行速度为 200 公里/小时）

资料来源：作者整理而得。

就系统规模和部署速度而言，中国的高铁发展十分迅猛，没有任何一个国家的高铁系统可与之相比。如图 1-1 所示，随着越来越多的高速铁路投入运营，乘客量持续增长。2016 年，铁路旅客旅行的年度载客量达到 14.4 亿人，是十年前初始水平的 22 倍。在供应方面，铁路网络也大大扩张。例如，到 2016 年底，运营中的铁路总里程达到了 124000 公里，其中包括全国 22000 公里的高铁。

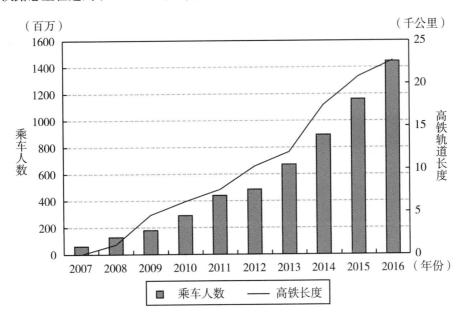

图 1-1　中国高铁乘客量和轨道长度的演变
资料来源：作者收集中国铁路总公司资料得到。

根据《铁路"十三五"发展规划》，到 2020 年整个铁路基础设施网络将扩大到150000公里，高铁网络预计将达到30000公里，覆盖中国80%以上的主要城市；到2025年国家铁路网将进一步扩展到175000公里，其中包括38000公里的高铁；预计到2030年，完整的高铁系统将连通超过500000人口的所有主要大城市、省会城市和其他大中城市。通过高铁，相邻主要城市之间的旅行时间为1~4个小时，而每个特大城市内部旅行时间预计为0.5~2个小时。

根据不同系统的功能和技术规格，中国高铁系统的规划基础设施可分为以下三类：国家高铁干线系统、区域高铁系统和在城市间运营的城际高铁系统。

1.1.1 国家高铁干线

国家高铁干线系统规划了八个垂直（南北向）和八个水平（东西向）通道，连接中国的主要城市（见表1-2）。该干线系统将通过扩展已有的四条垂直和四条水平高铁线路连接中国所有人口密集地区，其中一个显著特点是，新规划的高铁干线运行速度将达到250公里/小时（155英里/小时）甚至更快的一种客运专线。国家铁路发展战略表明，对人口稠密地区和经济发达地区的走廊，也可以采用更高的技术标准，最高时速达到300~350公里/小时（190~220英里/小时）。预计整个干线系统完成后，区域间旅客旅行需求受限问题可能会得到缓解。

表1-2　　　　　　　　　高铁干线计划摘要

类型	通道	连接的主要城市
南北向	沿海通道	大连（丹东）—秦皇岛—天津—东营—潍坊—青岛（烟台）—连云港—盐城—南通—上海—宁波—福州—厦门—深圳—湛江—北海（防城港）高铁，包括青岛到盐城使用清连、连盐铁路，南通至上海使用沪通铁路
南北向	北京—上海	北京—天津—济南—南京—上海（杭州）高铁，包括南京—杭州，宁波—合肥—杭州高铁，北京—天津—东营—潍坊—临沂—淮安—扬州—南通
南北向	北京—香港 北京—台湾	北京—雄安—衡水—菏泽—商丘—阜阳—合肥（黄冈）—九江—南昌—漳州—深圳—香港（九龙）；另一个分支是合肥—福州—台北高铁，包括南昌—福州（莆田）铁路
南北向	北京—哈尔滨—香港—澳门	哈尔滨—长春—沈阳—北京—石家庄—郑州—武汉—长沙—广州—深圳—香港高铁，包括广州—珠海—澳门高铁

类型	通道	连接的主要城市
南北向	呼和浩特—南宁	呼和浩特—大同—太原—郑州—襄阳—常德—益阳—邵阳—永州—桂林—南宁高铁
南北向	北京—昆明	北京—雄安—保定—漳州—太原—西安—成都（重庆）—昆明高铁，包括北京—张家口—大同—太原高铁
南北向	包头（银川）—海口	包头—延安—西安—重庆—贵阳—南宁—湛江—海口（三亚）高铁，包括银川—西安和海南环岛高铁
南北向	兰州（西宁）—广州	兰州（西宁）—成都（重庆）—贵阳—广州高铁
东西向	绥芬河—满洲里	绥芬河—牡丹江—哈尔滨—齐齐哈尔—海拉尔—满洲里高铁
东西向	北京—兰州	北京—呼和浩特—银川—兰州高铁
东西向	青岛—银川	青岛—济南—石家庄—太原—银川高铁（其中太原至银川段使用太中银铁路）；它连接华东、华北和西部，沿黄河连接山东半岛、京津冀、太原和宁夏等
东西向	欧亚大陆桥	连云港—徐州—郑州—西安—兰州—西宁—乌鲁木齐高铁
东西向	扬子江	上海—南京—合肥—武汉—重庆—成都高铁，包括南京—安庆—九江—武汉—宜昌—重庆，万州—重庆—遂宁—成都高铁（成都至遂宁段利用达成铁路）
东西向	上海—昆明	上海—杭州—南昌—长沙—贵阳—昆明高铁
东西向	厦门—重庆	厦门—龙岩—沧州—长沙—常德—张家界—钱江—重庆高铁（其中厦门—沧州段利用龙厦铁路和赣龙铁路，常德—丽江段利用黔张常铁路）
东西向	广州—昆明	广州—南宁—昆明高铁

资料来源：国家发展和改革委员会《2016年铁路发展中长期计划》。

1.1.2 区域高铁系统

区域高铁系统是对国家高铁干线服务的补充。如表 1-3 所示，这些高铁线路将二线和三线城市与主要大城市的中心连接起来。区域高铁服务的重点是在欠发达地区建立铁路基础设施网络和高铁服务，因此其主要关注欠发达城市，以满足客货运铁路运输以及国家一体化运输需求。大多数区域高铁系统的设计运行速度为200公里~250公里/小时（或120英里~160英里/小时），但如果某些"走廊"连接主要省会城市，则可能会设计成更高的速度。

表1-3　　　　　　　　　　中国的区域高铁系统

区域	路线	长度（公里）	速度（公里/小时）
东部	北京—唐山	148.7	350
东部	天津—承德	253	350
东部	日照—临沂—菏泽—兰考	494	350
东部	上海—湖州	164	350
东部	南通—苏州—嘉兴	190	250
东部	杭州—温州	310	350
东部	合肥—新沂	345.3	350
东部	龙岩—梅州—龙川	265.5	350
东部	梅州—汕头	122.5	250
东部	广州—汕尾	206.2	350
东北部	齐齐哈尔—乌兰浩特—白城—通辽	450	250
东北部	佳木斯—牡丹江—敦化—通化—沈阳	940	250
东北部	朝阳—盘锦	109	350
中部	郑州—阜阳	277	350
中部	郑州—濮阳—聊城—济南	391	350
中部	黄冈—安庆—黄山	125	350
中部	巴东—宜昌	N/A	N/A
中部	宣城—鸡西	N/A	N/A
中部	南昌—景德镇—黄山	285.9	350
中部	石门—张家界—吉首—怀化	N/A	N/A
西部	玉屏—铜仁—吉首	N/A	N/A
西部	绵阳—遂宁—内江—自贡	N/A	N/A
西部	昭通—六盘水	N/A	N/A
西部	兰州—张掖	N/A	N/A
西部	贵港—玉林	N/A	N/A

注：N/A表示信息不公开。

资料来源：国家发展和改革委员会《2016年铁路发展中长期计划》。

1.1.3 城际高铁系统

城际高铁系统服务的地理规模相对较小，主要集中在特大城市。建立城际高铁目的是为连接人口密度相对较高的主要城市群和大都市地区，为区域内人口旅行和通勤提供服务。城际高铁系统的运行速度取决于所服务的距离和区域，市区内大多数城际高铁的设计运行速度为 200～250 公里/小时或更低，而北京至天津的城际铁路等少数高铁的最高时速为 350 公里/小时。两个终点城市之间的服务距离通常在同省范围内，介于 100～300 公里。应该注意的是，为特大城市服务的城际高铁与上述两个高铁系统的不同之处在于，基础设施建设通常由地方政府资助，运营通常由地方铁路或运输当局实施。表 1-4 总结了正在建设或正在运营的主要城际高铁系统。

表 1-4   中国城际高铁系统

城市	城际高铁	最高速度（公里/小时）	长度（公里）	车站数量	开通日期（年—月—日）
北京—天津—河北	北京—天津	350	115	2	2008-08-01
	北京—唐山	350	149	8	2018
成都—重庆	成都—都江堰主线	220	65	12	2010-05-12
	彭州支线	200	21	6	2014-04-30
	成都—浦江	200	99	12	2015
	成都—重庆	300	305	12	2015
长三角	上海—南京	350	301	22	2010-07-01
	金华—温州	250	188	8	2015-12-26
	杭州—黄山	250	265	10	2018-10
珠三角	广州—珠海	200	117	17	2011-01-07
	新会支线	200	27	3	2011-01-07
	佛山—肇庆	200	85	12	2016-03-30
	东莞—惠州	200	97	18	2016-03-30
	广州—佛山	200	35	11	2016-03-30
	广州—清远	200	38	6	2019

城市	城际高铁	最高速度（公里/小时）	长度（公里）	车站数量	开通日期（年—月—日）
长江中游	武昌—咸宁	250	90	13	2013 – 12 – 28
	武汉—黄石	250	97	14	2014 – 06 – 18
	武汉—黄冈	250	66	8	2014 – 06 – 18
	汉口—孝感—十堰	200	432	13	2016 – 02 – 01
	长沙—株洲—湘潭	200	96	24	2016 – 12 – 26
中部平原	郑州—开封	200	50	13	2014 – 12 – 28
	郑州—焦作	200	69	5	2015 – 06 – 26
哈尔滨—长春—沈阳	哈尔滨—佳木斯	200	343	19	2018
	长春—吉林	250	111	5	2010 – 12 – 30
	沈阳—丹东	350	208	8	2015
	丹东—大连	200	296	15	2015
海南	海南东环岛	250	308	15	2010 – 12 – 30
	海南西环岛	250	342	17	2015

注：该列表不包括以下国家间干线系统中的城际高铁线路：江油—成都—乐山，南京—杭州，武汉—九江，南昌—九江，衡阳—柳州—南宁，青岛—荣成，哈尔滨—齐齐哈尔市和哈尔滨—牡丹江，它还不包括区域高铁部分，例如，南京—安庆，重庆—万州和贵阳—开阳。

资料来源：作者整理。

随着高铁网络的逐步完善，发达的东部和南部沿海地区以及欠发达的西部地区之间的空间连通性和区域可及性有望得到改善，并随之影响区域经济发展。在我们继续分析高铁系统如何为中国创造了新的经济地理或空间经济之前，有必要描述一下国际环境以及中国高铁经验的实施如何潜在地重构世界地图。

1.2 全球视野：一带一路

中国现在意识到，它拥有的技术和经济实力可以使铁路系统（一路）将伦敦和上海连接，并提供一套港口支持系统供海上运输（一带），该系统可以在东南亚和欧洲之间循环行驶，它将创造贸易利益，并影响整个欧亚大陆及其周边的体系。这种地缘政治贸易结构在范围上将是无与伦比的。

这种认识和新目标是中国从高速铁路大型项目的国内全系统规划、实施和执行中所学到经验教训（技术、金融和管理）的结果。另外，作为国内传统且成功的、以制造业为导向出口的中国高铁是新的国际战略和贸易项目，更是需要迅速发展的运输相关产业以及相关的上下游生产和供应设施的支持。

1.3　高铁与中国的新经济地理[*]

我们将注意力转移到中国的国内经济上，并着重讨论以下内容：高铁项目的实施对中国经济的空间组织产生了什么影响？为了研究新运输系统及其在中国各地的连通所产生的影响，我们需要探索一些基本理论，这些理论将有助于我们对预期的发展进行一系列估计。在与预期相反时，我们将比较和评估我们的经验结果，尤其是在区域差异方面。

由于各种区域经济活动之间空间相互作用的复杂性，即使采用某种理论，也不清楚通过高铁网络将在多大程度上消除区域差异。为了更好地理解高铁对中国区域经济影响的理论基础，本章节从中国经济背景下的新经济地理学角度探讨了影响机制。

经济地理是研究世界各地经济活动的地理位置、分布和空间组织。直到 20 世纪 90 年代，该理论一直处于主流经济学的边缘，克鲁格曼（Krugman，1991b）提出了核心边缘模型的分析方法，该模型使分析者能够捕捉市场结构中经济活动的区位选择。在这模型之后发展的理论被称为新经济地理学（NEG），旨在通过考虑规模经济、垄断竞争和运输成本解释经济活动的空间集聚（Krugman，1991a；1991b）。与传统的区位选择研究不同，新经济地理模型更加注重对个体选择和市场出清的微观经济基础（Zhu & Tao，2013）。

NEG 的核心推动力是考虑两个不同的经济过程，分别为向心力和离心力，它们影响经济活动集聚的产生。在空间上，这些代表了将内部影响扩散到外围以及外围本身的属性。如表 1 - 5 所示，左侧表示向心力，包括市场规模效应、庞大的劳动力市场和纯粹的外部经济。市场规模效应在生产者和消费者之间建立了低成本的运输联系，密集的劳动力市场表明生产市场与熟练专业的劳动力之间是互通的，而纯粹的外部经济表明在城市化和本土经济发展支持下，地区经济活动集中

---

[*]　根据陈和海恩斯（Chen & Haynes，2015）的 4.1 节，对 1.3 节和 1.4 节进行了修订和更新。

伴随着信息溢出（Krugman，1998）。相反，表1-5右侧列出的离心力包括固定要素、地租和纯负外部经济因素，包括土地和自然资源等因素的位置僵化、经济活动集中造成的负外部经济性，例如，污染、环境恶化和交通拥堵。上述两种力量都对产业集聚的形成有影响，当向心力大于离心力时，就会发生区域性集聚。反之，区域性负面溢出将占主导地位。

表1-5 影响地理集聚的力量

向心力	离心力
市场规模效应（连锁）	固定要素
劳动力市场充足	土地租金
纯外部经济	纯外部不经济

资料来源：Krugman P. R. （1998）. What's new about the new economic geography? Oxford Review of Economic Policy, 14 （2）：7-17.

运输成本是 NEG 中考虑的关键因素，因为它决定了产业集聚过程中两种力量的大小（Krugman，1991a）。由于存在运输成本，产业部门倾向于通过选择市场需求大且出口成本低的地点来大化销售（Zhu & Tao，2013）；同时，企业也倾向于通过选择资本和劳动力供应充足且成本较低的地区降低成本。作者使用溢出一词代表一个地点的经济活动的空间外部性，因为它们影响附近地点的经济活动。这些溢出可以是正的，带动经济活动（具有溢出效应的向心力），也可以是负的，分散经济活动（具有溢出效应的离心力）。正是这些力量的相互作用以及一种力量超过另一种力量，导致市场向中心集聚或向外围分散或扩散。

NEG 这一框架有助于描述中国的经济活动。大规模的劳动力从中国中部和西部转移到沿海地区以及从沿海地区转移到西南地区的制造业带，呈现出戏剧性的核心—外围模式，这有助于解释城市集聚。鉴于外部规模经济已嵌入更广泛的贸易体系中，NEG 还提供了一种新的方式解释中国式产业本地化的福利效应。

NEG 帮助我们了解中国高铁发展对区域经济的影响，因为区域集聚与运输之间的理论联系已经建立。与许多建立跨国高铁网络的欧洲国家一样，中国高铁发展的主要目标之一是加强区域经济一体化并减少不同区域之间的差距。该目标背后的理由是高铁基础设施通过改善区域连通性和可达性促进区域经济发展。互连 HSR 网络提高了企业和个人活动地理上的可达性，因此可以在已扩大的地理规模上更有效地分配资源。鉴于基础设施的改善和旅行时间的减少，运输成本的降低也有望提高要素流动的效率。因此，产出和就业可能会增长（Bayley，2012）。

应该注意的是，上述高铁对中国经济影响的理论推论是基于向心力大于离心力的假设。换句话说，只有在积极影响如最终需求市场可达性改善和要素投入成本降低等，大于固定因素如土地租金增加、污染和拥堵等负面影响时，才能预期高铁对区域增长的积极贡献。目前尚不清楚已建立的高铁线路导致了区域经济趋同还是分散。对高铁对区域影响缺乏了解的主要原因有两个：其一，尽管许多高铁线路已经开通并运行多年，但仍缺乏用于实证研究的数据；其二，高铁与区域经济活动之间的空间相互作用涉及到复杂的机制，如果不采用复杂的建模技术来捕获各种集聚效应，就无法对其进行适当的评估。

另外，由于当地的向心力和离心力不同，高铁对经济发展的空间影响也会有所不同。在中国一些城市化的都市区，如城市群普遍密集、拥挤的省会城市，新增加的高铁服务可能会大幅降低运输成本，并由于离心力的主导作用而导致负溢出效应。因此，制造业和服务业等商业和经济活动更有可能从城市中心搬迁到郊区和邻近的农村地区，那里的土地租金相对较低，劳动力成本也较低。相反，在其他地区，如中国相当多的二线城市，降低运输成本可能会促进强大的向心力，进而导致商业活动的集聚。很明显，当向心力大于离心力时地区集聚现象发生，否则负的地区性溢出占主导地位。维克曼和犹利德（Vickerman & Ulied，2009）指出，这两种力量共存并同时影响经济活动的空间分布，但是当区域集聚占主导地位时，区域差异可能会增加。

在现有文献中，已经有研究关于高铁对区域发展的影响进行了广泛讨论，但是关于高铁对经济增长的影响在不同地区是正还是负，尚未达成共识。由于地区特征不同，对各个地区的影响也可能有所不同。在短期内，鉴于高铁是为旅客出行而开发的，由于节省了旅行时间，因此可以直接提高劳动生产率，特别是服务导向的部门；从长远来看，新增加的高铁服务可以增加公司进入市场的机会，这可以降低运输成本，提高公司的竞争力并促进区域经济活动。相反，在某些情况下，由于区域差距扩大，改善可达性的高铁可能对一个国家的整体经济产生负面影响。换句话说，由于集聚效应，大都市城市的经济增长可以通过劳动力迁徙、牺牲中小城市增长来实现。一些学者指出，对高铁的运输基础设施投资并未使欧洲经济实现整体增长，反而引起了不同地区之间的重新分配（Albalate & Bel，2012；Puga，2002；Rodríguez-Pose & Fratesi，2004；Tomaney，2011）。在西班牙的巴塞罗那和马德里等主要经济区的商业活动可能已经实现规模经济，而中小规模的中间城市却为此付出了代价，这是因为那些主要经济区在吸引劳动力、资本和商业机会方面更具竞争力，高铁导致的外部可达性的提高可能会增强这些优势（Pol，2003）。实际上，这种模式已经在欧洲的几家高铁线路中得到确认，因为高铁服务开始后，主要城市的可达性相对于周边城市大大增强（Tomaney，2011）。维克曼等（1999）进一步指出，欧洲高铁的发展不平等地改善交通便利性，因为周边地区的正向收益往往大大低于核心城市。

高铁对区域集聚的影响从 NEG 的角度进行了广泛的讨论。沿着铁路走廊，高铁服务可能会带动主要核心城市而不是周边地区扩大其已有的规模相关的比较优势。交通支持的集聚经济体产生的积极效应提高了核心城市相对于周边地区的生产率差异（Tomaney，2011；Vickerman & Ulied，2009）[1]。例如，法国的东南部高速铁路 LGV Sud-Est 连通巴黎和里昂，邦纳佛斯（Bonnafous，1987）发现该高铁沿线的中间城市之一梅肯（Macon）实现了经济增长，但却以其邻近城市为代价，许多公司迁出邻近城市。1999～2006 年，梅肯的就业人数增长了 13.5%，而周边地区的城市普遍出现了失业（Melibaeva et al.，2011）。同样，据观察，里昂高铁站周围区域商业活动繁荣发展，但是以城市市区其他地方缓慢发展为代价的，许多企业搬离了（Melibaeva et al.，2011）。

德鲁斯（DeRus，2008）指出，考虑投资的成本效益问题，高铁主要目的是将主要城市地区与区域间的旅行市场联系起来。在欧洲，高铁沿线的中间城市通常很少被考虑，因为其旅行市场规模可忽略不计（Ureña & Coronado，2009）。阿尔巴拉特和贝尔（Alblate & Bel，2012）进一步支持了这一观察结果，他们指出，中型城市可能因大型的、充满活力的城市失去商机，遭受的损失最大。在某些情况下，如果区域内联动性较差，则区域内经济发展的差异可能会加剧（Palanza，1998；Tomaney，2011）。最终，改进的高铁基础设施所带来的可达性变化可能会加剧经济活动从一个地区或城市到另一地区或城市的重新分配，而不是产生新的经济增长，这不可避免地导致总增长为零（无增长）或非常微小的增长（Melibaeva et al.，2011）。

1.4　高速铁路的空间影响

随着国家高铁干线网、区域高铁以及为服务于大都市的城际高铁线路建成，

---

[1]　应当指出，核心区域和外围区域的分类不一定反映其地理位置。它更经常指的是城市或地区的经济状况。因此，中间城市可能是高铁路线的地理核心，但其经济地位是外围的，不是在经济地位方面具有中心作用的主要大城市。

中国的区域可达性将得到改善，总体运输成本有望降低。高铁有助于重塑不同地区之间经济活动的空间分布，高铁对区域经济的分布影响可能因地理位置和经济部门而异，这主要是由于要素禀赋、社会和人口特征以及中国经济结构的异质性模式。具体而言，高铁的空间影响可以通过以下两个视角进行定性分析：都市圈和城市圈。

1.4.1 都市圈影响

随着中国高铁线路系统建立，运输成本降低并且可达性提高，特大城市的核心作用有望得到加强。集聚效应有可能以更加便利的方式促进劳动力的迁移和资本资源的替代，从而增加大城市的凝聚力。

相反，尽管中国的经济增长主要由位于珠江三角洲、长江三角洲和环渤海经济圈等主要大城市的制造业和服务业驱动，由于运输成本的下降，高铁促进区域间可达性改善，可能会进一步加速这些大城市之间的区域经济竞争。尽管排名前三的大都市圈可能仍旧是中国区域经济增长的引擎，但由高铁推动的多元化区域竞争环境可能会进一步促进与高铁网格相连的其他大都市圈的增长和发展。因此，可以预见的是，在不同的特大城市之间可能会出现不成比例的增长方式。

另外，由于城际高铁服务的建立，某些特大城市区域内可达性的改善可能会促进区域溢出和经济活动的分散。鉴于旅行时间的减少，中国高铁系统的发展可能会促进沿高铁路线的区域经济集聚。随着高铁服务的需求增加，主要特大城市的地理规模预计将扩大到更大的空间。例如，环渤海经济圈（北京—天津—河北）特大城市的地理边界预计将向东北扩展，并在北京—沈阳高铁线建成后与辽宁中部特大城市重叠。北京—广州高铁、北京—上海高铁和石家庄—太原高铁等南行高铁的运营，使石家庄、太原、济南、青岛、北京和天津等主要城市之间的旅行时间减少到 1 小时，如此大幅减少出行时间可进一步促进华北地区的市场整合和经济增长。

在北京西南部地区兴建的全新大都市三角区（称为"雄安新区"）的开发计划（新华社，2018），这是为解决北京市人口拥挤、交通拥堵、污染和环境恶化等诸多问题而产生的，由于高铁的发展使该地区与全国其他地区高效率低成本快速地连接起来。

同样，通过高铁改善地区间联系，使得有望在其他大城市之间实现区域一体化。例如，集中在哈尔滨和长春的东北大都市圈可能会在哈尔滨—大连高铁运营后与辽宁中部大都市圈融合；京广高铁的建成可能进一步促进沿"走廊"的特大城市之间的区域经济一体化，这些"走廊"位于中原地区、大长沙都市圈、大武汉都市圈和珠江三角洲地区；通过福建省在深圳和上海之间建立南沿海高铁线路，有望促进珠江三角洲地区、海峡大都市西侧和长江三角洲地区之间的区域一体化；最后但同样重要的一点是，成都和重庆之间的高铁运营将加速这两个西南增长中心之间的区域整合。

1.4.2　城市层面的影响

另外，高铁还可能在中国主要城市与二三线城市之间的城市层面产生影响。根据2008年调整的《中长期铁路网规划》，北京、上海、广州、郑州、武汉、西安、重庆和成都八个主要城市被视为国家的高铁枢纽，而哈尔滨、沈阳、济南、南昌、福州、昆明、南宁、兰州和乌鲁木齐等城市被视为区域高铁枢纽。中国高铁线路网的建立将加强这些主要城市之间的联系，特别是在经济活动和社会文化交流方面。反之，可达性改善可能会促进不同区域市场之间的流动性和联系，扩张劳动力和资本的供求关系以及知识溢出。

高铁对中小城市的影响可能有所不同，具体取决于其在高铁线路网中的地理位置。一些中小城市如果有高铁服务，可能预期存在增长的可能。一方面，对高铁发展的资本投资通过刺激建筑和设备制造相关行业，创造了更多的就业机会，并促进了地区和地方经济的增长；另一方面，交通便利性的改善也可能会改善城市的自然环境，从而促进新公司的组建和业务的转移，从长远来看可以促进当地的经济发展。

高铁发展也可能对一些没有高铁服务的中小城市产生负面影响。这些负面影响可能是由于高铁投资对区域发展的竞争性而产生的，这也被称为负面溢出效应（Bröcker et al.，2010；Monzón et al.，2013）、再分配效应（Roll & Verbeke，1998；Nordon et al.，2013；Vickerman，1997）或虹吸效应（Luo & Cao，2010）。后者实质上是指在一个区域中，以牺牲其他区域为代价实现的经济发展。由于降低了运输成本，主要城市通过在中间的一些中小城市建立高铁线路，改善其交通便利性，提高了其经济吸引力，但使那些中小城市面临更高水平的区域间竞争。另有一些支持经济增长的因素，包括劳动力和资本，不仅容易被有高铁的城市吸引，而且它们更有可能离开没有高铁服务的中小城市，最终结果是加剧了区域经济差距。

另一个原因解释高铁可能加剧中国地区差距是城乡地区的双重性质。由于高铁仅连接高度城市化地区和核心城市，绕过农村地区，因此诸如降低运输成本和增加区域可达性之类的益处很可能仅限于城市中心。高铁与其他城市地区的联系扩大，也有望扩大劳动力市场。鉴于区域集聚效应有望吸引劳动力，并从不发达的农村地区吸引经济活动，因此是以牺牲农村地区为代价来促进城市经济发展。但是由于缺乏数据和关注，该假设仍未能进行经验检验。

1.5 高速铁路的社会经济影响

尽管高铁的影响可能会扩展到所有经济部门，但受影响最直接的部门可能是房地产、建筑、金融、旅游和运输相关部门。这是因为这些部门可能从高铁带来的改善区域可达性中直接受益，或者可能由于高铁形成竞争进而受到影响。本章节讨论高铁和一些关键部门之间的关系，目的是为读者提供直观的证据，以了解高铁对中国经济的影响。讨论集中在三个具体要素上：土地使用和住房影响、高铁对旅游业影响以及对其他运输方式的影响。

1.5.1 土地使用和住房影响

在中国许多城市，高铁加速了城市化和土地使用变化的进程。高铁基础设施建设为经济发展带来了新的机遇。中国土地使用的变化主要是由两种力量驱动的，即市场力量和政府干预。市场力量调整供需关系，是在不同经济部门之间分配土地资源的无形之手。但是，政府在高铁规划和监管方面的干预，可以通过政策法规、补贴和激励措施发挥明显作用，影响土地使用和城市规划。高铁在中国的大规模发展带来了新的基础设施，以适应其不断增长的旅行需求，但同时也为地方政府提供了新的创收机会，这是因为地方政府受到高铁发展的激励，通过向私人房地产开发商出售土地使用权（机会）间接产生了增加政府收入的潜力。此外，由于计划在远离现有城市中心的郊区或农村地区的一些二三线城市建立新的高铁车站，因此地方政府迫切希望能促进新车站周围地区的企业搬迁和房地产开发。

自高铁建设以来，这些被普遍称为"高铁新城"的地区迅速发展。

沿各高铁路线已开发或正在开发的所谓"高铁新城"的地理分布。实际上，这种新型城镇的发展已成为中国城市提供高铁服务后普遍发生的现象。例如，在2002年京沪高铁的初步规划阶段，安徽省蚌埠市政府在新的蚌埠高铁站选址确定后，重新设计了城市规划，新车站位于农村地区，距市中心约10公里，地方政府发起了一项新的城镇规划，以增加新的市政基础设施，如大学、政府办公大楼和工业园区以及新的商业中心开始进入该区域。该计划的目的是促进新的经济增长，并促进商业发展、吸引居民迁入。为了使新的计划倡议成功，地方政府提供了一系列政策激励措施，如为房地产开发商提供较低的开发成本、税收优惠，以及政府认可的金融计划，上述这些是政府为了促进高铁新镇的繁荣而提供的，这些优惠措施有时会对当地政府的财政产生积极影响，因为政府往往是这些新开发土地的所有者。

尽管当地政府努力改革政策促进了蚌埠等一些城市的经济发展，但其他案例在促进企业迁徙和经济活动方面却并非如此成功。由于缺乏基本的政府支持，特别是公共交通、学校、医院和娱乐中心等公众服务，过度扩张到偏远的农村地区有时会导致住房空缺率很高。实际上，由于这些高铁新城的使用率低，媒体报道和专栏作家称它们为"鬼城"。政府过度参与区域发展进程，浪费了大量公共资源如土地和公共资金，并导致一些地区经济停滞。

1.5.2 高铁对旅游业的影响

欧洲高铁的经验表明，高铁在旅游业上可能会产生不同的结果。例如，德拉瓦等（Delaplace et al.，2014）和卡腾尼等（Cartenì et al.，2017）表明，高铁的发展促进了法国和意大利旅游业的繁荣。特别是，意大利的高铁旅行支付价格比传统铁路旅行的支付意愿高40%（Cartenì et al.，2017）。然而，在西班牙，阿尔瓦拉特和法格达（Alblate & Fageda，2016）发现高铁对旅游业有负面的间接影响，这可能是由于设计的高铁系统不能满足乘客需求。

当然，中国的旅游业及高铁与欧洲有很大的不同。由于高铁线路网规模更加广泛，而中国的旅游胜地往往更分散，因此中国旅游业与高铁发展之间的联系可能会大不相同。毫不奇怪，高铁的发展已大大改善了各个旅游景点的交通可达性。随着国家高铁线路网的建成，把主要城市与偏远地区的大量景点连接起来。实际上，使用地理信息系统（GIS）进行空间分析后发现，中国 5A 风景区中，超过 75% 的区域位于正在运营或正在建设的高铁路线的 50 公里缓冲区内。游客可以乘坐高铁去游览距主要城市约 500 公里内的风景名胜区，并能够在一天之内往返。这表明，高铁带来的交通便利性改善将促进旅游需求的增长，尽管其影响可能因地区而异。此外，随着更多高铁线路的逐步部署，对旅游业的影响的空间规模也可能发生变化。

1.5.3 高铁对其他运输方式的影响

中国高铁线路网的部署不仅缩小了城市之间的经济和时间距离，还促进了国内城市间运输市场的革命性转变。因为高铁旨在增加运输能力并减少出行时间，所以高铁的高运量和高行驶速度很可能会引起新的出行需求。另外，还有可能通过增加铁路旅行的比例（以航空和公路运输为代价）以及将乘客从常规火车转移到高铁的方式，改变运输部门的各运输方式份额（分流）（Givoni，2006）。每种运输方式的竞争力被认为是根据每次旅行的距离而变化，城际高铁的理想旅行时间为 1～4 个小时。鉴于对旅行成本和旅行时间的经济性考虑，对于少于 200 公里的短途旅行以及分布在本地的旅行，公路运输相对具有竞争力；对于超过 800 公里的长途旅行，通常最好选择航空。高铁通常被认为对 200～800 公里范围的中等距离旅行最具竞争力。随着 HSR PDL（passenger-dedicated lines，客运专线）和 HSR 城际服务逐渐开始运行，各运输模式竞争加剧，城际运输服务的系统效率可能会提高。高铁的空前竞争已迫使航空和公路运输等传统运输模式进行调整以提高其竞争力。相反，其中一些模式的服务调整和服务改进可能给高铁系统带来新的挑战。因此，高铁竞争加剧了跨运输方式的替代和互补问题。

例如，中国高铁对航空业的影响似乎很明显。在过去十年中，高铁分段服务开通直接导致了一些城市之间的航空服务永久取消。经过 19 年的运营，由于城际高铁服务的竞争，成都和重庆之间的航空速递服务于 2009 年 11 月 16 日终止。一个月后，武汉和广州之间的高铁服务导致海南航空取消了两个城市之间的航空线路。同样，2010 年 3 月，由于郑州至西安高铁客运专线开通，西安与郑州之间的所有航空线路也被取消。随着更多的高铁服务上线，受影响的航班的服务数量也有所增加。

高铁对公路运输的影响也很大。在中国，由个人或公共交通公司运营的城际巴士服务是公路客运业务的主要业务部门，受到高铁服务的影响很大。自高铁服务逐渐开展以来，公众对城际公交服务的需求普遍减少，在全国范围内，城际公交服务逐渐减少。

随着高铁的发展，传统的客运铁路服务和高铁服务之间的竞争加剧。考虑到国民平均收入水平，一般认为高铁票价对于公众来说较高。实际上，随着铁路服务价格的波动，传统的铁路服务和高铁服务之间的乘客需求预计会有所不同，并且两种服务之间的替代效应有望增加。世界银行一项研究表明，在武汉至广州的高铁服务的第一年，总乘客量超过 2000 万人，其中 50% 以上是从常规铁路服务转向高铁的，5% 是从航空转向高铁的，其余 45% 是新产生的需求，包括一小部分需求是从公路运输服务转移的（Bullock et al.，2012）。世界银行对乘客使用常规铁路和高铁服务进行了比较分析（Ollivier et al.，2014），进一步揭示了高铁与常规铁路服务的竞争关系。

1.6　高速铁路的环境影响

考虑到高铁（又称为"电动车组或 EMU"）完全由电力驱动的事实，高铁被视为一种绿色交通方式。因此，高铁运行产生的二氧化碳和空气污染物的直接排放可能非常少。正如吉尔伯特和佩尔（Gilbert & Perl，2010）所指出的那样，高铁为交通运输带来了革命，因为它运行不需要燃油，从而减轻了现有运输方式所带来的环境负担。的确，鉴于对化石能源的使用和气候变化的担忧，高铁的环境效益已在全球范围内得到越来越多的关注。不少研究证实，铁路运输产生的温室气体排放量远低于其他运输方式。例如，黄等（Wee et al.，2005）发现，公路运输的平均二氧化碳排放量是铁路运输的三倍。贾尼奇（Janic，2011）指出，考虑到减少航空公司延误和减少温室气体排放，短途旅行旅客选择从航空出行转到高铁出行的环境效益是巨大的。与英国的短途航空服务相比，高铁的环境效益也得到了证实（Givoni，2007）。如表 1-6 所示，洁净空气政策中心（CCAP）和街区技术中心（CNT）进行研究发现，尽管公交车和常规铁路的每乘客英里二氧化碳排放值比高铁低，但高铁与汽车和飞机相比，在温室气体排放方面具有明显优势。应当注意的是，计算使用的是柴油火车，客座率为 70%，因此如果铁路系统由电力驱动，且拥有更高的客座率，则以每乘客英里二氧化碳排放量为单位的排放因子预计会更低。

表1-6 各运输模式排放因子汇总

模式	每乘客英里排放量（磅CO₂）	每车英里排放量（磅CO₂）	每车乘客
公交	0.14	4.87	35.0
传统火车	0.21	66.96	332.0
高铁（IC-3）	0.26	25.10	97.0
汽车	0.53	0.85	1.6
飞机	0.62	48.04	77.0

资料来源：洁净空气政策中心（CCAP）和街区技术中心（CNT），2006。

另外，高铁在中国的环境影响也归因于其他因素，如采用创新技术以及铁路设施的可持续规划与设计。如表1-7所示，2006~2014年，中国铁路系统的总体能源效率已经得到了很大的提高，尽管在2006~2014年柴油发动机的单位燃料消耗略有增加，但同期的电力机车效率已大大提高。随着越来越多的柴油发动机被电力驱动装置取代，中国铁路系统的整体能效有望提高，化学需氧量（COD）和二氧化硫（SO₂）等污染物排放可能会持续下降，进行这种改进的关键因素之一是机车车辆制造中的技术创新。

表1-7 中国铁路的能效和污染物排放

年份	燃油效率		机车数量		能源消耗		污染物	
	柴油（千克/百万吨—公里）	电力（千瓦/百万吨—公里）	柴油发动机（%）	电力发动机（%）	煤炭消耗（百万吨）	单位煤耗（吨/百万吨—公里）	化学需氧量（千吨）	二氧化硫（千吨）
2006	0.24	1.10	67.5	32.5	16.5	6.1	2.6	46.2
2007	0.25	1.10	65.2	34.8	0.0	5.8	2.5	43.6
2008	0.25	1.11	64.0	36.0	16.8	5.7	2.3	42.3
2009	0.25	1.08	61.1	38.9	16.9	5.4	2.3	40.1
2010	0.26	1.02	54.9	45.1	0.0	5.0	2.2	39.2
2011	0.27	1.01	51.5	48.5	0.0	4.8	2.2	40.1
2012	0.27	1.02	48.8	51.2	0.0	4.7	2.1	37.8
2013	0.27	1.02	45.6	54.4	17.3	4.7	2.1	35.3
2014	0.27	1.03	42.8	57.2	16.5	4.5	2.0	31.7

资料来源：《国家统计局和铁路年度报告》（2006~2014年）。

自从中央政府于 2004 年启动高铁发展战略以来，两家中国大型铁路车辆制造商中国南车股份有限公司（CSR）和中国北方机车车辆工业集团公司（CNR），与国外合作伙伴合作开发了适合中国的动车组，在空气动力学设计、电力牵引系统、受电弓和转向架方面进行了改进。例如，CRH380A 被认为是中国最新开发的动车组之一，每 100 人公里的能耗率为 3.64 千瓦时，该比率被认为仅相当于飞机消耗率的 1/12、汽车消耗率的 1/8 和公共汽车消耗率的 1/3（Zhao，2014）。

考虑可持续性的高铁设施规划和设计是实现环境效益的另一个关键因素。在大型高铁车站的屋顶设计中，经常采用玻璃穹顶，以实现高效的能源利用。北京南站和上海虹桥站等一些车站采用太阳能光伏发电系统为该车站的运营提供电力（Chen & Haynes，2015）；在滕州东站等其他站点，中央空调（AC）系统采用地源热泵以实现节能和可持续性；而在北京南站，采用热电联产系统，该系统具有联合供热功能并安装了发电设备以提高能源效率（Chen & Haynes，2015）。

实际上，在中国高铁发展的全过程中，有许多例子与规模、效率和多式联运竞争有关，有必要评估这些因素如何与整个中国经济、空间结构和区域影响联系在一起，而不是简单看成一个有趣的例子。对这些例子进行更详尽的阐述，将使我们有理由更好地理解它们的总体影响，因为它们与高铁及其对中国经济及其地区组成的重塑有关。为此，需要进行总体评估的关键框架。

1.7　分析框架

为了应对面临的问题并解决先前提出的问题，不仅需要了解中国高铁的部署过程和相关困难，还需要了解铁路改革，需要一个可以整合不同分析的整体框架（见图 1-2）。本书一些章节是基于以前发表的工作和统计数据，如总轨道长度或高铁服务的城市数量，这可能反映了研究阶段而不是最新进展。有关最新统计信息，请参阅本书第 10 章。

第 2 章以土地价值为重点，评估了高铁对城市转型的空间影响。高铁新城发展过程中的土地价值变化是通过空间差异模型进行经验评估得出的，该评估是基于微观土地交易数据以及 2007~2015 年的 629741 条记录。研究发现，高铁在促进中国城市转型中发挥着重要作用。在其余情况相同时，高铁的发展伴随着土地价格增加 3%~13%，但是考虑城市类型、土地和城市中特定位置影响，具体情况有很大差异。总体而言，该研究通过了解高铁对土地价值变化的有效性，为土地政策改革和未来基础设施发展的决策提供了证据和启示。

第3章研究了高铁对城市增长和土地使用变化的时空影响，重点研究了京沪客运专线（BSPDL）上三个高铁站附近的区域，利用 GIS 和遥感技术评估了高铁在城市扩张中的空间动态。通过使用三个不同城市（北京、济南和蚌埠）的卫星图像比较土地使用变化，可以了解高铁对城市发展影响的空间变化。基于 2005 年、2010 年和 2016 年 Landsat TM／TIRS 的数字化图像比较分析，对城市增长的时间变化进行了评估。研究结果表明，相较于大城市，高铁的发展在促进中小城市的城市扩张方面发挥了更重要的作用。就时间变化而言，发现高铁发展之前和期间的城市增长要比高铁部署后的城市增长强得多。

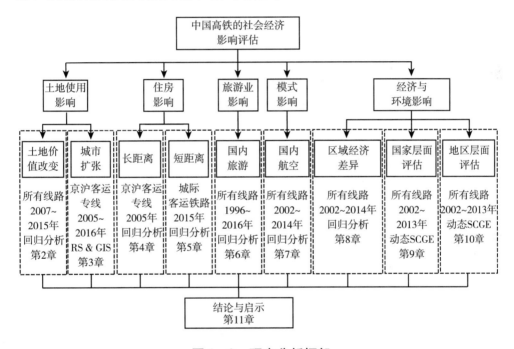

图 1-2　研究分析框架

第4章研究了长途高铁基于可达性对房价的影响。我们的分析重点关注京沪高铁沿线 22 个城市的 1016 个住房社区。传统的特征价格模型采用了三种估算方法：稳健的最小二乘回归（OLS）、Box-Cox 变换法和空间计量经济学模型。在控制房屋财产的物理特征、邻近环境和位置可达性之后，发现建立京沪高铁客运专线对中小城市的房屋价值具有相当大的区域影响（包括局部影响和溢出影响），但在较大的首都城市影响可忽略不计，这可能是中国首都城市住房市场的竞争性质或开发前投机活动的结果。

第 5 章将进一步评估高铁对住房的影响，重点是城市间高铁线路，选择了三个大都市区：广州、武汉和成都。基于包含 14 个城市中的 7348 个住房数据集，采用空间特征价格法来评估三种不同类型城市的公共交通系统（公交、地铁和城际客运铁路）对住房价格的影响。在控制了一系列因素之后，我们的研究发现，城市交通系统的空间影响在不同的大都市地区以及不同类型的运输服务中，会发生很大的变化，这些因素包括房屋属性、邻近环境特征以及位置的可达性。尽管广州等城市拥有成熟的地铁系统往往会对房价产生积极影响，但如成都等仍在开发地铁中的城市也证实了存在负面影响。事实证明，与地铁相反，新部署的城际客运铁路服务对房价的积极影响是巨大的。

第 6 章研究了中国高铁对国内旅游需求的空间影响，用国内游客人数和国内旅游收入来衡量。使用空间计量经济学回归分析，研究发现，1999 ~ 2016 年，高铁的建设确实对旅游业产出产生了不同的空间影响。具体而言，发现在欠发达的西部地区的影响要大得多，而在中部地区则受到中等程度的影响，在发达的东部地区则不那么明显。另外，结果还表明，许多影响是由于高铁的积极空间溢出效应，这很可能是由于改善了区域可达性。

第 7 章使用新的模型框架，研究了高铁对中国国内航空运输的影响，该模型同时捕获了需求和供给。具体评估方法是使用改进的面板回归模型进行的，其中考虑了 2001 ~ 2014 年各种高铁服务的详细开放时间表。结果表明，已部署的高铁服务对中国的国内航空运输具有显著的替代作用，但这种影响会因高铁路线、出行距离和城市类型而异。具体来说，研究发现，引入高铁服务后，国内旅客减少了 28.2%，航班减少了 24.6%，座位容量减少了 27.9%。人们发现，在连接 500 ~ 800 公里范围内的主要枢纽的那些航线中，高铁对航空影响更大。在某些城市的不同经验中，可以看出这种影响的不平衡性，例如，武广高铁开通后，航空旅行下降了约 45%，但京沪高铁开通后仅下降了 34%。

第 8 章讨论了与中国大规模铁路基础设施发展有关的一个基本问题：高铁对区域经济的影响差异是什么？从三个方面对问题进行了研究。第一，从 NEG 的角度，在理论上探讨了高铁对区域经济差异化影响；第二，使用三个指数：加权变异系数，Theil 指数和 Gini 指数研究了国家和地区经济差异的变化；第三，根据内生增长模型框架，使用涵盖 2000 ~ 2014 年的面板数据，以经验阐释了高铁与以数量和质量衡量的区域经济增长之间的联系。铁路网密度被用来反映铁路投资的数量变化，同时引入了三个可达性指标（加权平均旅行时间、潜在可达性和每日可达性）

来捕捉高铁运输质量的提高。我们的研究结果证实，高铁的发展在控制了资本投资、全球化、市场化、教育和财政分权等其他关键因素之后，对促进中国区域经济收敛具有积极影响。具体而言，发现高铁便利性对区域经济增长的刺激作用在长江中游、西南和华南等地区非常显著。

第 9 章使用可计算的一般均衡（CGE）模型研究了在国家层面高铁投资对中国经济和环境的影响，重点是 2002～2013 年，基于动态递归框架，捕获了长期资本积累和劳动力市场均衡，通过直接影响因素模拟了国家层面的影响，包括土地用途转换、产能增加、成本降低、生产率提高、运输需求替代和诱导的新增需求。结果表明，在过去的二十年中，中国的铁路投资对经济和社会福利均产生了积极的刺激作用，而对二氧化碳排放的影响也是巨大的。总体而言，铁路投资的经济和福利贡献主要是通过诱导新增需求和产出增长来实现的，而铁路运输成本的降低和铁路生产力的提高带来的贡献却很小。此外，土地使用对铁路发展的负面影响以及其他运输方式之间的替代效应也可以忽略不计。铁路替代其他方式而产生的排放减少很小，并且由于铁路运输成本的降低和诱导的新增需求而导致的产出扩张，使得这种排放已不堪重负。

第 10 章从区域角度评估了高铁对中国的经济影响。本章具有三个主要功能：第一，在动态和空间（多区域）一般均衡建模框架下评估高铁的区域影响，这样的框架提供了对时空变化影响的全面理解；第二，评估使用动态递归模拟，基于 2002～2013 年的实际铁路基础设施投资数据，对高铁的影响进行事后评估；第三，通过与我们以前的研究进行比较，从而对建模框架进行了验证，以前的研究使用了不同的 CGE 模型评估了类似的问题，但是是基于国家层面。研究结果证实，从长远来看，中国的铁路基础设施发展倾向于对区域经济产生积极影响，其总产出乘数为 1.0，GDP 乘数为 0.21。这种影响在北部沿海地区（北京、天津、河北和山东）最高，而在欠发达的西南和西北地区影响相对较小。研究结果为中国和其他国家未来的高铁发展提供了启示。

第 11 章提供了前文总结与结论，将我们的发现与高铁未来发展，以及其在以中国为核心的新近发起的欧亚经济中的关键作用联系在一起。

第一部分

土地使用和房地产的影响

第2章

高速铁路对土地价值变化的空间影响*

2.1 引 言

中国高速铁路（HSR）系统的发展规模是世界上迄今为止前所未见的。新的高铁系统从根本上改变了人们的出行行为并且显著加快了城市化进程。这在促进中国不同城市土地利用变化方面表现得尤为明显。主要的城市转型之一是高速铁路新城的蓬勃发展。随着区域高铁可达性和连通性的改善，许多地方政府已经启动了土地政策，以促进新高铁车站附近的经济增长。这些政策的一般特点是将可耕地转为新增加的城市土地，用于住宅、商业和工业用途。这些政策的结果好坏参半。在一些城市中发现了成功的案例，但也发现了不令人满意的结果。由于缺乏适当的规划战略。在偏远的农村地区，用于发展高铁新城镇的土地利用迅速扩大，导致住房单位空置率高，从而造成土地和其他资源的浪费。

高铁有利于节省出行时间（Cao et al.，2013；Xiao et al.，2014）和促进经济增长（Chen et al.，2016），因而人们普遍认为高速铁路具有积极影响，但是关于高铁在新城开发过程中对土地价值变化的影响研究很少。最相关的工作是高铁可达性对房价的影响评估。然而，不同的研究发现结果并不一致。例如，郑和卡恩（Zheng & Kahn，2013）发现，中国高铁发展有潜力推动全国平均住房价值增加

————————————
　* 该章是根据陈振华和周玉龙（2018）的早期版本进行修订的。作者感谢林肯土地政策研究所通过中国项目国际奖学金为这项研究提供财政支持。分析和解释中的任何错误均由作者承担。

10%，但陈和海恩斯（2015a）的研究显示，在不同的空间分析尺度上，高速铁路对住房价值的实际影响是完全不同的。具体来说，研究发现高铁对中小城市的房价有强烈的积极影响，但对中国主要（较大）省会城市的房价影响较小。但是，高铁对土地价值的影响有关的关键问题仍不清楚。为了填补这一空白，本研究以以下两个研究问题为重点，对高铁对土地价值变化的影响进行了实证评估：（1）以中国土地价值变化衡量，高铁对城市转型的空间影响是什么？在时间上（高铁建成前后）和空间上（不同城市之间），高铁对城市转型的影响是如何变化的？（2）高铁对土地价值的影响在不同类型的城市和不同的土地使用地块之间有何不同？

对这些问题的澄清将有助于政策制定者更好地理解中国城市转型过程中与高铁相关的土地政策的效率。研究结果还为验证高铁投资的有效性提供了实证证据，这可能进一步为改善未来在支持基础设施规划和发展方面的决策提供指导。

本章安排如下：第 2.2 节通过查阅相关文献确定研究的空白；第 2.3 节通过讨论中国土地市场的特殊性和土地价值变化介绍研究动机；第 2.4 节介绍了研究假设和建模框架；第 2.5 节分析数据；第 2.6 节和第 2.7 节实证结果。

2.2 文献综述

中国的城市转型问题因其与经济发展和社会公平的关系而日益受到重视。人们普遍认为，中国的城市转型是由最初于 1978 年启动的一系列经济改革推动的（Ma，2002）。"转型"一词最初是用来说明与当地经济结构调整有关的市场化和工业化进程，并作为对全球化的反应。之后，这个词被广泛用于描述城市化的过程，这是通过土地利用和房地产开发在不同城市的快速扩张而表现出来的。刑（Hsing，2010）指出，土地政策改革促进了快速的城市转型，由于土地使用权的公开，房地产项目得以推进。

高巴茨（Gaubatz，1999）认为中国城市结构转型的特征主要体现在三个方面：专业化、流通化和建筑高度的扩张。这是因为在过去 20 年中，土地利用模式在其功能和空间位置方面变得更加专业化。这一转变是通过城市的重组实现的，反映在特区的扩大和各种特别开发区的建立，所有这些基本上都与土地利用变化相关（Lin，2007）。此外，通过改善这些特区之间的交通连接，也扩大了城市转型。为了研究运输与城市转型之间的联系，已经进行了大量研究。例如，陈和海恩斯

（2007）研究了交通运输在可达性和流动性方面对当代中国城市土地转化的影响。他们的研究表明，交通对城市转型产生了混合效应，一方面它产生了积极的影响，如促进商务中心（CBDs）、卫星社区和多中心布局的发展，另一方面也产生了消极影响，如拥堵和城市扩张。自 21 世纪初以来，中国政府推出了一系列交通强国战略，以改善交通基础设施系统。其中一个突出的努力是高铁的发展，旨在提高中国主要城市之间的区域可达性和连通性（Chen & Hynes，2015b）。截至 2015 年底，中国高铁总里程超过 1.9 万公里，连接全国 425 个车站。尽管学者们试图调查中国高铁系统对区域经济发展的影响（Cao et al.，2013；Chen et al.，2016），高铁的发展在多大程度上促进了城市转型仍然是一个重要的，但尚未解决的问题。关于这个问题的最相关的研究主要使用定性方法来确定与城市转型有关的关键问题。例如，陈和魏（2013）指出，主要影响与城际间和城市内可达性不足，快速征地和社会隔离有关。尤其是，由于农村和郊区土地被征用，发展了许多新兴的高铁新城镇，这引发了严重的社会问题（Chen & Haynes，2015b）。然而，目前尚不清楚高铁对城市转型的其他影响是什么，不同类型城市之间的影响程度有多大。

一些研究铁路发展与城市转型之间联系的研究集中在房地产价值变化上（Debrezion et al.，2007；Higgins & Kanaroglou，2016；Mohammad et al.，2013）。城市轨道交通系统提高了邻近社区的可达性，这反过来又可能导致靠近火车站的物业的价值增加。另外，由于增加的噪声污染及人口涌入而导致的较高犯罪率，城市轨道交通也可能对房地产价值产生负面影响（Bowes & Ihlanfeldt，2001）。迪亚兹和麦克莱恩（Diaz & Mclean，1999）发现的经验证据均认为城市轨道交通系统对邻近物业的积极影响大于负面影响。还有一些学者研究了城际铁路对城市经济发展的影响（Ahlfeldt，2011；Coffman & Gregson，1998；Wang & Wu，2015）。与通常在大城市范围内运行的城市铁路系统不同，城际铁路系统具有更广泛的影响。城际铁路超越了城市交通，并提高了进入多个劳动力市场的机会（Haynes，1997）。因此，城际铁路对家庭和企业选址的潜在影响可能比仅在城市铁路系统中看到的影响大得多。它们包括对诸如房地产所有者、房地产开发商等各种利益相关者的影响，以及对包括制造业、商业和服务业在内的各个相关部门的影响，并且涉及范围更广的地理范围。

高速铁路对房地产价值变化的影响可能很大。高铁城际铁路系统以 250 公里/小时或更高的速度运行，可改善区域连通性和可达性，从而节省大量出行时间（Chandra & Vadali，2014；Levinson，2012；Preston，2013；Monzón et al.，2013）。

对这个问题的经验评价是广泛的，例如，亨舍尔（Hensher et al.，2012），通过比较不同国家的各种制度，研究了高铁对房地产价值的影响。其他研究分别考察了特定的系统，重点关注特定的线路或位置。德布雷齐翁等（Debrezion et al.，2007）在一项荟萃（Meta）分析中审查了多项研究，发现靠近火车站的住宅和商业地产的价值大约比 15 公里以外的同等住宅高出 25%。郑和卡恩（Zheng & Kahn，2013）在中国的案例中发现，高铁推动了市场潜力的 59% 增长，从而导致房地产价值大幅上升。陈和海恩斯（2015b）评估了高铁对京沪高铁走廊住宅价格的影响。他们发现高铁对中小城市的房价产生了相当大的区域影响，而在大的省会城市则没有。

尽管这些开创性研究为评估高铁对城市转型的影响奠定了坚实的基础，但是与高铁发展带来的土地价值变化相关的根本问题仍然不清楚。这并不奇怪，因为以前的研究通常在发达国家中研究该问题，重点是房地产价值，而土地价值通常已包括在内。中国城市转型问题不能简单地以产权为中心进行评估，因为土地价值和产权价值是由不同的所有权和定价机制决定的。实际上，土地价值的变化和市场的相互作用通常被认为是理解城市转型过程的关键方面（Cai et al.，2013；Cao et al.，2008；Ding & Lichtenberg，2011）。但是同样，对高铁对土地市场影响的理解仍然有限。尽管许多研究表明，开设一个新的高铁车站会提高城市的可达性从而对城市的发展有积极影响，但是对于土地利用的变化，高铁车站周围的环境以及对提高城市内连通性（Cao et al.，2013；Hernández & Jiménez，2014；Shaw et al.，2014；Shen et al.，2014；Wu，2013；Wu et al.，2014）的影响仍不清楚。目前尚不清楚高铁的发展是否会影响中国土地价值的变化。

本研究与以往的研究在以下四个方面有所不同。第一，以土地价值变化为重点，评估高铁对中国城市转型的影响。以前的相关研究通常集中在高铁系统对房地产价值的量化影响上，而忽略了高铁对城市土地市场反应的影响。鉴于城市转型的过程以土地价值的变化为特征，因此高铁对土地价值变化的空间影响可以通过捕获行业的多样性和不同地理尺度上各种土地的用途来衡量。第二，这是首次基于微观数据集对这些问题进行调查，该数据集具有 2007～2015 年超过 150 万个初始土地交易记录。我们认为，这样的数据集使我们能够就此问题进行全面评估，因为它可以从时空角度捕捉土地价值的演变。第三，我们的分析为了解地方政府的土地租赁行为提供了经验证据，并阐明了它们之间因为高铁发展的竞争。对这个问题的经验理解很重要，因为它提供了与土地利用规划和基础设施开发有关的政策含义。第四，通过比较不同城市类型与不同因素控制下的空间异质性，如地块使用类型、地块与高铁车站的距离等，研究高铁影响的空间异质性。

2.3　中国土地价值变化

随着城市经济的快速发展，中国的土地价值在过去十年中经历了实质性的增长。如图 2－1 所示，虽然 2007～2013 年土地交易的数量略有下降，但每公顷平均土地价值（hectare）大幅增加。土地交易总收入在 2013 年达到峰值 43.7 万亿元，占当年地方政府财政收入总额的 63.43%。如此迅速的土地价值增长归因于几个原因。第一，土地价值由于供求差距的扩大而增加。这是因为中国城市的快速发展极大地促进了土地需求的激增，而由于土地法规的限制，土地供应相对有限。第二，土地价值的迅速飙升也归因于地方政府发挥的催化作用，因为自 1994 年税收改革以来，地方政府的财政流与中央政府的财政流已经分离。因此，地方政府官员受到激励，以促进土地价值的增加，从而增加其财政收入（Lu & Landry，2014）。

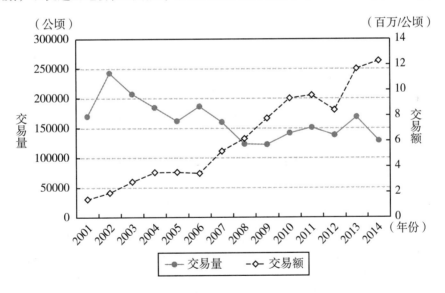

图 2－1　2001～2014 年中国土地市场的演变

资料来源：作者根据中国国土资源统计年鉴和 2014 年国家土地资源公报和微观土地交易数据整理而得。

与许多私人拥有土地的西方国家不同，中国对所有土地实行公有制（Deng，2005）。这种安排要求只能通过土地交易重新分配土地使用权。在实践中，土地交易可以通过多种方式进行。例如，可以通过政府主导的转让、谈判或拍卖（可以不同形式实施，如招标、上市和公开拍卖）实现。值得注意的是，市场机制的参与程度在这些不同的交易类型之间差别很大。例如，政府发起的转让通常被视为非市场活动，因为转让通常与用于公共目的的土地有关，往往没有成本或成本很低。相反，通过拍卖转让土地使用权通常被认为是一种"真实"的市场活动。通过谈判进行的土地交易被认为是一种准市场活动，因为土地的价值本质上是一种妥协，反映了共同利益的协议，并考虑到土地市场的表现。如图 2 - 2 所示，自2002 ~ 2007 年实施一系列旨在改善土地市场化的土地政策以来，拍卖已成为主导土地交易过程。然而，正如蔡等（Cai et al.，2013）所建议的那样，虽然中国的土地政策改革在一定程度上提高了土地交易的透明度，但地方政府与私人土地开发商在地价谈判过程中寻租等问题仍然存在。

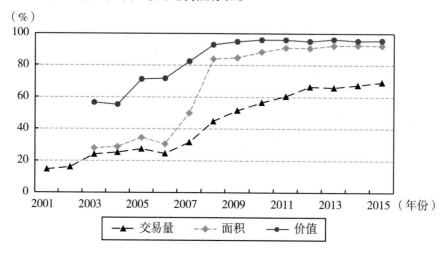

图 2 - 2　按拍卖类型划分的土地交易演变情况

资料来源：作者根据中国国土资源统计年鉴和 2014 年国家土地资源公报和微观土地交易数据整理而得。

土地价值增加的第三个原因可能是交通基础设施的快速部署而增加了可达性，从而改善了土地的位置特征。高铁的发展有望改善区域间的可达性，从而可能对土地价值变化产生积极影响。表 2 - 1 比较了进出某些高铁站缓冲区的已处理土地块之间的土地价值变化。很明显，高铁站附近的土地块的价值通常高于远离高铁站的土地。换句话说，如果与高铁站的距离更近，平均土地价值往往相对较高。应该注意的是，尽管比较确实说明了针对高铁车站的不同可达性的一些不同的土地价值变化模式，但仍需要进行更强大的定量评估，以进一步排除其他因素的影响并确定这种模式是否具有统计意义。

表 2 - 1　　　　　　　　　处理组与对照组的土地价值变化比较

年份	高铁城市 VS 非高铁城市		高铁缓冲区 (20 公里缓冲区)		高铁缓冲区 (30 公里缓冲区)		高铁缓冲区 (40 公里缓冲区)		合计
	否	是	否	是	否	是	否	是	
2007	495.7	777.0	474.4	1022.0	483.2	904.4	487.2	848.3	597.8
2008	479.1	838.2	467.2	1151.2	464.5	1026.1	466.4	954.3	648.8
2009	603.6	962.5	576.8	1295.4	576.1	1143.0	580.6	1070.2	833.4
2010	505.9	1173.5	589.4	1569.7	559.9	1394.0	541.1	1311.0	1007.1
2011	545.9	1088.1	632.5	1426.4	592.2	1288.3	564.3	1222.7	953.2
2012	541.7	997.2	617.2	1295.2	594.4	1160.5	585.5	1093.0	883.5
2013	641.1	1172.5	722.2	1549.4	685.7	1397.0	669.2	1311.1	1041.3
2014	619.7	1111.6	699.8	1511.2	673.3	1340.6	649.8	1260.2	1011.3
2015	580.0	1099.1	676.0	1558.4	633.5	1373.3	615.5	1263.8	1025.5

资料来源：作者搜集整理得到。

2.4　模型框架

为了进一步研究高铁对中国土地价值变化的空间影响，在经典的 hedonic 模型（Rosen，1974）的基础上，建立了基于空间特征定价模型的理论框架（spatial hedonic pricing 模型）。因此，土地价值可以分解为每个属性的成分（或特征）价格。基本特征价格模型表示为：

$$Y_i = f(L, A, N) \tag{2.1}$$

其中，Y_i 表示地块 i 每单位面积的价格；L 代表位置特征，包括诸如对高速铁路的可达性之类的属性；A 和 N 分别表示土地性状和交易特征。为了研究高铁发展对土地价值变化的空间效应，采用了空间差异模型（DID）。该模型能够捕捉高速铁路建设前后土地价值的时间变化。它还可以控制空间依赖性对相邻地块的影响。假设时间虚拟变量 p = 0 表示高速铁路建设之前的时间周期，而 p = 1 表示建设之后的周期，则经典的普通最小二乘（OLS）模型可以设定为：

$$E(Y|p = 1) - E(Y|p = 0) = \beta + [E(\varepsilon|p = 1) - E(\varepsilon|p = 0)] \tag{2.2}$$

其中，Y 代表单位土地价值。由于 OLS 不能捕获其他影响 Y 的时变因素，因此引入了 DID 模型框架，并将其纳入巴克和休因斯（Bak & Hewings，2017）的标准 hedonic 模型中。具体来说，处理组被定义为高铁车站有效缓冲区内的地块，而对照组包括高铁车站缓冲区边界以外的所有地块。因此，高速铁路对土地价值的影响可表示为：

$$[E(Y|p=1,d=1) - E(Y|p=0,d=1)] \tag{2.3}$$

带有 DID 规范的 hedonic 模型被指定为：

$$Y_{i,c,t} = \alpha + \beta_1(HSR_c \times After_t) + \lambda\sum_n control_{c,t} + \phi\sum_m control_{i,c,t}$$
$$+ \delta Year_t + \gamma District_j + \varepsilon_{i,c,j,t} \tag{2.4}$$

其中，i，c，t，j 分别表示每个城市的土地面积、城市、时间和地区。HSR_c 表示高铁虚拟变量，其值为 1 表示该城市至少有一座高铁车站。$After_t$ 表示高铁车站是否在建或者已建成。$\sum_n control_{c,t}$ 和 $\sum_m control_{i,c,t}$ 分别表示城市一级特征和土地一级特征的一组控制变量。$Year_t$ 和 $District_j$ 分别表示时间效应和固定效应，$\varepsilon_{i,c,j,t}$ 表示误差项。考虑到高铁的施工是在不同的时间进行的，因此采用了伯特兰和穆莱纳桑（Bertrand & Mullainathan，1999）开发的不同时间处理方法。因此，式（2.4）可以写为：

$$Y_{i,c,t} = \alpha + \beta_1(HSR_c \times After_{c,t}) + \lambda\sum_n control_{c,t} + \phi\sum_m control_{i,c,t}$$
$$+ \delta Year_t + \gamma District_j + \varepsilon_{i,c,j,t} \tag{2.5}$$

其中，城市级虚拟变量用 $After_{c,t}$ 表示。例如，$After_{c,t}=1$ 表示在城市 c，时间 t 时处于建设中，否则其值为 0。因此，系数 β_1 表示高铁发展对土地价值的影响。

由于因变量（土地价格）和自变量（例如周围环境和交通设施的改善）都有可能在空间上自相关，因此，空间计量经济学建模与 DID 框架相结合以解决与土地价值变化相关联的任何潜在的空间依赖性问题。特别是，考虑到在住宅特征分析的情况下更容易发生全球溢出（LeSage，2014），因此采用空间杜宾模型（SDM）。SDM 包括因变量和自变量的空间滞后，可以作为一个不受限制的模型来处理，它嵌入了空间滞后和空间误差模型（LeSage & Pace，2009）。SDM 可以表示为：

$$Y = \rho WY + \alpha + X\beta_1 + \theta WX\beta_2 + \varepsilon \tag{2.6}$$

其中，WY 表示来自相邻观测的土地价值变量向量的线性组合，而 W 是基于一阶最近邻的 N 乘 N 权矩阵。[①] X 表示交叉项、城市和土地特征的矩阵。WX 表示相邻

---

① 权重矩阵的规范中可能会涉及灵敏度问题。权重矩阵是根据勒萨日（LeSage，2014）的建议开发的，该建议认为稀疏连接结构最有效。

地块特征矩阵。这个模型捕获了土地价值和各种区域特征的空间依赖性。本研究的主要变量考虑了土地条件的影响（例如，土地类型、土地来源）、邻近环境（例如，在地块附近是否有地铁或高铁站）和位置特征（例如，是否位于高铁缓冲区、土地和市中心之间的距离以及高铁车站）。

局部（直接）效应是它们自己的偏导数的主要对角元素的平均值，而溢出（间接）效应则是反映对角偏导的非对角元素的累计总和的平均值（LeSage & Pace，2009）。局部效应可以解释为土地属性的任何边际变化对土地价格的影响，而溢出效应衡量的是任何属性对其相邻地块的平均土地价值的边际影响。具体而言，通过空间计量经济回归分析证明了以下假设：

假设 1：预期高铁对不同城市的土地价值产生异质性空间影响。

该假设基于马（Ma，2002）的观点，他认为中国的城市转型由于不同地区空间结构的多样性而具有不同的模式。一方面，高铁对中国主要沿海城市土地价值的积极影响可能要小于欠发达地区的中小城市，因为主要城市交通发达，高铁可达性改善带来的边际贡献可能相对有限。另一方面，由于高铁的运营，运输成本的降低趋于增强工业集聚的效果。因此，有理由假设，在欠发达地区的一些中小城市中，高铁对土地价值的影响可忽略不计甚至是负面的。

假设 2：如果与高铁站的距离更近，高铁对土地价值的影响预计会更大。

对这一假设的检验可能有助于阐明高铁新城发展的有效性。朱等（Zhu et al.，2015）指出，大城市的高铁新城开发更有可能取得成功，因为与高铁新城开发相关的规划和土地政策往往是基于城市发展的多中心空间结构的优化而谨慎实施的。陈和海恩斯（2015b）还指出，如果有关发展公共交通、学校、医院和娱乐中心等基本配套公民服务的规划和土地政策得到适当实施，高铁新城镇更有可能取得成功。

假设 3：预计高铁对不同类型的土地有不同的影响。

为了竞争各经济部门的商业机会和税收，工业用地通常由地方政府以较低的价格上市，以吸引私人投资者。同时，为了补偿以相对较低的价格出售工业用地所造成的损失，地方政府倾向于通过提高商住用地的价格来交叉补贴。因此，由于不同地方政府之间私人投资竞争的加剧，工业企业在选址上有了更多选择，因此我们预计高铁对工业用地价格的影响可能相对低于专门用于商业和住宅用途的土地价格。

2.5 数 据

数据收集、处理和分析是通过以下步骤进行的。首先，我们使用与陈（2017）类似的网络抓取程序，从中国土地市场网收集了 2007～2015 年的 1549504 份详细土地交易数据。每个记录都包含有关土地地块的详细信息，如物理地址、土地编号、土地用途、面积、土地来源、租赁模式、土地类型（工业、商业等）、土地等级、交易价格、交易日期等。微型土地交易数据摘要如表 2-2 所示。其次，通过

表 2-2　　　　　　微型土地交易数据摘要

分级	类别	观测值数量（份）	百分比
土地用途	工业用地	247739	39.34
	商业用地	136425	21.66
	住宅用地	245577	39.00
交易类型	配给	372794	59.20
	拍卖	256947	40.80
经济部门	第一产业	4452	0.71
	第二产业	202400	32.14
	第三产业	376035	59.71
	其他	46854	7.44
土地来源	现存土地	266222	42.27
	新增土地	363519	57.73
市辖区	非市级	490192	77.84
	市级	139549	22.16
土地等级	一级	100064	15.89
	二级	69649	11.06
	三级	92782	14.73
	四级	69952	11.11
	五级	38000	6.03
	六级及以上	184126	29.24
	其他	75168	11.94

续表

分级	类别	观测值数量（份）	百分比
受让人性质	非企业	151683	24.09
	企业	478058	75.91
面积	小于 1 亩	92066	14.62
	1~10 亩	165841	26.33
	10~100 亩	308368	48.97
	100 亩及以上	63466	10.08
交易额	1 万~10 万元	64119	10.18
	10 万~100 万元	126101	20.02
	100 万~1000 万元	256546	40.74
	1000 万~1 亿元	149334	23.71
	1 亿元及以上	33641	5.34
地区	东部地区	256244	40.69
	中部地区	182013	28.90
	西部地区	134844	21.41
	东北地区	56640	8.99
合计		629741	100.00

资料来源：作者搜集整理得到。

过滤异常值和具有不完整信息或无效信息的记录来进一步清洗数据。最后的数据集包括989831 份土地交易记录。最后，通过比较一些总体指标（如总面积大小、价值等）与从中国国土资源统计年鉴、国家土地资源公报等各种统计来源收集的对应数据，验证了数据的有效性。如图 2-3 所示，比较分析表明，从网站上抓取的微型土地交易数据与传统来源的数据高度一致。

另外，删除了第一年（2007 年）和最后一年（2015 年）的观测值，以消除DID 分析的政策不变效应。因此，最终数据集包括 629741 笔土地交易。表 2-3 总结了关键变量描述性统计信息。

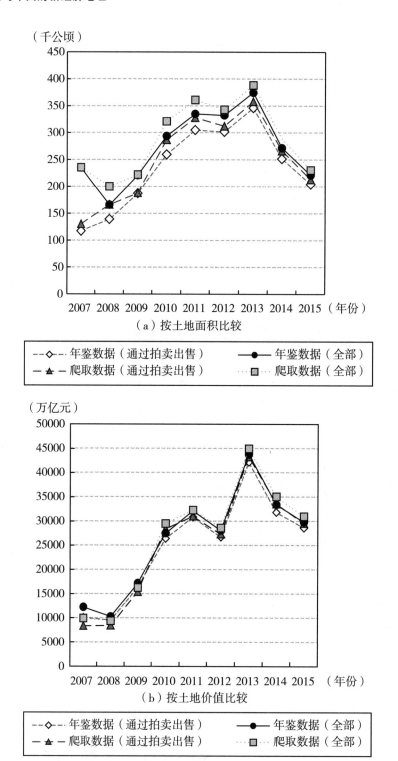

图2-3　不同来源土地价值数据的比较

表 2 - 3　　　　　　　　　　　关键变量的描述性统计

变量	说明	观测值	均值	标准差	最小值	最大值
price	土地价值：万元/公顷	629741	956.68	2700.24	15	99719.41
HSR	高速铁路是否在建中或已建成	629741	0.58	0.49	0	1
HSRdis	地块与最近的高铁站之间的距离（公里）	629741	39.49	47.67	0.002	499.83
new	土地来源类型（1 = 新增土地；0 = 现存土地）	629741	0.58	0.49	0	1
type	土地交易类型虚拟变量（1 = 拍卖；0 = 谈判）	629741	0.79	0.41	0	1
commercial	土地用途虚拟变量（1 = 商住用地；0 = 工业用地）	629741	0.61	0.49	0	1
level	土地等级	551541	2.09	0.83	1	3
municipal	该地块是否位于市区	629741	0.22	0.42	0	1
capital	地块是否位于附属省会城市[a]	629741	0.13	0.33	0	1
landsup	土地供给	629368	2574.71	2373.99	19.44	17995.23
gdppc	人均 GDP	629741	0.04	0.04	0.003	0.40
density	人口密度	629741	477.12	311.68	4.82	2648.11
rsprice	每平方米房价	558565	40.28	25.13	2.34	276.97
metro	地铁虚拟变量（1 = 是；0 = 否）	629741	0.10	0.30	0	1
citydis	地块与市中心的距离	629741	12.57	14.57	0.002	198.88
hsrzone20	高铁车站周围有 20 公里的缓冲带	629741	0.37	0.48	0	1
hsrzone30	高铁车站周围有 30 公里的缓冲带	629741	0.48	0.50	0	1
hsrzone40	高铁车站周围有 40 公里的缓冲带	629741	0.55	0.50	0	1

　　注：a 包括 28 个省会城市、4 个直辖市和 5 个副省级城市（深圳、厦门、宁波、青岛和大连）。

　　资料来源：作者搜集整理得到。

2.6　结　果

　　评估是使用埃洛斯特（Elhorst，2014）通过 MATLAB 开发的空间计量经济建模代码进行的。为了捕捉高铁对土地价值变化的各种结果，共分别执行了 44 个模型。高铁对不同比较类别土地价值变化的空间影响结果如图 2 - 4 所示。具体来说，图 2 - 4（a）说明了中国高铁发展对土地价值变化的总体空间影响。可见，高铁开发引起的土地价值变化在处理组和对照组之间确实存在差异。具体地说，如果地块位于高铁车站 20 公里的缓冲区内，这种效应会更加显著。总估计效果为 0.126，这可以解释为，如果地块位于高铁车站的 20 公里缓冲区内，则高铁的发展与土地价值的 13.4%［（Exp(0.126) - 1）× 100］增长相关。在 20 公里缓冲区内，高铁发展的间接效应特别强，这表明高铁对土地价值变化有显著的溢出效应。然而，随着高铁有效缓冲区的地理范围的增加，影响的幅度减小。一般来说，由于可达性的提高，高铁的发展对土地价值的变化有显著的影响。积极的影响也可能归因于需求的增长，这是由于高铁的发展消费者对土地周围城市发展的期望值上升。

图 2 - 4（b）显示了高铁对两种城市类型——省会城市和非省会城市——土地价值变化的空间影响。显然，高铁的发展对省会城市的土地价值变化的影响相对较大。例如，对省会城市 20 公里缓冲区内影响的估计为 0.22，而非省会城市的对应估计仅为 0.10。与总体结果中观察到的趋势不同，对于省会城市而言，随着高铁缓冲区的规模扩大，空间效应单调增加。相反，随着高铁缓冲带规模的增加，非省会城市的空间效应单调减少。换句话说，高速铁路对省会城市土地价值变化的影响的总体效应与中小城市是一致的。在具体效果比较方面，省会城市的大部分影响是通过直接效应实现的，而间接效应在非省会城市中往往起着相对重要的作用。这一发现也可能反映出这样一个事实，即与中小城市相比，大城市高铁站附近的土地周围的民用基础设施（如街道，公用事业系统）往往发展得更好。总的来说，这样一个不同的结果证实了高铁对土地价值变化的影响往往是空间异质的，随着高铁的发展，省会城市的土地价值可能比非省会城市的土地价值增加得更多。

按土地交易类型分列的高铁对土地价值变化的影响如图 2 - 4（c）所示。主要模式可以归纳为以下三种方式。第一，在其他条件都相同的情况下，高铁对通过谈判出售的土地的影响往往比通过拍卖出售的土地的影响更显著。第二，研究发现在高铁车站的 20 公里缓冲区内影响更大。第三，间接效应远大于直接效应。按土地来源类型比较影响时发现了相似的结果。如图 2 - 4（d）所示，高铁车站 20 公里缓冲区内新增加的地块的平均价值可能比外面高出 12.75%［（Exp(0.12) - 1）× 100］缓冲区，而高铁车站附近同一缓冲区内现有地块的平均价值往往比缓冲区外的平均价值高 15%。换句话说，在其他条件都相同的情况下，高铁的发展往往对现有土地价值的影响要比对新添加的土地价值影响更大。图 2 - 4（e）说明了在

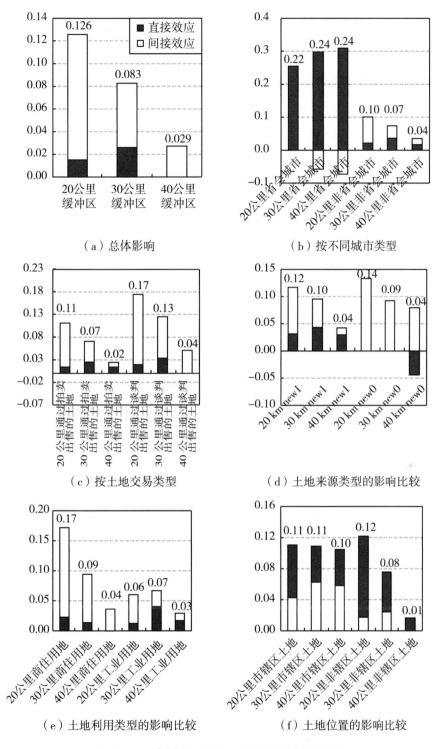

（a）总体影响　　　　　　　　　　（b）按不同城市类型

（c）按土地交易类型　　　　　　　　（d）土地来源类型的影响比较

（e）土地利用类型的影响比较　　　　（f）土地位置的影响比较

图 2-4　高铁对中国土地价值的空间影响

不同的高铁缓冲区高铁对不同用途的土地价值的影响。具体来说，高铁对商业和住宅用地价值的影响远远大于对工业用地的影响。例如，使用 20 公里缓冲区作为阈值，非工业用地的估计值为 0.17，工业用地的估计值为 0.06。这可以解释为在其他条件都相同的情况下，随着高铁的发展，如果地块距离车站不到 20 公里，非工业用地和工业用地的价值分别增加 18.53% 和 6.18%。此外，随着高铁缓冲区规模的扩大，影响的程度也有所下降。研究结果还表明，高铁建设的间接效应比直接效应更能促进土地价值的增长。

图 2-4（f）总结了土地类型和位置的影响比较。与以往研究结果不同的是，当样本仅包括位于市辖区内的土地时，高铁对土地价值的空间影响在高铁车站附近的各个缓冲区之间基本一致。相反，在只包含非市辖区地块的土地组中发现了异质性影响。具体来看，如果地块距离高铁车站较近，那么高铁对土地价值变化的影响相对较大，尽管该地块仍位于非市辖区。然而，如果地块距离车站较远，这种影响就变得微不足道，甚至是负面的。

为了进一步验证高铁对土地价值变化影响的空间计量分析的稳健性，我们比较了不同类型城市的与高铁站的距离变量和政策虚拟变量的估计值。如表 2-4 所示，以百分比变化衡量的高铁实施前后的土地价值影响在两个变量的相应估计值上是一致的。具体而言，高铁缓冲区的土地价值甚至相对于高铁省会城市的发展而言，都比缓冲区外高出 24.17～27.08 个百分点。然而，在其他条件均相同的情况下，在非省会城市，这一变化仅高出 3.6%～10.56%。同样地，在省会城市，如果到高铁车站的距离增加 1%，那么靠近高铁车站的地块价值将增加 16.42%～19.92%，而在非省会城市，这一变化仅为 6.11%～7.56%。综上所述，通过对比证实，我国高铁的影响在不同类型城市之间呈现出明显的异质性。

表 2-4 高铁对不同类型城市土地价值的空间影响
（距离度量和政策度量的比较）

高铁站附近不同缓冲区		到高铁站的距离（lHSRdis）			高铁缓冲区虚拟变量（hsrzone）			到高铁站的距离（lHSRdis）	高铁缓冲区虚拟变量（hsrzone）
		直接效应	间接效应	总效应	直接效应	间接效应	总效应	百分比	变化量
省会城市	20 公里缓冲区	-0.137***	-0.028	-0.164***	0.255***	-0.038	0.216***	-16.42	24.17
	30 公里缓冲区	-0.139***	-0.038	-0.177***	0.298***	-0.058**	0.240***	-17.66	27.08
	40 公里缓冲区	-0.151***	-0.048	-0.199***	0.309***	-0.073***	0.236***	-19.92	26.64

续表

高铁站附近不同缓冲区		到高铁站的距离 （lHSRdis）			高铁缓冲区虚拟变量 （hsrzone）			到高铁站的距离 （lHSRdis）	高铁缓冲区虚拟变量 （hsrzone）
		直接效应	间接效应	总效应	直接效应	间接效应	总效应	百分比	变化量
非省会城市	20公里缓冲区	−0.185 ***	0.123 ***	−0.061 ***	0.022 ***	0.079 ***	0.100 ***	−6.11	10.56
	30公里缓冲区	−0.182 ***	0.117 ***	−0.066 ***	0.036 ***	0.038 ***	0.074 ***	−6.57	7.68
	40公里缓冲区	−0.187 ***	0.112 ***	−0.076 ***	0.017 ***	0.019 ***	0.035 ***	−7.56	3.60
所有城市	20公里缓冲区	−0.187 ***	0.118 ***	−0.069 ***	0.015 ***	0.111 ***	0.126 ***	−6.85	13.39
	30公里缓冲区	−0.190 ***	0.111 ***	−0.078 ***	0.026 ***	0.057 ***	0.083 ***	−7.82	8.63
	40公里缓冲区	−0.196 ***	0.104 ***	−0.092 ***	0.002	0.027 ***	0.029 ***	−9.15	2.99

注：* 、** 和 *** 分别表示10%、5%和1%的显著性水平。

2.7　结　论

高铁对中国城市结构的影响是深远的。高铁的快速部署不仅促进了城市间的流动，也影响了城市转型的进程。尤其是考虑到中国许多地区"高铁新城"的繁荣发展，这一点尤为明显。本章以土地价值变化为重点，评价高铁对城市转型的空间影响。首次采用空间双重差分模型对高铁建设用地价值变化进行了实证评估。该评估基于2007～2015年的629741项记录的微观土地交易数据。总体而言，本研究主要有四个发现：

（1）高速铁路在促进中国城市转型方面发挥着重要作用，这表现在它对土地价值变化的实质性影响上。我们的研究表明，高铁的发展与土地价值的3%～13%的增长有关。此外，高铁对土地价值的空间影响在不同类型的城市有很大的不同。特别是，这种影响在省会城市要强得多，主要是由于直接影响。

（2）研究发现高铁车站附近的土地受到的影响更大。这些影响大多是通过高铁车站的正的间接效应来实现的。换句话说，高速铁路的发展对土地价值的变化有很强的溢出效应，特别是在中小城市。如果不捕捉这些关系的空间依赖性，任何评估都可能导致有偏差的结果和误解。

（3）研究发现高速铁路对土地价值变化的影响在不同类型的土地之间有很大

的差异。例如，相对于拍卖出售的土地，高铁发展对谈判售出的土地价值影响较大。从土地来源类型比较来看，如果土地属于"新增"类别，则高铁的影响相对较大。另外，随着到高铁车站距离的增加，土地价值变化的影响也会下降。在土地利用类型比较方面，结果表明，如果土地用于商业综合体和住宅建筑的开发，而不是用于工业用途，则影响效果要强得多。在我们的土地位置比较方面，分析表明，虽然高铁对市辖区和非市区土地价值变化的影响在 20 公里缓冲区和 30 公里缓冲区内相似，但在市辖区的影响较大。

（4）研究结果对中国的城市规划和土地利用政策有两个启示。第一，考虑到高铁对谈判出让土地价值的影响相对较大，结果证实地方政府对土地交易价格上涨的引导作用不容忽视。因此，应进一步实施土地市场改革，以增加土地交易的透明度，消除寻租活动。第二，我们的研究结果意味着，考虑到高铁系统对土地价值的影响变化往往在不同的地区和不同的类型的土地表现出异质性，未来的基础设施建设和投资计划需要更谨慎地实施，以实现社会经济效益和投资收益最大化。

附录1：具体回归结果

附表 1 − 1 不同缓冲区汇总结果的比较

模型 类别		模型 1 20 公里缓冲区	模型 2 30 公里缓冲区	模型 3 40 公里缓冲区
直接效应	HSR	0.01 ***	0.011 ***	0.015 ***
	lHSRdis	− 0.187 ***	− 0.19 ***	− 0.196 ***
	new	− 0.18 ***	− 0.179 ***	− 0.179 ***
	type	0.87 ***	0.872 ***	0.872 ***
	industrial	1.286 ***	1.289 ***	1.288 ***
	level	0.017 ***	0.018 ***	0.018 ***
	prefecture	0.421 ***	0.426 ***	0.426 ***
	capital	0.235 ***	0.225 ***	0.229 ***
	lnlandsup	− 0.003	− 0.003	− 0.004 *
	lngdppc	0.207 ***	0.21 ***	0.211 ***
	lndensity	0.118 ***	0.121 ***	0.122 ***
	lnrprice	0.055 ***	0.055 ***	0.055 ***
	metro	0.027 ***	0.032 ***	0.033 ***
	lcitydis	− 0.091 ***	− 0.092 ***	− 0.092 ***
	hsrzone	0.015 ***	0.026 ***	0.002
间接效应	HSR	0.052 ***	0.053 ***	0.059 ***
	lHSRdis	0.118 ***	0.111 ***	0.104 ***
	new	0.01 ***	0.01 ***	0.01 ***
	type	0.05 ***	0.047 ***	0.047 ***
	industrial	0.173 ***	0.164 ***	0.163 ***
	level	0.004 ***	0.004 ***	0.005 ***
	prefecture	0.102 ***	0.105 ***	0.105 ***
	capital	− 0.099 ***	− 0.082 **	− 0.08 **
	lnlandsup	0.026 ***	0.026 ***	0.026 ***
	lngdppc	− 0.005	− 0.007	− 0.005

模型 类别		模型 1 20 公里缓冲区	模型 2 30 公里缓冲区	模型 3 40 公里缓冲区
间接效应	lndensity	0. 122 ***	0. 115 ***	0. 115 ***
	lnrprice	0. 112 ***	0. 111 ***	0. 112 ***
	metro	− 0. 082 ***	− 0. 087 ***	− 0. 086 ***
	lcitydis	− 0. 052 ***	− 0. 051 ***	− 0. 051 ***
	hsrzone	0. 111 ***	0. 057 ***	0. 027 ***
总效应	HSR	0. 062 ***	0. 064 ***	0. 074 ***
	lHSRdis	− 0. 069 ***	− 0. 078 ***	− 0. 092 ***
	new	− 0. 169 ***	− 0. 169 ***	− 0. 169 ***
	type	0. 921 ***	0. 918 ***	0. 919 ***
	industrial	1. 459 ***	1. 452 ***	1. 452 ***
	level	0. 021 ***	0. 022 ***	0. 023 ***
	prefecture	0. 523 ***	0. 532 ***	0. 531 ***
	capital	0. 136 ***	0. 143 ***	0. 149 ***
	lnlandsup	0. 023 ***	0. 023 ***	0. 023 ***
	lngdppc	0. 201 ***	0. 203 ***	0. 205 ***
	lndensity	0. 24 ***	0. 236 ***	0. 237 ***
	lnrprice	0. 168 ***	0. 167 ***	0. 167 ***
	metro	− 0. 055 ***	− 0. 055 ***	− 0. 054 ***
	lcitydis	− 0. 142 ***	− 0. 143 ***	− 0. 143 ***
	hsrzone	0. 126 ***	0. 083 ***	0. 029 ***
	constant	2. 095 ***	2. 225 ***	2. 263 ***
	W-HSR	0. 038 ***	0. 041 ***	0. 044 ***
	W-lHSRdis	0. 142 ***	0. 135 ***	0. 13 ***
	W-new	0. 055 ***	0. 05 ***	0. 05 ***
	W-type	− 0. 187 ***	− 0. 166 ***	− 0. 167 ***
	W-industrial	− 0. 199 ***	− 0. 17 ***	− 0. 172 ***
	W-level	− 0. 001	− 0. 001	0
	W-prefecture	− 0. 029 ***	− 0. 015 ***	− 0. 016 ***
	W-capital	− 0. 138 ***	− 0. 119 ***	− 0. 119 ***

续表

模型 类别		模型 1 20 公里缓冲区	模型 2 30 公里缓冲区	模型 3 40 公里缓冲区
总 效 应	W-lnlandsup	0.021 ***	0.021 ***	0.022 ***
	W-lngdppc	− 0.058 ***	− 0.054 ***	− 0.054 ***
	W-lndensity	0.065 ***	0.064 ***	0.063 ***
	W-lnrprice	0.073 ***	0.076 ***	0.077 ***
	W-metro	− 0.072 ***	− 0.077 ***	− 0.077 ***
	W-lcitydis	− 0.017 ***	− 0.02 ***	− 0.02 ***
	W-hsrzone	0.083 ***	0.039 ***	0.021 ***
	rho	0.26 ***	0.234 ***	0.235 ***
调整后 R^2		0.488	0.488	0.487
ML		− 607251	− 608043	− 608186
观测值数量		676116	676116	676116

注：* 、** 和 *** 分别表示 10%、5% 和 1% 的显著性水平。

第3章

对城市增长的时空影响：
以京沪高铁为例*

3.1 引 言

在政府的大力支持下，中国建成了 8 条东西向和 8 条南北向高铁客运专线的大型高铁网络，截至 2017 年，轨道总长度超过 2.2 万公里。该网络仍在扩建中，预计到 2025 年总长度将达到 3.8 万公里，服务于中国 80% 以上的城市。王等（Wang et al.，2015）指出，大约 74% 的人出行选择高铁。如此大规模的发展也伴随着中国许多城市的大规模城市扩张。正如陈和海恩斯（2015a）所指出的，与法国、德国和日本等国家的高铁不同，中国大多数城市的高铁车站都建在郊区和农村地区，而不是城市中心。这种独特的规划方法主要由三个因素驱动：相对较低的土地获取成本，相对较高的经济发展潜力，以及通过高铁开发增加财政收入的强烈动机。

中国的高铁发展旨在影响城市增长和土地利用变化，因为它主要是由政府推动的，通过一系列地区和城市规划政策来实施。例如，许多地方政府沿着高铁线路采取的共同做法是，在税收和土地使用方面提供优惠安排，以吸引新的投资。虽然尹等（Yin et al.，2015）和刁等（Diao et al.，2017）等学者试图揭示中国高

---

* 本章的较早版本在中国国际规划协会第 11 届年会上发布。感谢出席会议的秦荣军和让 – 米歇尔·古尔德曼的宝贵意见。另外，还要感谢学者希萨·奥而本万（Hessah A. Albanwan）在本研究的早期阶段对遥感技术的澄清。

铁发展的城市设计特征，但关于高铁对城市扩张和土地利用变化的影响程度，仍缺乏实证证据。具体而言，目前尚不清楚在高铁发展过程中，城市结构和土地利用在时间和空间上的变化。对这一关键问题的有效理解是非常重要的，因为它将改善与高铁发展相关的未来土地利用和城市管理问题的决策。

本章以京沪客运专线为例回答上述问题。首次将地理信息系统（GIS）和遥感技术应用于理解高铁发展过程中城市扩张的空间和时间变化。第 3.2 节提供了相关研究的文献综述；第 3.3 节介绍了研究领域；数据和方法见第 3.4 节；第 3.5 节给出了分析结果；第 3.6 节对本章进行了总结。

3.2 文献综述

近几十年来，中国经历了快速的城市扩张（Deng et al.，2008；Seto et al.，2011）。这种显著的城市化是由各种因素驱动的，如人口增长和移民，以及社会和经济发展（Fan et al.，2009；Liu et al.，2002）。学者们为了调查城市扩张和土地利用的变化，进行了许多研究，主要使用两种方法。第一种方法是事前评估，侧重于使用城市模拟模型预测未来城市的变化，基于代理的建模（ABM）和/或细胞自动机（CA）等技术。王等（Wang et al.，2013）使用基于云的 CA 模型提出，2010 年和 2020 年江夏（中国武汉）城市土地预测将超过之前计划的水平。阿尔桑贾尼（Arsanjani，2013）使用将 ABM 和多准则分析（MCA）相结合的地理模拟方法，模拟了 1986～2006 年伊朗德黑兰都市地区新兴的城市增长的时空模式。第二种方法被称为事后评估，其目的是了解所观察到的城市土地利用变化模式。通常采用来自遥感或社会经济统计的数据源来识别过去发生的城市土地利用变化（Ianos et al.，2016；Liu et al.，2012）。例如，王等（Wang et al.，2012）使用来自 Landsat TM/ETM1 图像的城市建成区数据，表明中国城市面积在过去 20 年几乎翻了一番。方（Fang，2009）运用统计回归分析的方法分析了中国城市化的时间演变和城市空间格局的变化。然而，与遥感数据相比，由于社会经济统计数据的空间分辨率是有限的，因此其空间信息通常是有限的且受行政边界约束（Liu et al.，2012）。因此，这些数据在详细的空间尺度上反映城市结构变化的适用性有限。

理解这种城市化的另一个重要考虑是基础设施发展和城市扩张之间的关系。

发达的基础设施系统可以通过改善区域可达性和降低交通成本来促进城市增长（Haynes，2006）。尽管许多学者试图澄清城市扩张与交通基础设施发展之间的联系，但这种联系还远未明确。一些学者认为交通促进了土地利用的变化，从而导致城市的增长。例如，安特罗普（Antrop，2004）使用来自欧洲城市的数据表明，交通网络是城市化和景观变化的关键驱动因素之一。以尼泊尔为例，塔帕和村山（Thapa & Murayama，2011）表明加德满都谷地的城市发展受到现有城市空间和交通网络的积极影响。相反，其他学者认为，交通基础设施的发展可能会在城市扩张的过程中由于交通拥堵和空气污染的加剧而产生负面影响（Zhao et al.，2010）。例如，城市蔓延（urban sprawl），通常指城市增长的无序和不平衡模式，导致资源利用效率低下（Bhatta et al.，2010），在西方社会越来越受到关注。因此，许多研究表明，城市扩张的事实归因于交通系统的改善（Cervero，2003；苏和迪沙佛，2008）。赵等（2010）也研究了中国城市扩张和交通之间的联系，发现交通发展确实促进了城市边缘的城市扩张，至少在北京是这样。同样，刘和周（Liu & Zhou，2005）指出，北京的城市空间增长与交通网络（公路和道路）和现有城市中心的距离有很强的关系。

作为一种创新的地面交通系统，高铁对城市的发展有重大影响。例如，法国TGV（train a grande vitesse）的运营刺激了小城市的商业和其他发展。研究发现，高铁车站周边地区比城市其他地区发展更快（Jiao et al.，2017；郑，2006）。同样，日本新干线系统的发展被发现在促进城市景观升级、经济发展和发达地区的区域分散方面发挥了重要作用（Sasaki et al.，1997）。曹等（Cao et al.，2013）利用可达性分析评估了中国高铁网络的影响，发现与传统的铁路服务相比，高铁提高了大多数城市的可达性。高铁对城市结构的影响在住房开发方面也证实了真正的变化。例如，尹等（Yin et al.，2015）发现，高铁系统导致中国城市的房地产价值增加。陈和海恩斯（2015b）发现高铁对中小城市的房价有积极的影响，改善了可达性。刁等（Diao et al.，2017）发现杭州市内高铁车站对周边地区房价有正向影响，而广州郊区高铁车站的影响不显著。另外，王（Wang，2016）研究了2006～2012年，高铁发展对区域、城市和周边地区城市增长的影响。这是基于政府土地数据，以北京—上海客运专线为重点。他们的研究结果证实，高铁车站是有望改变当代城市空间结构的关键节点。他们研究的另一个关键特征是影响往往在空间上发生变化。因此，他们建议未来的研究应该在不同的空间水平/城市和地区进行，以捕捉高铁对城市结构变化的空间异质性影响。

综上所述，近年来，随着高铁的大规模部署，中国对高铁和城市扩张的兴趣大大增加。大多数研究从定性的角度讨论了这一问题，而对高铁和城市扩张之间联系的实证理解仍然缺乏。为了填补这一空白，本书的目标研究：（1）利用遥感数据对城市扩张和高铁基础设施发展之间的联系进行实证评估；（2）对高铁对城市增长的时间和空间影响进行综合评估。

3.3　研究领域

研究高铁对城市增长的时空影响以中国最先进、最成功的高铁系统之一京沪客运专线为基础。如图 3 – 1 所示，自 2011 年开通以来，这条线路的客流量大幅增加。截至 2016 年底，年客流量达 1.3 亿人次，2015 年实现运营净利润 66 亿元。这条高铁也被认为是国家高铁网络系统的骨干之一，因为它连接了中国最具活力的两个经济区——环渤海经济圈和长三角经济圈。京沪客运专线于 2008 年 4 月开工建设，2010 年 11 月竣工。高铁系统于 2011 年 7 月开通，总服务距离为 1318 公里。该系统覆盖了 7 个省份，包括几个人口众多的城市，如北京、天津和上海。这条线路有 24 个车站，其中 16 个是位于郊区或农村地区的新车站。这些新高铁车站的开发极大地促进了房地产开发。在这条铁路线沿线的几个城市，出现了大量被称为高铁新城的新住宅社区。

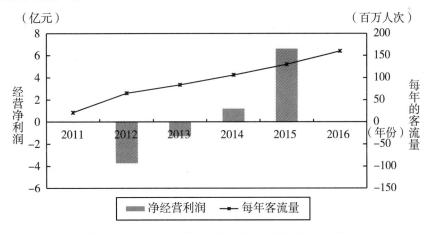

图 3 – 1　京沪客运专线的客流量和财务业绩

资料来源：国家商报和中国铁路公告牌系统（BBS）。

选择京沪高铁作为调查高铁对城市增长的影响是相关的和重要的，原因如下。第一，京沪客运专线是中国成熟的高铁线路之一。因此，它让我们能够捕捉到高铁发展的全貌。第二，由于这条铁路连接了具有相当独特的社会和经济特征的各个城市，它使人们能够更好地了解对城市增长的影响的空间变化。基于对社会经济属性、区位、城市规模和数据可用性的考虑，选取北京南站、济南西站和蚌埠南站作为调查的核心区域。

3.4　数据与方法

3.4.1　数据源

本研究使用的主要数据来源为 Landsat 专题制图和热红外扫描仪（Landsat TM/TIRS）图像评估高铁对城市扩张的影响，选择 2005 年、2010 年和 2016 年分别代表一个前发展阶段、一个发展阶段（系统在建设中）和一个后发展阶段（系统在服务中）。

为了得到可靠的评价，在考虑图像中是否有云以及图像是否模糊的情况下，对遥感数据进行了仔细的选择。另外，由于北京和济南各有两幅图像覆盖，因此只选取了当天拍摄的这两个城市的图像，最终使用了 15 幅 Landsat 图像（见表 3 - 1）。

表 3 - 1　　　　　　　本研究采用 Landsat TM/TRIS 影像

城市	年份	陆地卫星场景 ID	日期和时间	数据源
北京	2005	LT51230322005126BJC00	5 月 6 日 10：41	陆地卫星 5 号拍摄 TM
		LT51230332005126BJC00	5 月 6 日 10：40	
	2010	LT51230322010140IKR01	5 月 20 日 10：44	陆地卫星 5 号拍摄 TM
		LT51230332010140BJC00	5 月 20 日 10：44	
	2016	LC81230322016125LGN00	4 月 18 日 10：53	地球资源观测卫星 8
		LC81230332016109LGN00	5 月 4 日 10：53	行动
济南	2005	LT51220342005103BJC00	4 月 13 日 10：35	陆地卫星 5 号拍摄 TM
		LT51220352005103BJC00	4 月 13 日 10：35	
	2010	LT51220342010069HAJ00	3 月 10 日 10：39	陆地卫星 5 号拍摄 TM
		LT51220352010069HAJ00	3 月 10 日 10：39	
	2016	LC81220342016086LGN00	3 月 26 日 10：47	地球资源观测卫星 8
		LC81220352016086LGN00	3 月 26 日 10：48	行动

续表

城市	年份	陆地卫星场景 ID	日期和时间	数据源
安徽蚌埠	2005	LT51210372005304BJC00	10 月 31 日 10：31	陆地卫星 5 号拍摄 TM
	2010	LT51210372010302BJC00	10 月 29 日 10：32	陆地卫星 5 号拍摄 TM
	2016	LC81210372016207LGN00	7 月 25 日 10：43	地球资源观测卫星 8
				行动

在评估中还使用了社会经济数据和城市一级行政区划的地理界线。前者来自中国国家统计局，后者来自中国国家地理中心。所有数据均采用横向墨卡托投影。

3.4.2 方 法

按照图 3-2 所示的框架，高铁对城市增长的影响分为四个步骤进行评估。

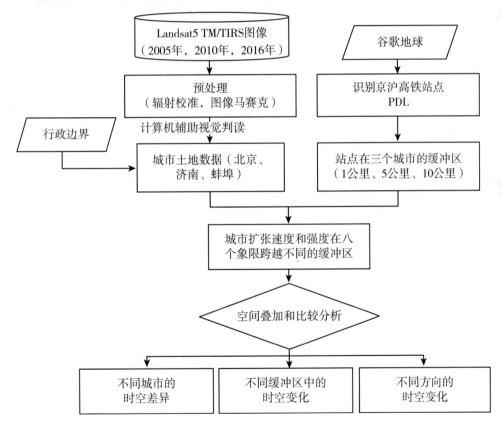

图 3-2 高铁对城市扩张的时空影响评价分析框架

第一步，对原始 Landsat TM/ TIRS 遥感图像进行预处理，正投影矫正，图像镶嵌和图像掩模技术。鉴于我们的重点是城市的增长和扩张，这些图像被分为两类：城市土地和非城市土地。为了提高分类的准确性，对图像进行了一系列的处理，包括计算机辅助视觉解释、错误检查和验证。

第二步，以三个高铁站点为中心进行缓冲区分析。目的是查明在新开发的监测站附近不同地理尺度的城市土地增长和扩张的模式。不同距离半径（1公里、5公里和10公里）用于计算每个缓冲区内的城市土地面积，以便更好地了解每个高铁车站周围城市增长的空间变化。具体而言，1公里缓冲区表示与火车站相邻的核心区，而5公里缓冲区和10公里缓冲区分别捕获受影响区域和周边受影响区域。缓冲分析分别应用于三个城市和三个不同年份。因此，分析产生了18个（3个城市3个缓冲区3个2期）不同城市的土地利用变化模式。

第三步，对每个高铁站点的城市密度和城市扩张方向进行象限定位分析。每个缓冲区被划分为八个扇区，对应八个方向。每个方向的城市土地面积被提取。

第四步，在每个象限计算城市扩张率和城市扩张强度率。城市扩张率和城市密度率是衡量城市扩张空间变化的两个关键指标（Xu & Min, 2013）。前者描述的是在一定时期内城市土地面积的增长占城市土地总面积的百分比，而后者描述的是在一定时期内城市土地面积的增长占研究总面积的百分比。城市扩张速率和强度速率都可以用来比较不同时期城市扩张的数量特征（Xu & Min, 2013）。其中，城市扩张率和城市密度率可以用以下公式计算（Peng et al., 2015；XU & Min, 2013）。

$$E_r = \frac{U_b - U_a}{U_a} \times \frac{1}{t} \times 100\% \tag{3.1}$$

$$E_i = \frac{U_b - U_a}{A_t} \times \frac{1}{t} \times 100\% \tag{3.2}$$

其中，E_r 和 E_i 分别为年城市扩张速率和年城市扩张强度。U_a 和 U_b 分别代表调查开始时和调查结束时的城市用地面积。t 表示周期的长度。A_t 代表整个调查区域的面积大小。

3.5 结　果

3.5.1 不同城市之间城市扩张的时空变化

图3-3展示了这三个城市从2005～2016年城市扩张的时空演变。很明显，新

开发地高铁车站附近的城市扩张水平差异很大在不同的城市之间有很大的差异。

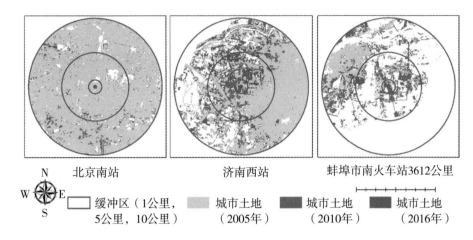

图 3 - 3　城市扩张的时空演变：2005 ~ 2016 年的三个城市

在济南高铁车站附近，城市扩张水平更为显著。2005 ~ 2016 年，在 10 公里缓冲区间内，有 59. 41 平方公里（205. 62 - 146. 21 平方公里）的城市土地从非城市土地转变为城市土地（见表 3 - 2）。蚌埠南站周边城市扩张水平略低，城市化面积 43. 88 平方公里（81. 07 - 37. 19 平方公里）。相反，北京南站周边新增城市用地面积仅增加 19. 18 平方公里（287. 86 - 268. 68 平方公里）。

表 3 - 2　　　　　　京沪高铁发展前后城市扩张对比

城市	调查区	区（公里）			膨胀率（%）			强度率		
		2005 年	2010 年	2016 年	2005 ~ 2010 年	2010 ~ 2016 年	2005 ~ 2016 年	2005 ~ 2010 年	2010 ~ 2016 年	2005 ~ 2016 年
北京	1 公里的缓冲	2. 72	2. 77	2. 77	0. 35	0. 04	0. 18	0. 31	0. 03	0. 16
	5 公里的缓冲	68. 42	70. 91	71. 52	0. 73	0. 15	0. 41	0. 63	0. 13	0. 36
	10 公里的缓冲	268. 68	283. 54	287. 86	1. 11	0. 25	0. 65	0. 95	0. 23	0. 56
	中心区	940. 91	1138. 3	1163. 13	4. 2	0. 44	2. 36	2. 87	0. 36	1. 62
	所有直辖市	2665. 22	3845. 45	4124. 08	8. 86	1. 45	5. 47	1. 45	0. 34	0. 9
济南	1 公里的缓冲	1. 3	2. 37	2. 75	16. 46	2. 67	10. 14	6. 81	2. 02	4. 2
	5 公里的缓冲	37. 12	46. 36	63. 07	4. 98	6. 01	6. 36	2. 35	3. 55	3
	10 公里的缓冲	146. 21	168. 96	205. 62	3. 11	3. 62	3. 69	1. 45	1. 94	1. 72
	中心区	377. 38	670. 49	698. 5	15. 53	0. 84	8. 51	2. 79	0. 27	1. 53
	所有直辖市	1076. 73	1667. 75	1725. 47	10. 98	0. 69	6. 03	1. 48	0. 14	0. 81

续表

城市	调查区	区（公里）			膨胀率（%）			强度率		
		2005 年	2010 年	2016 年	2005 ~ 2010 年	2010 ~ 2016 年	2005 ~ 2016 年	2005 ~ 2010 年	2010 ~ 2016 年	2005 ~ 2016 年
蚌埠	1 公里的缓冲	0.54	1.5	2.12	35.56	6.89	26.6	6.11	3.29	4.57
	5 公里的缓冲	7.75	18.24	27.38	27.07	8.35	23.03	2.62	1.94	2.25
	10 公里的缓冲	37.19	59.6	81.07	12.05	6	10.73	1.41	1.14	1.26
	中心区	98.09	120.68	183.22	4.61	10.36	8.68	0.73	2.03	1.38
	所有直辖市	727.08	775.92	956.9	1.34	4.66	3.16	0.17	0.61	0.39

资料来源：中心城区数据来源于中国科学院资源与环境科学数据中心（RESDC），并由作者计算而得。

城市增长的幅度是通过比较高铁车站的城市扩张速度和密度率与每个城市的平均速度来评估的。如表 3 - 2 所示，在 2005 ~ 2016 年，京沪高铁沿线三个城市的城市增长的空间和时间变化是相当不均匀的。具体而言，与大城市相比，中小城市高铁发展带来的城市扩张和增长往往更为显著。例如，北京南站周边 10 公里缓冲区的城市扩张速度远低于同期市区和城市的平均水平。相反，在蚌埠市高铁车站周围，城市扩张的变化水平要比城市整体变化水平高得多。2005 ~ 2016 年，济南 10 公里缓冲区内城市扩张的平均速度为 3.69%，远低于蚌埠，但大于北京。综上所述，这些结果表明，京沪自由贸易区的发展对蚌埠等小城市的城市扩张影响相对较大，而对北京等大城市的影响要小得多。这种模式是可以理解的，因为在高铁发展之前，北京南站周围的大部分地区已经实现了城市化。

3.5.2 不同缓冲之间城市扩张的时空变化

通过对不同缓冲区之间城市扩展速率和强度速率的比较分析，发现高铁站点周围的城市扩展水平在不同距离范围内也存在空间差异。缓冲距离越小，城市扩张速率和强度速率越高。换句话说，靠近火车站的地区城市化程度更高。这种模式在济南和蚌埠尤为明显。这并不令人惊讶，高铁往往会增加物业价值，因为改善的可达性（Chen & Haynes，2015b）。因此，由于地方政府和房地产开发商对地价上涨的激励，城市发展可能会得到极大的促进。

从时间的角度来看，高铁对城市增长的影响也是不同的。具体来说，城市扩张速度和城市密度通常在高铁建设之前和期间（2005~2010 年），而不是在高铁建成之后（2010~2016 年）。例如，2005~2010 年，蚌埠市南站周围 1 公里缓冲区的城市扩张速度为 35.56%，但在 2010~2016 年高铁建成后，这一速度下降到 6.89%。在济南西站也可以看到类似的趋势，在高铁建成之前和之后，城市扩张率分别为 16.46% 和 2.67%。总体而言，这表明投机在其中扮演着重要角色。

北京的城市发展模式与济南和蚌埠相似，但规模要小得多。北京南站周边 1 公里缓冲区的城市扩张速度在 2005~2010 年为 0.35%，但在 2010~2016 年仅为 0.04%。10 公里缓冲区内的城市增长模式相似，城市扩张速度从 1.11% 下降到 0.25%。总体而言，通过对不同缓冲区城市扩张的比较，可以看出城市扩张水平在空间和时间上存在差异。尽管调查结果证实了在高铁建设之前和建设过程中，城市扩张的程度相对较高，但城市增长的幅度确实存在很大差异。特别是在北京这样的大城市，人们发现高铁发展对城市扩张的影响微乎其微，而在济南和蚌埠这样的中小城市，城市增长水平相对可观。

需要注意的是，高铁对城市发展影响的调查是基于相关模式而不是因果关系的视角进行评估的。尽管人们可能会认为，围绕高铁车站可能归因于高铁以外的因素，但是比较高铁车站附近地区、城市中心和城市的平均水平也揭示了一个独特的模式，可能是由高铁的发展造成的。如表 3-2 所示，2005~2010 年，蚌埠市南站周边城市扩张水平分别比市中心水平和平均水平高出近 6 倍和 27 倍。很明显，如果不考虑高铁发展的模拟效应，如此显著的城市扩张是不可能实现的。

3.5.3　城市扩张在不同方向上的时空变化

为了进一步研究高铁车站周围的城市扩张在空间和时间上的变化，计算了北京、济南和蚌埠等 8 个不同方向的城市增长率。如图 3-4 所示，北京南站周边的城市增长格局在不同距离带的缓冲区内是一致的。城市扩张速度在 2005~2010 年相对较高，这证实了大部分城市化发生在京沪高铁建设之前和期间。另外，研究发现，城市向南部扩展的速度要快得多。

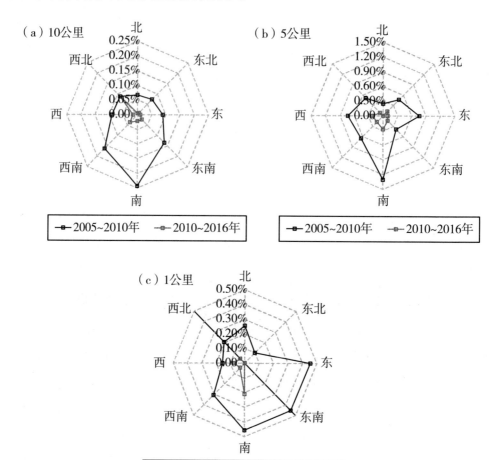

图 3 - 4　北京南站高铁发展不同时期的城市扩张

资料来源：作者计算而得。

相反，济南西站周边的城市扩张与北京有很大的不同。如图 3 - 5 所示，2005 ~ 2010 年，城市用地扩张呈北—东北和南—西南方向，而 2010 ~ 2016 年则呈北—西北方向。

在高速铁路发展前和发展中，在 1 公里缓冲区内东南方向的扩张速度最高，达 17. 11%。然而，在高铁建成后，这一高增长率下降了 7. 09%。高铁建成于高铁站的西北侧（有 5 公里的缓冲区）。总体而言，城市扩张主要发生在济南高铁建设之后。

图 3 -6 展示了蚌埠南站周边不同方向城市扩张的时空变化。虽然在京沪客运专线开发前后，1 公里缓冲区和 5 公里缓冲区的城市扩展方向有所不同，但在 10 公里缓冲区尺度上的"前后"对比显示了向老城区大规模西扩的一致格局。就规模级而言，最高的比率分别是 10.34% 和 5.05%，分别高于 2005～2010 年和 2010～2016 年。结果再次表明，围绕蚌埠南站的城市扩张主要发生在高铁建设之前和期间。

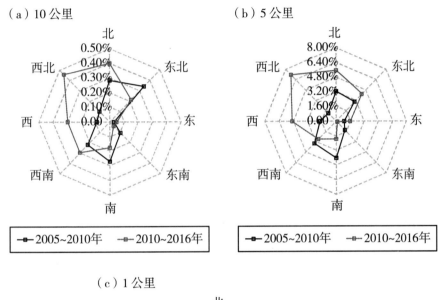

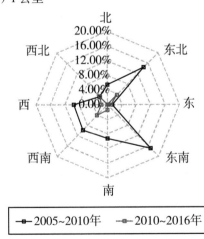

图 3 -5　济南西站周边高铁发展不同时期的城市扩张

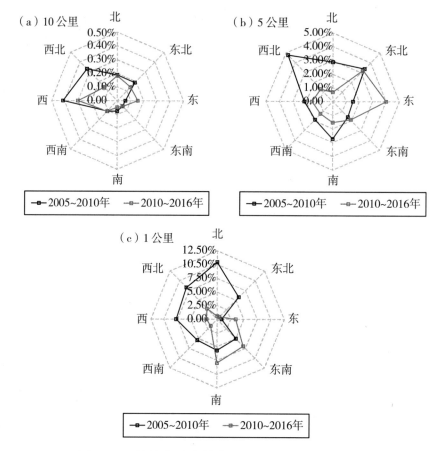

图 3 – 6　蚌埠南站高铁发展不同时期的城市扩张

资料来源：作者计算而得。

3.5.4　相关性测试

通过相关分析，检验遥感数据识别的土地利用变化是否与社会经济数据存在关联。如表 3 – 3 所示，遥感数据获取的城市城镇化率与传统来源的社会经济数据具有较高的相关性，证实城镇化水平越高，人口水平越高，经济越强。

表 3 – 3　　　　　　　　城市扩张与社会经济指标的相关性

城市	人口	密度	GDP	按行业分类的总产出			住房投资	城市化率
				农业	制造业	服务业		
北京	0.977	0.977	0.791	0.999	0.854	0.779	0.72	0.996
济南	0.799	0.8	0.756	0.767	0.828	0.716	0.665	0.653
蚌埠	0.271	0.037	0.991	0.96	0.993	1.000	0.995	0.991

资料来源：《中国统计年鉴》《中国城市统计年鉴》和 2016 年地方统计年鉴。

3.6　结　论

高铁在中国发展迅速。几项研究发现，高铁在各个方面的积极影响，如旅游需求（Chen & Haynes，2015）、劳动力市场准入（Lin，2017）、房地产价值（Chen & Haynes，2015b）和经济增长（Chen et al.，2016；Ke et al.，2017）。尽管一些学者，如王（2011）认为高铁的发展也可能影响城市扩张，但仍缺乏实证证据。更重要的是，高铁对城市扩张和土地利用变化的影响程度，以及这些影响在空间和时间上如何变化，目前仍不清楚。本研究的目的是利用地理信息系统和遥感技术对高铁对城市发展的时空影响进行实证评估。这一评估很重要，因为它可能提供实证证据来验证当代土地利用和城市规划政策的有效性，有助于更好地理解基础设施发展和建成环境变化之间的相互作用。

本研究揭示了高铁对城市扩张的影响是显著的，在空间上和时间上都有很大的差异，以北京—上海客运专线为例。具体而言，以高铁建成前后的城市土地利用变化衡量的城市扩张，在济南和蚌埠等中小城市尤为明显，而在北京等大城市则不那么明显。这一发现与陈和海恩斯（2015b）的研究一致，他们研究了相同的高铁线路，但对房地产价值的关注不同。总体而言，城市扩张的水平通常在高铁建设前和建设过程中比系统建成后更为显著。这就提出了投机的可能作用的问题。此外，研究结果还表明，土地利用变化往往集中在离高铁车站较近的地区，因为这些地区更容易获得高铁服务。就高铁车站周围的城市扩张方向而言，这种模式相当复杂。例如，在小城市，如果高铁车站位于未开发的郊区或农村地区，城市土地往往会向老城中心扩展。相反，如果高铁车站位于现有城区，城市向郊区的扩张往往会更强劲。

应当注意的是，由于数据和分析范围的限制，这些研究结果仍然是初步的。例如，我们的评估是基于陆地卫星的数据，它只能提供 30 米的分辨率。在未来的评估中，可以采用更高分辨率的遥感影像，如 ZY－3（3 米）和世界观数据（0.5 米），进一步提高评估的准确性。高分辨率的图像不仅有望提高评估的准确性，而且可以获得更详细的土地利用类别，还有望更好地了解高铁对城市转型的影响。未来研究的另一个重要方向是将评估的范围扩大到更大的地理范围，以覆盖更多的城市，这可以通过统计回归分析进一步提高我们对高铁对建筑环境变化影响的理解。

第4章

长途高速铁路对住房的影响*

4.1 引 言

中国国家高铁（HSR）计划旨在通过4条南北铁路和4条东西高铁专线，将东部和南部沿海发达省份与西部和北部欠发达省份连接起来，以缩小地区差距。此外，为了促进城市化和经济活动，在郊区和农村地区规划并建设了不少高铁车站。预计新高铁车站的开发将刺激房地产行业。在有高铁服务的城市，规划和开发了大量新的住房单元。许多新建房屋的建造是基于高铁服务将增加需求的预期。然而，高铁的发展和这些城市住房市场的繁荣之间是否有任何联系还不清楚，因为高铁服务的高价格可能会抵消可达性改善的好处。

虽然铁路基础设施对住房价值的影响已经进行了广泛的研究，但研究结果并不一致。一些人发现铁路运输设施的改善对房价有积极的影响（Bajic，1983；Debrezion et al. ，2007；Debrezion et al. ，2011；邓肯，2011；Knaap et al. ，2001），而其他人发现影响很小（Andderson et al. ，2010；Bollinger & Ihlanfeldt，1997）。另外，大多数分析集中在城市铁路项目，而对高铁本身的研究却相当有限。高铁与传统铁路（如通勤铁路、轻轨和地铁）在服务市场和潜在影响距离方面有所不同。由于高铁通常作为一种优质的地面交通方式，使用该系统的乘客与使用传统铁路服务的乘客非常不同。在中国尤其如此，中国的价格差异相对于收入来说非常大。

＊ 本章在陈和海恩斯（2015）的基础上进行了修订。分析和解释中的任何错误都由作者负责。

此外，与城市交通系统不同的是，高铁提供了一种城际运输服务，通常以 160 ~ 800 公里的距离连接大城市中心（Button，2012）。然而，由于高速铁路的优势，高铁将住房和劳动力市场结合在一起，形成了通勤区域（Blum et al.，1997），从而使得更大的地理范围内的通勤成为可能。

为了更好地理解高铁对中国房价的影响，我们遵循经典的享乐定价模型，重点关注北京—上海高铁线路，这是中国最先进的高铁线路之一。这样的调查是至关重要的，因为它提高了我们对高铁成本和效益及其对城市动态的影响的理解，特别是在住房结构和布局模式方面。实证结果也对其他有兴趣建设高铁系统的国家的城市规划和政策产生了影响。

本章结构如下。第 4.2 节通过对相关文献的回顾，探讨了本研究的理论动机；第 4.3 节在讨论京沪高铁与住房市场区位格局关系的基础上，提出假设；第 4.4 节描述了数据和方法；第 4.5 节给出了实证结果；第 4.6 节对本章进行了总结。

4.2　文献综述

早期研究交通和房价之间联系的理论遵循了阿隆索（1964）的单中心模型。他认为，住宅活动是由交通成本节约与由于距离中央商务区较远而导致的地租下降之间的权衡决定的。穆斯（Muth，1969）进一步扩展了这一理论，认为住房是由不同家庭消费的一系列服务。罗森（Rosen，1974）在方法论上对这一领域进行了进一步的发展，他的 hedonic price 模型通过分解房屋服务束来解释房价的构成。在此框架下，交通可达性被归类为空间属性，其边际价格被估计为享乐价格回归（Franklin & Waddel，2003）。通过采用这种方法，改善交通基础设施对房价的影响已被频繁评估（Bae et al.，2003；So et al.，1997；姚和黄，2005）。弗格森等（Ferguson et al.，1988）考察了温哥华城市交通和单户家庭住房价值之间的关系，发现城市交通甚至在系统运行之前就对住房市场产生了影响。大多数研究都集中在城市交通设施上，因此对城际客运铁路，特别是对高铁的影响的评估是相当有限的。

一些研究，例如，阿姆斯特朗和罗德里格兹（Armstrong & Rodriguez，2006）分析了马萨诸塞州通勤铁路可达性的好处，研究发现，由于噪声及罪案的影响，铁路系统对物业价值有显著的负面影响。斯特兰德和瓦格纳（Strand & Vagnes，

2001）也证实了由于奥斯陆的环境问题，铁路邻近性对房屋价值的负面影响。德布勒森等（Debrezion et al., 2007）采用了享乐定价模型，但发现靠近火车站的房屋比距离火车站 15 公里的同等房屋大约贵 25%。安德森等（Andersson et al., 2010）采用 Box-Cox 享乐价格模型评估高铁可达性对中国台湾南部房价的影响。他们的研究发现，高铁对房价的影响很小。他们怀疑，这种微不足道的影响可以归因于高铁的高票价和根深蒂固的居住区位模式，这些模式阻碍了系统调整以实现高效利用。缺乏对住房价值估算的空间依赖性的认识，似乎是影响这些实证结果的一个根本问题。

事实上，住房价值的空间依赖性及其与住房房地产市场的其他属性的相互关系，如邻近环境和可达性，通常被认为是享乐主义房地产研究中的一个统计问题（Anselin, 1988; LeSage & Pace, 2009; Pace et al., 1998）。如果不解决这个问题，研究结果可能是虚假的，在统计上有偏见。一些研究采用空间计量估计解决享乐模型的空间依赖性，但交通基础设施的空间影响似乎没有得到适当的量化。例如，伊韦亚斯等（Ibeas et al., 2012）采用空间自回归、空间误差和空间 Durbin 三种空间计量模型，以西班牙大都市地区为例，评估交通对房地产价值的影响。交通的影响是通过两个虚拟变量来衡量的，这两个虚拟变量表示在住宅附近是否有一个公交车站或一个郊区火车站。由于虚拟变量是基于固定的距离阈值创建的，因此交通设施可达性的影响是有限的。其他研究，如科恩和科格林（Cohen & Coughlin, 2008），使用住房财产和机场设施之间的距离测量可达性，然而，可达性的大小与旅行时间被忽略了。

由于中国的高铁系统仍在发展中，了解此类系统的社会经济效益的需求正在显现。例如，最近的研究以中国系统为重点，从节省出行时间的角度分析了高铁可达性的影响。曹等（Cao et al., 2013）使用了一种创新的地理信息系统（GIS），发现尽管与传统铁路相比，大多数城市获得了可达性收益，但人口密集和 GDP 水平高的城市往往获得更多收益。陈（2012）认为高铁发展导致了巨大的时空收缩和城市之间流动性的增加。肖等（2014）证实高铁对中国城市的时空可达性模式有积极影响，许多城市的出行时间可达性得到显著改善。但是，在可达性方面的变化如何影响区域经济对房价的影响还不清楚。

综上所述，由于研究设计和统计估算方面的潜在问题，中国高铁系统对房价的影响还没有得到很好的理解。为了填补这一空白，本书主要围绕两个问题展开：（1）高铁对中国房价的影响是什么？（2）不同城市的影响有何不同？

4.3 京沪高铁和住房开发

京沪高铁（BSHSR）是中国最先进的高铁线路之一。它旨在通过提高北京政治中心和上海金融中心之间的可达性，在促进经济发展方面发挥关键作用。项目利用公共财政支持，于 2008 年 4 月开工，2010 年 11 月竣工。铁路线全长 1318 公里，沿线增加了 24 个车站。该系统的运行速度为 350 公里/小时，最大速度为 380 公里/小时。由于速度的飞快和专用路权的设计，北京和上海之间的旅行时间大大减少。自 2011 年正式开业以来，BSHSR 的客流量呈指数级增长。截至 2014 年 4 月，该系统已产生乘客超过 2 亿人次，日客流量超过 20 万人次[①]。

BSHSR 建成以来，沿线几个城市的房地产业发展迅速。考虑到住房需求和供给的不同特点，不同城市的住房物业区位具有不同的影响。例如，在城市中心区周围土地供应相对充足的大多数中小城市，有相当多的住宅物业建在市中心周围。然而，在许多省会城市，与非首都城市相比，中心城市的征地成本非常高，许多新开发的住房物业位于郊区或农村地区，而不是在这些已经城市化的城市中心。

通过比较本研究中住房样本到城市中心的平均距离，证实了省会城市和非省会城市住房的区位模式不同（见表 4 - 1）。首都城市的住房到市中心的平均距离是 15 公里，而非首都城市的距离只有 10 公里。

表 4 - 1　　　　资本城市和非资本城市住房的区位模式

	城市数量（个）	房屋及物业数目（套）	到市中心的距离			
			平均值	St. Dev.	最小值	最大值
省会城市	5	330	15.3	8.3	1.2	42.1
其他城市	17	686	10.0	10.6	0.2	105.8

资料来源：搜房网。

地理优势经常被用于宣传目的，例如，距离高铁车站很近。一些开发商用"高铁"（HSR）来标识他们的物业，以突出其对高铁的可达性优势，如"高铁新城""高铁时代广场"等。由于这些不同的区位模式，我们有理由假设 BSHSR 对不同城市住房价值的影响不太可能是相同的。

[①] 京沪高铁运送旅客突破 2 亿人次 [J]. 城市轨道交通研究，2014，17（5）：21.

4.4 数据与方法

为了调查高铁对房价的影响，从搜房网（中国最大的房地产门户网站之一）随机选择了包括 1016 套房产在内的数据集。我们只选择了位于 BSHSR 线沿线 50 公里缓冲区内的属性进行分析。总体采样率为 10%。每个物业的记录包括每平方米的市场售价、面积大小、建筑面积比率、所在社区的绿化比率、调查时（2014 年 3 月 31 日）物业是否完备及物业类型。在这个分析中，大多数房产是最近建成的（少于 5 年），其中相当一部分尚未完工，但已经售出。我们没有使用房产的年份变量，而是采用基于完工状态的虚拟变量来控制这种住房特性的变化。

另外，还引入了两个城市层面的控制变量，即人均收入和人口密度，以控制不同城市之间不同的经济条件和居住特征。使用百度地图可以收集附近环境的信息，如附近是否有学校、医院、公园或购物中心。将这些相邻环境的距离阈值定义为 3 公里，这与大多数文献一致。利用百度地图提供的算法，估计了代表位置特征的变量，如到市中心的距离、主要公路、高铁车站和到高铁车站的时间。考虑到高铁车站的可达性是我们衡量高铁系统影响的关键指标，那么最近的高铁车站的可达性则以门到门的旅行时间（分钟）和距离（公里）来衡量①。根据距离和旅行时间区分住宅和高铁站点的可达性很重要，因为考虑到道路状况、拥堵和出行行为，每个站点提供的可达性衡量方法略有不同。关于房屋属性的地理编码信息也是使用百度映射系统收集的。抽样属性的特征和描述性统计分别如表 4-2 和表 4-3 所示。

表 4-2   **样本住房性质特征**

城市	是否为首都/市政城市	住房社区数量（个）	平均房屋价值（元）	高铁站	平均距离（公里）	
					最小值	最大值
北京	是	69	50700	北京南	24.5	11.3
廊坊	不是	22	6896	廊坊	9.4	4.4
天津	是	57	13219	天津西 天津南	17.5	10.6

---

① 这两个指标都是基于汽车的时间和距离访问来估计的。由于许多系统的运行不可靠，因此没有考虑乘坐公共交通工具的旅行时间和距离。

续表

城市	是否为首都/市政城市	住房社区数量（个）	平均房屋价值（元）	高铁站	平均距离（公里）	
					最小值	最大值
沧州	不是	42	5537	沧州西	16.7	8.7
德州	不是	48	5755	德州东	29.6	19.5
济南	是	27	7973	济南西	13.5	6.9
泰安	不是	27	5796	泰安	11.6	7.3
曲阜	不是	19	4788	曲阜东	24.1	12.2
滕州	不是	24	4404	滕州	17.9	10.2
枣庄	不是	10	3933	枣庄	10.6	5.2
徐州	不是	74	6449	徐州东	17.9	10.9
苏州（安徽）	不是	44	4874	苏州东	58.5	46.9
安徽蚌埠	不是	57	5795	安徽蚌埠南	20.3	11.0
定远	不是	11	4100	定远	42.1	23.6
滁州	不是	64	4701	滁州	26.3	16.4
南京	是	86	16697	南京南	18.7	14.6
镇江	不是	39	6950	镇江南	19.1	11.8
丹阳	不是	6	6350	丹阳北	21.7	11.4
常州	不是	55	7598	常州北	13.3	7.7
无锡	不是	45	8023	无锡东	19.1	11.4
苏州（江苏）	不是	49	10755	苏州北	18.2	11.3
上海	是	91	48682	虹桥	30.2	18.6

注：数值表示1平方公里单位价格，单位为人民币（元）。根据2014年3月的汇率，1美元约等于6元人民币。

资料来源：搜房网。

表 4 - 3　　　　　　　　　样本住房描述性统计

变量	单位	平均值	St. Dev.	最小值	最大值	期望
房地产价值	元/平方公里	14612.8	19383.8	2168	230000	
面积大小	10000 平方公里	30.2	70.0	0.1	1500	+
完成与否	完成/没有	0.6	0.5	0	1	+
建筑面积比		2.2	1.1	0.15	11.1	+
绿化比例	%	36.8	9.7	0.4	93.7	+
人均收入	元（人民币）	28886.5	7287.4	14981	40188	+
人口密度	人/平方公里	857.9	437.0	326.2	2135.0	+

续表

变量	单位	平均值	St. Dev.	最小值	最大值	期望
无论是住宅楼	是/否	0.7	0.4	0	1	–
无论是公寓	是/否	0.1	0.3	0	1	+
无论是别墅	是/否	0.1	0.2	0	1	+
无论是办公楼	是/否	0.1	0.2	0	1	+
到高铁站的距离	公里	13.6	11.4	0.96	96.5	–
到高铁站的距离（驾车）	分钟	22.0	13.1	2	103	–
离市中心距离	公里	11.7	10.2	0.2	105.8	–
至主要道路的距离	公里	0.4	0.8	0	14.7	–
附近是否有公共汽车站	是/否	0.9	0.2	0	1	+
学校是否在附近	是/否	0.9	0.3	0	1	+
附近是否有公园	是/否	0.4	0.5	0	1	+
医院是否在附近	是/否	0.8	0.4	0	1	+
无论是否位于一个省	是/否	0.3	0.5	0	1	+

　　影响评估使用特征价格模型进行。为了证明估计的稳健性，该模型使用了三个估计程序：稳健的普通最小二乘回归、Box-Cox 转换极大似然估计和空间计量模型估计。经典享乐主义理论认为，住房价值代表了在住房条件、周边环境、位置和其他本地化维度等捆绑属性上的支出总和（Rosen, 1974）。因此，房屋价值被分解为每个属性的组成（或享乐）价格。基本特征价格模型表示为：

$$P_i = f(L, A, N) \tag{4.1}$$

其中，P_i 表示住宅物业 i 单位面积的市场价格；L 代表位置特征，包括高铁、高速公路和公交车站的可达性等属性；A 和 N 分别表示属性特征和邻域特征。该模型最初是使用稳健 OLS 回归估计的，以控制由住房特征引起的潜在异方差。为避免多重共线性问题，本书以分钟和公里为单位对高铁运行时间和距离等变量进行回归分析。另外，分别对省会城市、非省会城市和各城市的住房属性进行分析。

　　采用 Box-Cox 变换，因为在享乐定价分析中，通常会违背样本总体是具有共同方差的正态分布和加性误差结构的假设（Sakia, 1992）。因此，为了实现严格的估计，建议使用 Box-Cox 变换改进享乐定价估计（Andersson et al., 2010；古德曼，1989；Halvorsen & Pollakowski, 1981）。标准 Box-Cox 变换记为：

$$y_i^{\lambda_0} = \beta_0 + \sum_{j=1}^{k} \beta_j x_{ji}^{\lambda_i} + \varepsilon_i \tag{4.2}$$

其中，$y_i^{\lambda_0}$ 和 $x_{ji}^{\lambda_1}$ 分别因变量和自变量的变换。ε_i 为随机误差项。转换可以以约束性和非约束性形式实现。限制性形式指定在左侧和右侧转换中使用相同的参数，而非限制性转换允许使用不同的参数。Box-Cox 变换后的估计被认为是严格的，因为残差比简单线性回归模型产生的残差更接近正态分布（Davidson & MacKinnon，1993）。

引入了第三个估计例程解决空间依赖性的问题。勒萨日（1997）对住房价值空间依赖的存在进行了广泛的讨论。由于共享相似的周边环境和区位特征，交通设施的改善，如果在城市中增加高铁车站，预计会对住房价值产生局部和溢出效应。为了解决任何潜在的住房价值的空间依赖性，空间计量模型将会被采用。具体来说，考虑到全球溢出很可能与住房享乐主义分析有关（LeSage，2014）的情况，本书采用了空间德宾模型（SDM）。SDM 包括因变量和自变量的空间滞后，可以视为不受限制的模型，它同时包含空间滞后和空间误差成分（LeSage & Pace，2009）。SDM 表示为：

$$Y = \rho WY + \alpha + X\beta_1 + \theta WX\beta_2 + \varepsilon \tag{4.3}$$

其中，WY 表示房屋价值变量向量的线性组合，包括邻近的观测结果，而 W 是一个基于空间之点间反向距离的 n×n 权值矩阵[①]。X 表示房屋特性矩阵。WX 表示相邻性质的特征矩阵。基于反向距离建立空间权值矩阵。局部（直接）效应是其自身的主要对角元素偏导数的平均值，而溢出（间接）效应则是反映交叉偏导数的非对角元素累积和的平均值（LeSage & Pace，2009）。局部效应可以解释为房地产属性的任何边际变化对房地产价格的影响，而溢出效应衡量的是任何属性对其邻近房地产的平均住房价值的边际效应。同样，这些分析是针对不同城市群体的住房单独实施的。

4.5　结　果

稳健 OLS 回归结果如表 4 − 4 所示。（稳健对数线性回归的结果见附表 2 − A1）。由于所有数值变量都以对数形式测量，因此系数被解释为弹性。在这些属性中，人均收入对住房价值的影响弹性最高，这表明在沿着 BSHSR 调查的这些城市中，

---

①　在权重矩阵的规范中，可能会有一些关于敏感性的问题。权矩阵是基于 LeSage（2014）的建议而开发的，该建议认为稀疏连接结构在这些上下文中工作得最好。

住房价值主要是由需求驱动的。大城市的平均效应要比中小城市强得多。在房屋物业情况方面，房屋面积和绿化比率在统计上均不显著。建筑面积比在 0.08 ～ 0.22 之间是显著的，这被解释为建筑面积比的 1% 的变化与平均住房价值的 0.08%～0.22% 的变化相关，其他条件不变。结果还显示，完工的房产比未完工的房产具有更高的平均房价。同样，这种影响在首都城市的房地产市场尤为明显。

表 4 - 4　　　　　　　　　　高铁可达性对住房价值的弹性

变量	随出行时间			随出行距离		
	省会城市	非省会城市	全部	省会城市	非省会城市	全部
OLS	0.20 **	- 0.08 ***	0.08 **	0.05	- 0.07 ***	0
限制性 Box-Cox	0.16 **	- 0.46 ***	- 0.06	0.04	- 0.27 ***	- 0.13
非限制性 Box-Cox	0.01 ***	- 0.02 ***	0.00	0	- 0.03 ***	
空间计量经济学直接影响	- 0.15 **	- 0.03	0.12 ***	0.14 **	- 0.02	- 0.10 ***
间接效应	0.21 *	- 0.06	0.18 **	0.08	- 0.06	0.18
总效应	0.05	- 0.09 **	0.06	- 0.06	- 0.08 **	- 0.02

注：*** 、** 、* 分别表示 1%、5%、10% 的显著性水平。

在对住宅特征和周边环境进行控制后，发现高铁可达性弹性在不同城市群体之间以及不同指标之间存在显著差异。

例如，高铁车站的可达弹性在所有城市组中都具有统计学意义，尽管首都城市和非首都城市的值均在 0.197 ～ -0.078。这被解释为，到达 BSHSR 车站的可达性增加 1%（出行时间减少），与首都城市的住房价值增加 0.197% 有关，与非首都城市的住房价值下降 0.078% 有关。非首都城市的负弹性是有意义的，因为它表明了交通可达性对住房价值的正向影响，而首都城市的正弹性是出乎意料的。有人怀疑，这可能是由于统计估计问题，如空间依赖性的遗漏。高铁可达性以距离衡量的结果证实了这一推测，即首都和所有城市群的可达性弹性均为正，但不显著。非首都城市的值为 -0.069，表明距离高铁站越近，住房价值越高，其他条件不变。

为了达到更严格的估计，在不同的城市群体中应用 Box-Cox 变换。限制性和非限制性 Box-Cox 转换估计的结果如附表 2 - A2、附表 2 - A3 所示。与稳健线性 OLS

回归相比,建筑面积比在所有城市群体中均显著为正,表明其对住房价值具有正向影响。此外,人均收入、人口密度和住房状况与住房价值的变化显著正相关。表明附近是否有公交车站的虚拟变量对非首都城市和所有城市群体也具有经济显著性,但对首都城市群体不具有显著性。这可能意味着可达性汽车站有相对强的影响在资本城市房价比拥挤的首都(平均)。

在高铁可达性弹性方面,Box-Cox 变换的结果与稳健 OLS 回归相似。首都城市仍为正显著值,非首都城市为负显著值。这说明高铁可达性的增加与非首都城市住房价值的增加有关,而与首都城市住房价值的下降有关。就弹性水平而言,限制性的 Box-Cox 转换比非限制性的转换估计对住房价值产生了相对较大的影响。不一致的结果可能仍然暗示存在尚未解决的统计问题。

为了适当地解决住房市场的空间依赖问题,本书采用空间杜宾格式的空间计量估计。为便于表述,附表 2 - A4 列出了详细的估算结果。表 4 - 4 报告了关于高铁可达性的主要发现,并与 OLS 和 BoxCox 估计进行了比较。结果表明,由于住房价值(rho)的空间滞后参数和一些空间权重变量在不同的模型中均具有统计显著性,因此空间依赖性得到了充分的控制。

在控制了房地产特征、邻里环境、城市层面特征和住房需求等变量后,高铁可达性对不同城市住房价值的弹性存在差异。具体来说,在旅行时间测量方面,高铁可达性对首都城市的总体影响仍然不显著,尽管直接(局部)影响在统计学上显著(在 5% 的水平上)。弹性值为 - 0.15,这可以解释为,在其他条件不变的情况下,从住宅到高铁车站的旅行时间减少 1%,导致住房价值平均增加 0.15%。尽管高铁可达性在首都城市的住房样本中发现了显著的正间接(溢出)效应,但仅在 10% 的水平上显著。OLS 和 Box-Cox 与积极的弹性模型,值为 0.21 时表示增加了 1% 的高铁房产的可达性,换句话说,一个高铁车站距离下降 1% 以旅行时间与周边物业价格平均下降 0.21%,其他条件不变。事实上,高铁可达性的正溢出效应暗示了首都城市住宅市场的竞争性,因为一处房产可达性属性的变化与其周边房产价值的方向性变化具有相同的关联。

用距离来测量高铁的可达性也得到了类似的结果。高铁可达性的溢出效应和总体效应对首都城市均不显著,但存在显著的直接(局部)效应。弹性值为 - 0.14,表明如果住宅物业到高铁站的距离缩短 1%,在其他条件不变的情况下,该物业的单价可能比其他类似物业的平均价格高出 0.14%。

与首都城市相比,高铁可达性对非首都城市住房价值的影响存在显著差异。

在用时间和距离衡量可达性的模型中发现了消极和不显著的直接（局部）效应和间接（溢出）效应。当高铁可达性以出行时间和距离衡量时，总影响显著，分别为 -0.09 和 -0.08。这被解释为高铁可达性的增加。例如，在其他条件不变的情况下，旅行时间或到高铁车站的距离减少 10%，非首都城市的住房价值分别增加 0.09% 和 0.08%。

显然，首都城市高铁可达性的影响对每个物业的住房价值具有特别强的本地正效应，但对邻近物业具有负溢出效应，尽管在不同的模型中并不一致显著[①]。高铁可达性对房价的总体影响因局部和外溢效应的中和而得到缓解。对于非首都城市，由于局部效应和溢出效应均为正，因此总体上存在正效应。该模式表明，某一处房产的高铁车站的可达性对邻近房产和其自身的价值具有同质性正影响。如果考虑到非首都城市住房地产的区位模式，这种模式应该不难理解。与首都城市不同，中小城市的许多新开发楼盘通常集中在城市中心，而且多数楼盘的高铁可达性特征趋于一致。因此，它对房产本身和它的邻居的房屋价值的影响应该是相似的，其他条件都是一样的。这种模式还意味着，非首都城市的住房市场不像首都城市那样具有很强的竞争力。

但是，需要注意的是，由于分析尺度的变化，研究区域的改变，包括位于研究缓冲区之外的房产样本，都可能会影响研究结果。随着越来越多的房产业远离高铁线路纳入研究，我们可能会观察到，由于可达性优势下降，高铁对房价的影响逐渐减弱。

4.6 结 论

近年来，中国的房价呈指数级增长，引起了公众和政府的广泛关注。即使考虑到需求的增长，房地产投机通常被认为是一个主要因素（Weida, 2010），但交通基础设施的改善，如高铁也可能发挥作用。我们研究的目的是实证研究高铁可达性的增加是否会影响中国房价的变化。对这一问题的理解是根本的，因为它证实了公共投资的优点，并为城市规划和政策提供了宝贵的投入。

我们的研究有三个主要发现。首先，以 BSHSR 线为例，发现高铁可达性对房

---

① 这是与弹性系数估计相反的反向解释。高铁可达性弹性系数为负，表明高铁可达性弹性系数对房价的正向影响，反之亦然。

屋价值有重大影响。其次，这些影响在省会城市和非首都（中小城市）城市之间存在很大差异。具体来说，建立 BSHSR 服务对中小城市房价产生了相当大的区域影响（局部效应加上溢出效应）。然而，高铁对首都城市的影响往往较小，更具有地方性。最后，如预期的那样，证实了房价的空间依赖性。如果没有适当地解决空间依赖的问题，任何估计的系数都可能是有偏差和无效的。

值得注意的是，研究结果只适用于选定的特定数据样本，只反映在既定的审查期内的"楼宇维修噪音感应强的地方"的情况。需要使用时间和空间信息的面板分析来理解更普遍的模式。另外，高铁线路和服务类型不同的调查值得在未来研究。

附录2

附表 2 - A1　　　　　　　　稳健对数线性回归的结果

变量	模型 1	模型 2	模型 3	模型 4	模型 5	模型 6
	省会	非省会	全部	省会	非省会	全部
面积大小	-0.017 (-0.71)	0.002 (0.15)	0.002 (0.14)	-0.021 (-0.89)	0.002 (0.17)	0.001 (0.03)
完成与否	0.438*** (6.18)	0.001 (0.18)	0.199*** (5.56)	0.443*** (6.14)	0.008 (0.24)	0.210*** (5.94)
建筑面积比	0.091 (1.32)	0.073 (1.58)	0.217*** (4.40)	0.115* (1.65)	0.075 (1.60)	0.216*** (4.35)
绿化比例	0.039 (0.32)	0.036 (0.60)	0.007 (0.13)	0.044 (0.39)	0.037 (0.61)	0.008 (0.15)
人均收入	4.529*** (12.21)	0.478*** (5.46)	1.02*** (9.18)	4.723*** (14.16)	0.481*** (5.62)	0.891*** (7.96)
人口密度	-0.162* (-1.81)	0.301*** (4.90)	0.301*** (4.28)	-0.131 (-1.46)	0.295*** (4.85)	0.317*** (4.48)
是否是住宅楼	-0.092 (-0.67)	-0.322*** (-3.40)	-0.210** (-2.66)	-0.074 (-0.57)	-0.319*** (-3.37)	-0.196** (-2.50)
是否是公寓	-0.108 (-0.68)	-0.118 (-0.99)	-0.079 (-0.78)	-0.091 (-0.59)	-0.122 (-1.01)	-0.070 (-0.70)
是否是别墅	0.250 (1.40)	0.234* (1.72)	0.326** (2.77)	0.291* (1.72)	0.240* (1.75)	0.345** (2.94)
是否是办公楼	0.110 (0.66)	0.041 (0.23)	-0.022 (-0.17)	0.126 (0.80)	0.035 (0.19)	-0.011 (-0.08)
距高铁站距离 (公里)	—	—	—	0.052 (1.02)	0.069*** (-3.32)	0.001 (-0.36)
距高铁站距离 (时间)	0.197** (2.73)	-0.078** (-2.87)	0.071** (2.17)	—	—	—

续表

变量	模型 1 省会	模型 2 非省会	模型 3 全部	模型 4 省会	模型 5 非省会	模型 6 全部
距市中心距离	0.446*** (−6.62)	−0.024 (−1.35)	−0.144*** (−5.62)	−0.432*** (−6.37)	−0.021 (−1.20)	−0.127*** (−4.96)
与主路距离	0.051* (1.77)	−0.008 (−0.50)	0.012 (0.65)	0.059** (2.02)	−0.009 (−0.58)	0.011 (0.64)
附近是否有公交站	−0.010 (−0.05)	0.047 (0.64)	−0.022 (−0.27)	0.138 (0.68)	0.044 (0.60)	−0.080 (−0.95)
附近是否有学校	0.001 (0.08)	−0.002 (−0.04)	−0.046 (−0.80)	0.023 (0.20)	−0.003 (−0.06)	−0.046 (−0.80)
附近是否有公园	0.081 (1.16)	0.039 (1.26)	0.048 (1.30)	0.086 (1.21)	0.038 (1.23)	0.050* (1.34)
附近是否有医院	0.274*** (3.78)	−0.019 (−0.52)	0.035 (0.88)	0.284*** (3.99)	−0.019 (−0.50)	0.037 (1.34)
是否位于省会城市	—	—	0.899*** (17.79)	—	—	0.917*** (17.99)
常数	−36.37	2.84	−3.17	−38.27	2.71	−2.43
调整 R^2	0.63	0.37	0.72	0.61	0.37	0.71
观测个数	262	441	703	262	441	703

注：因变量以元/[& rom ~ m ~ normal ~ ^ {2} &] 计量。括号表示 t 值。*、** 和 *** 分别表示在 10%、5% 和 1% 水平上的显著性。

附表 2 – A2　　　　限制性 box – cox 转换估计结果

变量	模型 7 省会	模型 8 非省会	模型 9 全部	模型 10 省会	模型 11 非省会	模型 12 全部
面积大小	−0.021 (0.81)	0.068 (1.18)	0.041 (0.93)	−0.023 (0.85)	0.066 (1.17)	0.038 (0.79)
完成与否	0.322*** (21.28)	−0.041 (1.58)	0.078** (7.67)	0.327*** (22.56)	−0.040 (1.45)	0.082** (8.46)
建筑面积比	0.136* (3.05)	0.349*** (22.94)	0.366*** (43.79)	0.146** (3.41)	0.347*** (23.42)	0.360*** (42.12)

续表

变量	模型 7	模型 8	模型 9	模型 10	模型 11	模型 12
	省会	非省会	全部	省会	非省会	全部
绿化比例	0.042 (0.24)	0.722* (3.67)	0.225 (1.00)	0.036 (0.15)	0.714** (3.84)	0.242 (1.12)
人均收入	4.177*** (84.06)	1.077*** (49.36)	1.318*** (99.71)	4.504*** (93.66)	1.080*** (51.46)	1.296*** (96.48)
人口密度	-0.263 (0.16)	6.345*** (23.71)	5.152*** (38.84)	-0.190 (0.08)	6.078*** (22.69)	5.223*** (39.24)
是否是住宅建筑	-0.358** (6.29)	-0.567*** (63.93)	-0.442*** (56.80)	-0.327** (5.41)	-0.564*** (63.97)	-0.437*** (55.89)
是否是公寓	-0.348** (4.38)	-0.407*** (23.37)	-0.322*** (21.11)	-0.320* (3.79)	-0.407*** (23.75)	-0.315*** (20.30)
是否是别墅	-0.182 (0.58)	-0.071 (0.21)	0.038 (0.10)	0.183 (0.60)	-0.068 (0.20)	0.046 (0.15)
是否是办公楼	-0.208 (1.35)	-0.195 (2.64)	0.264** (9.20)	-0.168 (0.91)	-0.196 (2.68)	-0.253** (8.50)
到高铁站的距离 （公里）	—	—	—	0.038 (0.55)	-0.268*** (12.12)	-0.128** (5.11)
距高铁站距离 （时间）	0.163** (8.09)	-0.456*** (10.71)	-0.062 (0.42)	—	—	—
距市中心距离	-0.460*** (62.51)	-0.163** (6.93)	-0.229*** (19.91)	-0.467*** (55.61)	-0.154** (6.46)	-0.221*** (18.19)
与主路距离	0.035 (0.38)	-0.043* (3.00)	-0.026 (1.49)	0.059 (1.12)	-0.044* (3.19)	-0.028 (1.67)
附近是否有公交站	0.211 (0.16)	0.252** (9.18)	0.246** (9.43)	0.373 (0.52)	0.256** (9.55)	0.235** (8.64)
附近是否有学校	-0.123 (0.59)	0.021 (0.13)	-0.017 (0.11)	-0.081 (0.27)	0.020 (0.13)	-0.018 (0.12)
附近是否有公园	0.103 (2.39)	0.056* (3.10)	0.055** (3.91)	0.110* (2.75)	0.055* (3.03)	0.056** (4.13)
附近是否有医院	0.289** (8.76)	-0.004 (0.01)	0.033 (0.94)	0.288** (8.85)	-0.004 (0.01)	0.035 (1.00)

续表

| 变量 | 模型 7 | 模型 8 | 模型 9 | 模型 10 | 模型 11 | 模型 12 |
	省会	非省会	全部	省会	非省会	全部
是否位于省会城市	—	—	0.861 *** (417.79)	—	—	0.867 *** (424.69)
常数	−3.873	−9.049	−8.136	−4.182	−9.109	−8.124
λ	0.069	−0.570	−0.488	—	—	—
LR chi²	279.7 ***	352.2 ***	1192.9 ***	—	—	—
对数似然函数	−425.0	226.6	—	—	—	—
观测个数	282	615	897	—	—	—

注：因变量以万元/$[\& \sim rom \sim m \sim normal \sim \hat{} \{2\} \&]$ 计量。括号表示 chi² 值。*、** 和 *** 分别表示在 10%、5% 和 1% 水平上的显著性。

附表 2 – A3　　　非限制性 box – cox 转换估计结果

| 变量 | 模型 13 | 模型 14 | 模型 15 | 模型 16 | 模型 17 | 模型 18 |
	省会	非省会	全部	省会	非省会	全部
面积大小	0.000 (0.09)	0.001 (0.60)	0.000 (0.50)	0.000 (0.03)	0.002 (0.73)	0.000 (0.62)
完成与否	0.248 *** (15.84)	−0.032 (0.90)	0.077 ** (8.18)	0.249 *** (15.72)	−0.028 (0.69)	0.085 ** (9.53)
建筑面积比	0.058 ** (5.90)	0.114 *** (20.44)	0.065 *** (41.53)	−057 ** (7.61)	0.134 *** (21.85)	0.051 ** (4.57)
绿化比例	0.003 (1.06)	0.022 *** (11.52)	0.002 ** (7.41)	0.001 (0.72)	0.035 *** (11.60)	0.001 (1.42)
人均收入	1.284 *** (98.82)	0.408 *** (55.25)	0.344 *** (150.24)	1.12 *** (106.99)	0.454 *** (54.80)	0.353 *** (129.41)
人口密度	−0.191 * (3.81)	573 *** (16.83)	0.112 ** (9.86)	−0.138 * (3.29)	0.739 *** (17.87)	0.129 ** (8.96)
是否是住宅楼	−0.299 ** (−5.59)	−0.578 *** (67.21)	−0.433 ** (60.45)	−0.270 ** (4.57)	−0.579 *** (67.22)	−0.397 *** (49.65)
是否是公寓	−0.277 * (3.50)	−0.395 *** (21.05)	−0.314 *** (21.70)	−0.250 * (2.84)	−0.400 *** (21.76)	−0.245 *** (13.13)

变量	模型 13 省会	模型 14 非省会	模型 15 全部	模型 16 省会	模型 17 非省会	模型 18 全部
是否是别墅	0.202 (0.91)	−0.169 (1.17)	−0.051 (0.20)	0.221 (1.10)	−0.164 (1.10)	−0.056 (0.24)
是否是办公楼	−0.140 (0.77)	−0.230* (3.54)	−0.267*** (10.22)	−0.109 (0.46)	−0.232* (3.60)	−0.194** (5.27)
到高铁站的距离（公里）	—	—	—	0.003 (1.69)	−0.025*** (15.48)	−0.002** (6.88)
到高铁站的距离（分钟）	0.009*** (11.23)	−0.015*** (11.53)	−0.001 (0.89)	—	—	—
离市中心距离	−0.030*** (70.61)	−0.012** (5.88)	−0.005*** (28.95)	−0.019** (6.43)	−0.015*** (4.53)	−0.006*** (18.57)
至主要道路的距离	0.018 (0.13)	−0.046* (3.32)	−0.022 (1.10)	0.045 (0.80)	−0.049* (3.74)	−0.034 (2.51)
附近是否有公共汽车站	0.229 (0.25)	0.159* (3.06)	0.125 (2.30)	0.318 (0.48)	0.164* (3.30)	0.111 (1.78)
学校是否在附近	−0.150 (1.12)	0.010 (0.03)	−0.025 (0.23)	−0.109 (0.60)	0.011 (0.04)	−0.022 (0.19)
附近是否有公园	0.100 (2.85)	0.073** (4.84)	0.074*** (7.53)	0.108 (3.24)	0.071** (4.63)	0.076** (7.51)
医院是否在附近	0.255*** (8.74)	0.009 (0.06)	0.050 (2.14)	0.261** (9.14)	0.011 (0.07)	0.056 (2.59)
无论是否位于一个省会	—	—	0.745*** (278.82)	—	—	0.779*** (256.76)
常数	−1.62	−3.28	−2.03	−1.79	−3.655	−1.887
λ	1.062	0.668	1.211	1.205	0.542	1.132
θ	−0.045	−0.640	−0.492	−0.066	−0.645	−0.511
LR chi^2	295.2**	373.5**	1259.2**	285.7**	376.7***	1223.9***
对数似然函数	−417.3	237.2	−274.7	−422.1	238.795	−292.458
观测个数	282	615	897	282	615	897

注：因变量以万元/[& ~ rom ~ m ~ normal ~ ^ ｛2｝ &] 计量。括号表示 chi^2 值。*、** 和 *** 分别表示在 10%、5% 和 1% 水平上的显著性。

附表 2 – A4

变量		模型 19	模型 20	模型 21	模型 22	模型 23	模型 24
		省会	非省会	全部	省会	非省会	全部
空间比重	面积大小	− 0.056 **	− 0.013	− 0.039	− 0.062 ***	− 0.013	− 0.042
	完成与否	0.161 ***	− 0.013	0.081 ***	0.168 ***	− 0.010	0.091 ***
	建筑面积比	0.189 ***	0.123 **	0.0194 ***	0.186 ***	0.123 **	0.188 ***
	绿化比例	0.17 *	− 0.007	0.006	0.174 *	− 0.008	− 0.001
	人均收入	1.678 ***	− 0.314 ***	− 0.277 ***	1.919 ***	− 0.315 ***	− 0.230 ***
	人口密度	—	0.092	− 0.464	—	0.095	− 0.504 **
	是否是住宅楼	0.119	− 0.337	− 0.029	0.132	− 0.339	− 0.035
	是否是公寓	0.222	− 0.383 **	− 0.025	0.238	− 0.385 **	− 0.022
	是否是别墅	− 0.004	− 0.467 **	− 0.285 **	0.006	− 0.466 **	− 0.293 **
	是否是办公楼	0.039	− 0.532 **	− 0.331 **	0.068	− 0.533 **	− 0.342 **
	至高铁站距离（公里）	—	—	—	0.136	− 0.036	0.103
	距离高铁站（分钟）	0.197 **	− 0.031	0.153	—	—	—
	离市中心距离	− 0.077	0.063	0.043	− 0.078	0.065	0.041
	至主要道路的距离	0.032	− 0.033	− 0.023	0.034	− 0.032	− 0.022
	附近是否有公共汽车站	0.064	0.034	0.056 **	0.104	0.034	0.060 ***
	学校是否在附近	− 0.063	0.013	0.014	− 0.054	0.013	0.016
	附近是否有公园	0.079	− 0.084 **	− 0.074 **	0.077	− 0.084 **	− 0.077 **
	医院是否在附近	0.644	− 0.245 ***	− 0.231 ***	0.763	− 0.243 ***	− 0.253 ***
	无论是在首都	—	—	0.945 ***	—	—	0.961 ***
	无论是在首都	0.65 ***	0.399 ***	0.668 **	0.647 ***	0.396 ***	0.670 **
直接影响	面积大小	− 0.015	− 0.004	− 0.005	− 0.016	− 0.004	− 0.006
	完成与否	0.118 ***	− 0.004	0.062 **	0.109 **	− 0.003	0.066 **
	建筑面积比	− 0.002	0.033	0.063 **	− 0.01	0.036	0.059 **
	绿化比例	− 0.001	0.03	0.015	0.015	0.031	0.013
	人均收入	0.381 **	0.552 **	0.651 **	0.283	0.564 **	0.575 **

续表

变量		模型 19	模型 20	模型 21	模型 22	模型 23	模型 24
		省会	非省会	全部	省会	非省会	全部
直接影响	人口密度	—	0.083	0.521 *	—	0.075	0.566 **
	无论是住宅楼	- 0.239 **	- 0.189 **	- 0.121 *	- 0.242 **	- 0.183 **	- 0.130 **
	无论是公寓	- 0.214 *	- 0.047	- 0.007	- 0.212 *	- 0.041	- 0.015
	无论是别墅	0.064	0.366 ***	0.326 ***	0.051	0.373 ***	0.315 ***
	无论是办公楼	- 0.196	0.257 **	0.246 ***	- 0.178	0.265 **	0.232 **
	至高铁站距离（公里）	—	—	—	- 0.141 **	- 0.016	- 0.102 ***
	距离高铁站（分钟）	- 0.15 **	- 0.03	- 0.115 ***	—	—	—
	离市中心距离	- 0.105	- 0.073 **	- 0.085 ***	- 0.092	- 0.075 **	- 0.082 **
	至主要道路的距离	0.068 ***	- 0.001	0.012	0.073 ***	- 0.001	0.012
	附近是否有公共汽车站	- 0.047	0.017	- 0.002	- 0.032	0.018	- 0.003
	学校是否在附近	0.033	0.044 *	0.059 **	0.046	0.045 *	0.061 **
	附近是否有公园	0.172 **	0.003	0.025	0.165 **	0.003	0.023
	医院是否在附近	0.466	0.12 *	0.121	0.557	0.125 *	0.115
	是否在省会城市	—	—	- 0.478 *	—	—	- 0.498 **
间接影响	面积大小	- 0.137 **	- 0.022	- 0.098 **	- 0.151 **	- 0.019	- 0.106 **
	完成与否	0.494 ***	- 0.022	0.278 **	0.498 ***	- 0.015	0.309 ***
	建筑面积比	0.393 ***	0.198 **	0.54 ***	0.375 **	0.202 **	0.526 ***
	绿化比例	0.352	0.006	0.036	0.380	0.007	0.017
	人均收入	4.012 ***	- 0.131	0.356	4.363 ***	- 0.133	0.359
	人口密度	—	0.175	- 0.261	—	0.178	- 0.293
	无论是住宅楼	- 0.075	- 0.603 **	- 0.248	- 0.051	- 0.595 **	- 0.284
	无论是公寓	0.175	- 0.581 **	- 0.061	0.213	- 0.578 **	- 0.075
	无论是别墅	0.077	- 0.469	- 0.152	0.084	- 0.463	- 0.191
	无论是办公楼	- 0.184	- 0.632 **	- 0.379	- 0.108	- 0.624 **	- 0.439
	至高铁站距离（公里）	—	—	—	0.081	- 0.063	0.08

续表

变量		模型 19	模型 20	模型 21	模型 22	模型 23	模型 24
		省会	非省会	全部	省会	非省会	全部
间接影响	距离高铁站（分钟）	0.205 *	− 0.06	0.176 **	—	—	—
	离市中心距离	− 0.304 **	0.049	− 0.03	− 0.292 **	0.052	− 0.031
	至主要道路的距离	0.16 **	− 0.049	− 0.034	0.171 **	− 0.047	− 0.036
	附近是否有公共汽车站	0.078	0.057	0.123	0.189	0.063	0.137
	学校是否在附近	− 0.096	0.046	0.125	− 0.054	0.043	0.132
	附近是否有公园	0.393	− 0.118 *	− 0.129	0.385	− 0.119 *	− 0.144
	医院是否在附近	1.997	− 0.287 **	− 0.333	2.329	− 0.276 **	− 0.414 *
	无论是在首都	—	—	1.436 ***	—	—	1.476 ***
Toial 效应	面积大小	− 0.152 **	− 0.026	− 0.102 **	− 0.166 **	− 0.023	− 0.112 **
	完成与否	0.612 ***	− 0.026	0.34 **	0.607 ***	− 0.018	0.375 ***
	建筑面积比	0.392 **	0.23 **	0.603 ***	0.365 **	0.238 **	0.585 ***
	绿化比例	0.351	0.036	0.05	0.395	0.038	0.03
	人均收入	4.393 ***	0.421 ***	1.007 ***	4.646 ***	0.431 ***	0.933 ***
	人口密度	—	0.259 **	0.26 **	0.253 **	0.273 **	—
	无论是住宅楼	− 0.314	− 0.792 ***	− 0.368	− 0.293	− 0.778 ***	− 0.414
	无论是公寓	− 0.039	− 0.628 **	− 0.068	0.002	− 0.619 **	− 0.09
	无论是别墅	0.141	− 0.103	0.174	0.135	− 0.09	0.124
	无论是办公楼	− 0.38	− 0.375	− 0.133	− 0.286	− 0.358	− 0.207
	至高铁站距离（公里）	—	—	—	− 0.06	− 0.079 **	− 0.022
	距离高铁站（分钟）	0.054	− 0.09 *	0.06	—	—	—
	离市中心距离	− 0.409 ***	− 0.024	− 0.116 **	− 0.384 ***	− 0.023	− 0.113 **
	至主要道路的距离	0.228 **	− 0.05	− 0.022	0.244 ***	− 0.048	− 0.025
	附近是否有公共汽车站	0.03	0.074	0.121	0.157	0.081	0.134

续表

变量		模型 19	模型 20	模型 21	模型 22	模型 23	模型 24
		省会	非省会	全部	省会	非省会	全部
Toial 效应	学校是否在附近	− 0.064	0.09	0.184 *	− 0.008	0.088	0.193 *
	附近是否有公园	0.565 *	− 0.115	− 0.105	0.55 *	− 0.116	− 0.122
	医院是否在附近	2.462	− 0.166	− 0.213	2.887	− 0.151	− 0.299
	无论是在首都	—	—	0.958 ***	− 0.979 ***	—	—
调整 R²		0.725	0.442	0.772	0.725	0.443	0.771
对数似然函数		40.670	141.357	106.127	39.956	141.609	106.678
观测个数		330	686	1016	330	686	1016

注：由于共线性问题，模型 19 和模型 20 不包括人口密度。 * 、 ** 和 *** 分别表示在 10% 、5% 和 1% 水平上的显著性。

第5章

城际客运铁路对住房的影响

5.1 引 言

了解城市公共交通和房价之间的联系是城市规划者和决策者的一项重要任务，因为它与区域经济发展有关。这个问题已经在北美和欧洲的城市得到了广泛的研究。然而，这些问题的研究在中国城市轨道交通系统方面是有限的，因为大多数城市轨道交通基础设施是最近才完成的，而且很多仍在开发中。另外，近年来城际客运铁路作为新兴交通系统的一部分，在中国许多大都市也经历了前所未有的发展。因此，需求的增加和公共基础设施投资的大规模扩张只得到部分赞赏。一方面，快速工业化和随后的城市化所产生的集聚效应刺激了对城市交通设施的需求增加，从而导致人口重新分布和新旧住宅区的增长；另一方面，从供给方面看，过境基础设施的发展是由政府投资推动的，以促进新地区的区域经济发展。其后果之一是，许多大都市地区的住房需求增加，而由于政府部署的城市交通系统的刺激作用，住房供应也大大增加。然而，这种需求和供应在不同地区的匹配程度尚不清楚，而以轨道交通为中介的新开发系统对房价的影响在不同地区也各不相同。

从运输角度来看，应考虑有关过境系统的各种过境类型、区域多样性和不同的发展模式。例如，由于涉及的服务区域、便利设施和票价结构的差异，公共汽车系统的影响将不同于都市通勤系统或城际客运铁路系统。如果将区域多样性考虑在内，城市交通对房价的影响就会变得更加复杂。例如，城市交通对中国东部或南部沿海发达城市住房市场的影响，与中西部欠发达地区的影响大不相同。最后但并非最不重要的是，城市交通系统在不同的发展阶段可能进一步模糊其对房价的影响。我们有理由相信，一个已建成并全面运行的交通系统所产生的影响，应该比一个仍在规划和建设中的交通系统所产生的影响更大。总之，要全面了解城市交通对住房市场的影响，必须考虑这些因素。

这项研究与以往的研究在四个重要方面有所不同。第一，采用跨模式比较的视角，研究了三种不同的交通服务对我国房价的影响。除了公共汽车和地铁（城市地铁）系统，还对城际客运铁路的影响进行了评估。所有这些模式都是根据其对房价的影响进行研究的，并且是第一次在享乐分析的背景下进行研究。这种跨模式比较的观点对于帮助规划人员和决策者了解不同类型的交通系统的影响是至关重要的，这样才能制订出有效的规划战略和发展计划。第二，我们的调查是基于三个大都市地区（广州、武汉和成都），每一个都代表了中国特定的经济区域。这种区域层面的分析是重要的，因为它不仅提供了不同交通系统对房价空间影响程度的详细视图，而且还提供了不同经济区域的房价可能如何变化的详细视图。该分析还有助于捕捉在不同发展阶段的公交系统的影响，控制区域的异质性。第三，由于数据集很大（7348 个住房单元），所以得到的分析预计将是可靠的。第四，空间计量模型的使用使得研究能够控制空间依赖性，这是房地产分析中的一个关键问题。

本章的结构如下。第 5.2 节通过文献综述讨论了理论动机；第 5.3 节在讨论城市交通系统与不同都市地区住房市场地理格局关系的基础上，提出研究假设；第 5.4 节讨论了数据和方法；第 5.5 节给出了实证结果；第 5.6 节对本章进行了总结。

5.2　文献综述

关于城市交通对房价影响的研究通常被认为起源于阿隆索（1964）的单中心模型，该模型认为，住宅活动是权衡交通成本节约与距中心商务区的距离来决定的。后来，穆斯（Muth, 1969）进一步扩展了基于兰卡斯特（Lancaster, 1966）消费者行为理论的建模方法，将房价视为不同家庭消费的一组服务。罗森（Rosen, 1974）在 Muth 模型的基础上，使用 hedonic price 方法通过对住房服务捆绑的分解来解释房价的构成。在此框架下，交通可达性被归类为一个空间属性，并通过

hedonic price regression 估计其边际价格（Franklin & Waddel，2003）。此后，交通基础设施对房价的影响被频繁评估（ Bae et al. ，2003；So et al. ，1997；Yiu & Wong，2005）。例如，弗格森等（Ferguson et al. ，1988）研究了温哥华城市交通与单户家庭住房价值之间的关系，发现甚至在系统开始运作之前，城市交通就对住房市场产生了影响。

虽然大多数研究都是从公交和地铁系统的角度评估城市交通系统对住房价值的影响，但对城市客运轨道的影响却相对有限。例如，阿姆斯特朗和罗德里格兹（Armstrong & Rodriguez，2006），分析了马萨诸塞州通勤铁路可达性的好处。他们发现，由于噪声和犯罪影响，铁路系统对房产价值有显著的负面影响。斯特兰德和瓦格纳（Strand & Vagnes，2001）在奥斯陆的案例中证实了由于对环境的关注，邻近铁路对住房价值的负面影响。德布勒森等（Debrezion et al. ，2007）采用了享乐定价模型，但发现靠近火车站的住房比距离火车站 15 公里的同等住房大约贵 25%。安德森等（Andersson et al. ，2010）采用 Box-Cox hedonic 价格模型评估高铁可达性对中国台湾南部房价的影响。他们的研究发现，高铁对房价的影响很小，他们怀疑这应归因于高铁的高票价和根深蒂固的居住位置模式，这些模式阻碍了高铁系统的有效利用。在房屋价值评估中缺乏对空间依赖性的认识，似乎是一个基本问题，损害了许多这些实证结果。

近年来，以中国为重点，评估城市交通系统对房价影响的研究迅速兴起，人们越来越关注公共交通投资的有效性。例如，谷和郑（Gu & Zheng，2010）以北京地铁 13 号线为例，分析了轨道交通对房产价值的影响。他们发现，距离火车站 1 公里以内的房价比超过该距离的房价高出近 20%。潘和张（Pan & Zhang，2008）对上海磁悬浮交通系统进行了分析，证实了磁悬浮对房价的积极影响。长沙地铁事件也证实了其积极的影响（Tang et al. ，2013）。此外，陈和海恩斯（2015a）分析了京沪高铁对房价的事后影响，他们发现高铁可达性改善对中小城市房价的影响很大，而对大城市的影响可以忽略不计。

总而言之，虽然许多研究都调查了城市交通对房价的影响，但很少有研究在同一分析中考察不同类型的交通系统。陈和海恩斯（2014）指出，缺乏模态比较视角是这类分析的一个主要遗漏。特别是，在建立了多模式交通系统的城市中，城市交通的影响很可能被低估。此外，住房价格的空间依赖性和住房财产的其他属性，如邻近环境和可达性，是享乐型房地产研究中应评估的统计问题（Anselin，1988；LeSage & Pace，2009；佩，1998）。如果不解决这些问题，研究结果可能是虚假的和有统计学偏差的。

同样，如果不解决这些问题，中国城市交通系统对房价的空间影响仍不明朗。本探索性研究主要围绕三个问题展开：（1）城市轨道交通系统的空间影响在多大程度上成为一个重要的市场因素？（2）不同大都市地区的影响有何不同？（3）不同交通类型的影响有何不同？

5.3　中国大城市的城市交通系统

城市交通，被称为"大众运输"或"公共交通"，通常被认为是一个向公众提供运输服务的系统，包括公共汽车、铁路或其他运输工具（美国公共交通协会，1994）。公交服务作为我国最常见的城市轨道交通系统，在大多数城市中心得到了广泛的应用。近年来，在中央政府的大力支持下，城市轨道交通系统得到了快速发展[1]。截至 2014 年底，中国 15 个地铁系统投入运营，轨道总长 2159 公里，另有 18 个系统正在建设中。这些系统建成后，到 2020 年，总轨道长度达到 7000 公里[2]。考虑到区域经济的差异，中国地铁的发展相当不平衡。北京、上海和广州等主要城市的地铁系统在服务网络、频率和舒适度方面总体上发展良好。了解地铁系统的不同发展模式是很重要的，因为地铁系统的不同发展阶段对房价的影响可能不同。例如，地铁轨道交通对主要城市的住房价值的影响，在发达的系统中预计将是显著的。然而，由于交通拥堵、建筑噪声和交通中断，对交通运输系统仅部分建成的城市的房价影响可能相对较小，甚至是负面的。

城际客运铁路（IPR）是另一个在交通影响分析中经常被忽视的公共交通服务。IPR 通常被认为是一种运输系统，其服务区域超出城市边界。事实上，IPR 作为国家高铁发展战略的一部分，在中国是一种新兴的铁路服务（陈和海恩斯，2015b）。虽然 IPR 在中国没有标准定义，但一般被认为是高铁的一个子类，最高时速低于 200 公里。与京沪高铁等连接各省主要城市的高铁干线服务不同，IPR 服务的地理范围相对较小，既可以在一个大都市区域内服务，也可以在两个高度密集的城市之间服务。截至 2014 年底，共有 12 条 IPR 线路在中国 10 个大都市区运

---

[1]　这一支持是通过中国的经济刺激计划，包括总额 4 万亿元的刺激资金。它由中央政府在 2008 年和 2009 年发起，目的是通过基础设施投资促进经济发展。

[2]　资料来源：中国日报网。

营，总长 2019 公里，另有 4370 公里在建①。随着 IPR 服务的逐步部署，以及城市轨道交通的改善，这些服务对土地利用和住房市场的潜在影响将相当大。虽然客运铁路对房价的影响在发达国家已经得到了广泛的研究，但对中国城市铁路系统的分析非常有限，因为许多服务都是相对较新的。因此，对公交、地铁、IPR 等不同交通系统的综合分析才刚刚起步②。我们的探索性研究旨在通过调查城市交通系统对城市房价的空间影响来填补这一空白，研究的重点是中国的三个大都市地区：广州、武汉和成都。这些中心分别代表了中国东部沿海地区、中部地区和西部地区。由于地域禀赋和区域禀赋的差异，中国不同地区的经济发展极不平衡。东部沿海地区（包括十省东部和东南部沿岸）是中国最发达的地区这是同由其地理位置优势和经济结构决定的，而中国中部（包括中部地区六省）比东部沿海欠发达，但仍比西部地区更发达。由于缺乏社会基础设施和自然资源，中国西部（包括 12 个省份）是最不发达的地区（Fan，2006）。实现区域均衡发展已成为中国政府的重要政策目标。

广州、武汉、成都等大都市区的区域特征和交通基础设施如表 5 - 1 所示。关键信息要素之一是，不同城市区域之间在社会经济基础和城市交通基础设施规模方面存在显著的区域差异。例如，与武汉和成都的地铁系统相比，广州都市圈的地铁系统在需求和服务领域都已经建立了良好的基础。尽管广州的 IPR 交付比城市地铁系统晚得多，但对 IPR 服务的需求比武汉和成都要大得多。考虑到其庞大的人口规模，这并不奇怪。

表 5 - 1　　　　　　不同大都市区域的区域特征和交通服务

属性	广州	武汉	成都
IPR 开放日期	2011 年 1 月	2014 年 6 月	2014 年 12 月
总投资（亿元）	18.2	16.9	40.7
操作速度（公里/小时）	200	200	250
长度（公里）ᵃ	187	131	314
站台数量	22	14	21

---

① 12 个服务操作包括京津知识产权、Chengdu - Guangxian 知识产权，知识产权，Nanchang - Jiujiang
Changchun - Jilin 知识产权，海南东圈知识产权，广州——Zhuhai - Jiangmen 知识产权，Liuzhou - Nanning 知
识产权，Wuhan - Xianning 知识产权，武汉——Huangshi - Huanggang 知识产权，Mianyang - Chengdu - Leshan
知识产权，Qingdao - Rongcheng 知识产权和 Zhengzhou - Kaifeng 知识产权。

② 应该指出的是，大多数研究都局限于对通勤铁路系统的研究，尽管这两个系统主要服务于城市地区，
但它在服务频率和使用次数方面与中国的知识产权系统有所不同。

属性	广州	武汉	成都
每年的客流量（百万人）[b]	342000	—	—
日常服务频率	114	40	36
地铁开放日期	1997 年 6 月	2004 年 7 月	2010 年 9 月
行数[c]	9	3	2
长度（公里）	260. 5	96. 7	60. 9
站台数量	144	79	49
每年的客流量（百万人）[b]	2280	1. 6	282
区域人均国内生产总值（元/人）[b]	63452	47124	35128
人口（万人）[d]	12. 24	6. 29	6. 05

注：a. 含支线；b. 以 2014 年为基准；c. 到 2014 年；d. 仅包括城市人口。

这三个都市区的另一个主要区别是，广州的地铁系统比武汉和成都更成熟。自 1997 年广州第一条地铁开通以来，广州地铁拥有 9 条地铁线路，轨道长度为 261 公里，已成为中国第三大城市交通系统。相反，武汉的地铁仍在大规模扩建中。截至 2014 年底，只有三条地铁线路投入运营，另外八条线路仍在建设中，当时预计 2018 年完工。同样，成都地铁系统也在快速发展中，目前有 6 条地铁线路，在建轨道总长度超过 100 公里。到 2014 年，只有两条地铁线路被部署。虽然城市地铁系统的大规模发展促进了房地产供给的扩大，但在建地铁系统带来的噪声、灰尘、拥堵和绕路等外部性可能会对房价产生负面影响。

综上所述，我们探讨了城市轨道交通系统的总体和具体模式（公交、地铁和 IPR）对三个不同城市区域房价的影响，并考虑了成熟和不断发展的系统对房价变化的影响。

5.4　数据和方法

为了检验这些关于新的城市轨道交通机会对房价的影响的预期，我们选择了方的房产——是中国最大的在线房地产经纪公司之一。利用在线数据采集软件 Locoy Spider，自动收集各房屋的地理编码、物理属性、位置和环境特征等信息。为了比较城市地铁、公交和 IPR 服务之间的影响，并充分捕捉 IPR 系统的局部溢出效应和潜在空间溢出效应，本书选取了大城市和城际轨道沿线相关卫星城的住宅房产。我们最后的数据集包括 7348 个房屋属性。这不是一个随机样本，而是一个地理结构（空间分层）的样本。因此，这些分析是探索性的（LeSage，1997）。

选取佛山、广州、中山、珠海和江门的住宅地产，以广州—珠海—江门 IPR 服务为重点，对城市交通系统的空间影响进行评价。以武汉都市区为例，选取武汉—黄冈—黄石 IPR 线沿线的武汉、鄂州、黄冈和黄石等 5 个城市的住房数据。以成都都市区为例，从绵阳—成都—乐山 IPR 线沿线的 5 个城市中选取住房数据，包括绵阳、德阳、成都、眉山和乐山。

抽样数据的特征如表 5 - 2 所示。

表 5 - 2　　　　　　　　　　抽样数据的特征

城市	平均住房价格（元）	到 IPR 站的距离（公里）	距离市中心平均距离（公里）	采样属性的编号	属性总数	采样率（%）
佛山	7230	23.77	21.91	1313	2917	45
广州	278	32.28	23.95	1056	8841	12
中山	6107	11.74	14.05	808	1316	61
珠海	11670	9.87	12.53	1009	1953	52
江门	5941	22.38	30.62	146	712	21
珠江三角洲地区	11192	20.32	19.05	4332	15739	28
鄂州	3980	9.28	17.28	77	116	66
黄冈	5946	10.99	9.50	64	101	63
黄石	5323	7.20	6.28	19	395	5
武汉	8962	24.37	17.41	1308	6866	19
武汉市区	8523	22.77	16.91	1468	7478	20
成都	8236	20.42	16.73	1266	8225	15
德阳	3978	11.65	8.09	70	256	27
乐山	6711	12.66	12.98	52	261	20
梅山	4003	16.85	16.21	57	368	15
绵阳	4634	13.89	47.6	103	806	13
成都地铁区域	7597	19.20	18.25	1548	9916	16
三个区域平均	7665	17.04	18.20	7348	33133	22

注：平均房价为 1 平方米的单价。金额以人民币（元）计量。根据 2015 年 4 月的汇率，1 美元约等于 6 元人民币。

资料来源：搜房网。

在数据可用性方面，不同城市的抽样率不同，总体抽样率为 22%。每个物业的资料包括物业每平方米的市场价格（以人民币计算）、面积大小、建筑面积比率和物业所在社区的绿化比率。在研究期间（2015年3月31日），该物业是否已完工，以及该物业的类型。由于在我们的分析中，大多数住宅都是最近建造的（不到五年），而且有相当一部分是在完工前出售的，因此我们采用了基于完工状态的虚拟变量而不是年数来衡量房产的使用年限。

另外，引入人口密度作为城市层面变量，以控制不同城市间经济条件和居住特征的异质性格局[①]。关于周边环境的信息，如房产附近是否有学校、医院、公园或购物中心，是根据每个房屋描述中包含的设施信息收集的。使用百度地图提供的算法计算交通可达性变量，如到市中心的距离和最近的IPR站。考虑到陈和海恩斯（2015a）的结果表明，可达性在出行时间和到火车站的距离上的差异可以忽略不计，因此仅以到最近的IPR站的最短距离作为衡量IPR体系影响的指标。关于房屋属性的地理编码信息也使用百度映射系统收集。有关房屋特征以及抽样数据的环境和位置特征的描述性统计资料载于表5-3。

表5-3　　　　　　　　　　描述性统计

变量	单位	均值	Std. De	最小值	最大值	期望
房价	元/公里	9901.2	7712.3	300	142222	
面积大小	1000平方公里	145.0	613.5	0.1	24000	+
是否完整	是/不是	0.7	0.4	0	1	+
建筑面积比	—	3.0	2.4	0.05	46	+
绿化比例	%	35.0	10.9	0.6	95.0	+
物业费	元	1.7	1.2	0	35	+
人口密度	人/公里	886.1	192.6	267.8	1095.8	+
是否是办公楼	是/不是	0.0	0.2	0	1	+
距IPR站距离	公里	20.6	16.9	0.1	118.8	−
距市中心距离	公里	18.5	17.1	0.1	140.8	−
附近是否有公共汽车站	是/不是	0.6	0.5	0	1	+
附近是否有地铁	是/不是	0.2	0.4	0	1	+
学校是否在附近	是/不是	0.5	0.5	0	1	+
附近是否有公园	是/不是	0.5	0.5	0	1	+
医院是否在附近	是/不是	0.9	0.3	0	1	+
附近是否有商店	是/不是	0.9	0.2	0	1	+

---

① 由于个人人均收入与人口密度高度相关，故在本分析中不采用。

影响评估是使用基于经典享乐主义理论的空间享乐主义价格模型进行的，该理论认为，住房价值代表了若干捆绑属性的支出总和，如住房条件、邻近环境、位置等（Rosen，1974）。因此，房屋价值被分解为每个属性的组成（或享乐）价格。基本特征价格模型表示为：

$$P_i = f(L, A, N) \tag{5.1}$$

式（5.1）中，P_i 表示住宅物业 i 单位面积的市场价格；L 表示地理位置特征，包括 IPR 站、地铁站、公交站可达性等属性；A 和 N 分别表示属性特征和邻域特征。该模型最初是用空间计量方法估计的，以解决空间依赖的问题。勒萨日（LeSage，1997）对住房价值空间依赖的存在进行了广泛的讨论。由于周边环境和区位特征相似，交通设施的改善，如在城市增设 IPR 站或地铁站等，预计会对住房价值产生局部和溢出效应。为了解决住房价值的潜在空间依赖性，我们采用无限制空间德宾模型（SDM）来考虑因变量和自变量中都存在的潜在空间依赖性。我们这样做是因为我们相信，在住房享乐分析的情况下，可能存在显著的溢出效应（LeSage，2014）。嵌入空间滞后模型和空间误差模型（LeSage & Pace，2009）的 SDM 表示为：

$$Y = \rho W_y + \alpha + X\beta_1 + \theta WX\beta_2 + \varepsilon \tag{5.2}$$

其中，W_y 表示来自邻近观测的房屋价值变量向量的线性组合，而 W 是一个基于空间点间反向距离的 n×n 权值矩阵[①]。X 表示房屋特性矩阵。WX 表示相邻性质的特征矩阵。基于反向距离建立空间权值矩阵。局部（直接）效应是其自身的主要对角元素偏导数的平均值，而溢出（间接）效应则是反映交叉偏导数的非对角元素累积和的平均值（LeSage & Pace，2009）。局部效应可以解释为房地产属性的任何边际变化对房地产价格的影响，而溢出效应衡量的是任何属性对其邻近房地产的平均住房价值的边际效应。这些分析分别针对不同地区群体的住房进行。

为了识别空间自相关，使用 GeoDa 计算住房价格变量和各种过境变量的 Moran's I 值（Anselin et al.，2006）。环球莫兰 I（莫兰，1950；Cliff & Ord，1981）定义为：

$$I = \frac{n}{\sum\limits_{i=1}^{n} \sum\limits_{j=1}^{n} w_{ij}} \cdot \frac{\sum\limits_{i=1}^{n} w_{ij}(x_i - \bar{x})(x_j - \bar{x})}{\sum\limits_{i=1}^{n} w_{ij}(x_i - \bar{x})^2} \tag{5.3}$$

---

① 在权重矩阵的规格中，可能存在一些关于灵敏度的问题。权重矩阵是根据勒萨日（2014）的建议开发的，该建议认为稀疏连接结构的效果最好。

其中，n 为房屋属性数量，x 和 x̄ 分别表示具体观测值和 x 的均值。W_{ij} 是空间权重矩阵的一个元素，表示区域 i 与 j 之间的空间关系。从表 5 – 4 所示的空间自相关检验结果可以看出，房价变量与各交通变量之间均存在较强的空间自相关关系。正的 Moran's I 值表明房价和过境分布之间有聚类的趋势。检验进一步证实，无约束的空间 Durbin 模型更适合捕捉因变量和自变量之间的空间自相关性。

表 5 – 4 空间自相关检验（Moran's I）

地区	价格	IPR	公共汽车	地铁
广州	0. 690 ***	0. 858 ***	0. 464 ***	0. 557 ***
武汉	0. 514 ***	0. 792 ***	0. 096 ***	0. 204 ***
成都	0. 436 ***	0. 831 ***	0. 198 ***	0. 209 ***
所有	0. 647 ***	0. 843 ***	0. 398 ***	0. 405 ***

注：*、** 和 *** 分别表示在 10%、5% 和 1% 水平上的显著性。
资料来源：作者根据相关数据计算得到。

5.5 结 果

使用空间计量估计对代表三个大都市区和一个总案例（包括所有地区的住房属性）的四种情景进行了检验和分析。结果显示在附表 3 – 1 中。由于所有数值变量都以对数形式测量，所以系数被解释为弹性。在所有属性中，人口密度对房价变量有显性影响，表明中国大都市区房价主要由需求驱动，与陈和海恩斯（2015a）的研究结果相似。就住房属性特征而言，面积大小和写字楼的负估计证实了城市地区住房单元的价格在较小的单元和商业用途的单元之间往往不太具有弹性。相反地，对于度量完整性的变量可以找到正的估计，这表明在其他条件不变的情况下，一个完整的财产往往比一个不完整的财产具有相对较高的值。由于物业费可以作为衡量物业管理质素的指标，若物业费的系数为正，则物业价值较高，物业管理服务较好。

不同城市区域的建筑面积比估算不一致，证实了不同区域的住房特征不同。在广州，房屋面积比越大，房价越高；在成都，房屋面积比越小，房价越高。这种不同的模式反映了一个事实，即广州的住房密度比成都大得多。

在不同的大都市地区，邻近的环境也不尽相同。例如，公园和娱乐设施往往对广州的房价有负面影响，而对成都的总体情况下都有正面影响。公园和娱乐设施的负面标志可能反映了一个事实，即负外部性，如广场舞者制造的噪声，对房屋价值有显著的阻尼作用①。相反，学校在所有大都市地区都有积极影响，这表明学区对住房价值的相对重要性。医院和商店的对房价的不重要可能只是反映了在大城市购物和就医具有便利性，对房价的影响可以忽略不计。

各城市公交系统对房价的空间影响如表 5 - 5 所示。一般而言，空间加权因变量和空间加权自变量的统计显著性表明，我们的模型对空间依赖性进行了充分的控制。在控制了房地产特征、周边环境和区域层次特征后，不同城市区域的 IPR 可及性对房价的弹性存在差异。具体而言，广州市某 IPR 站的可达性总效应为 - 0.09，即在其他条件不变的情况下，房屋与某 IPR 站的距离每减少 1%，房价就会上涨 0.09%。直接效应和间接效应分别为 - 0.04 和 - 0.05，均具有统计学显著性，说明一半的影响来自局部效应，另一半来自空间溢出效应。这一发现与陈和海恩斯（2015a）一致。IPR 可及性对房价变化的正溢出效应反映了中国主要城市住宅市场的竞争性，一处房产可及性属性的提高也可能对其周边房产的价值产生正影响。

表 5 - 5　　　　　　　　城市交通对房价的空间影响

地区	直接影响			间接影响			总影响		
	IPR	公交	地铁	IPR	公交	地铁	IPR	公交	地铁
广州	- 0.04 ***	- 0.09 ***	0.24 ***	- 0.05 **	- 0.21 ***	0.85 ***	- 0.09 ***	- 0.31 ***	1.10 ***
武汉	- 0.02	0.02	- 0.03	- 0.03	- 0.10	0.10	- 0.06	- 0.08	0.07
成都	- 0.09 ***	- 0.03 *	- 0.10 ***	- 0.03	- 0.06	- 0.41 ***	- 0.12 ***	- 0.09	- 0.51 ***
所有	- 0.05 ***	- 0.06 ***	- 0.05 ***	- 0.03	- 0.18 ***	- 0.07	- 0.08 ***	- 0.25 ***	- 0.11 **

注：*、** 和 *** 分别表示 10%、5% 和 1% 水平上的显著性。
资料来源：作者根据相关数据计算得到。

对武汉 IPR 可及性的估计不足，可能有两个原因。第一，武汉—黄石—黄冈 IPR 运营不到一年时间，要判断其对房价的影响可能还为时过早。第二，该服务仅在长江东岸地区开展，而大部分房产位于长江西岸，因此武汉—黄石—黄冈 IPR 对房价的影响不明显是合理的。相反，尽管绵阳—成都—乐山 IPR 的开放也是最

---

① 广场舞是在城市广场或公园里随着音乐表演的一种运动，在中年社会群体中越来越受欢迎。由于噪声污染，这样的活动在广州和中国其他主要城市面临着越来越多的投诉，并迫使广州政府采取行动，禁止在一天的某些时段进行此类活动。参见中国日报网。

近的，但其对房价的影响是显著的，总弹性值为 -0.12。直接效应为 -0.09，溢出效应不显著，说明 IPR 对房价的局部效应更强。对综合案例的检验也得到了类似的结果，局部效应较强（-0.05），溢出效应不显著。IPR 的总影响为 -0.08，表明在其他条件不变的情况下，房屋与 IPR 站之间的距离每减少 1%，房屋价格就会增加 0.08%。

在地铁系统的影响方面，研究结果表明，不同的大城市之间存在显著差异。由于地铁站的可达性是作为一个虚拟变量来衡量的，它表明地铁站是否靠近一处房产（0/1），一个正的估计值表明对住宅的正面影响，反之亦然。通过对表 5-5 中各地铁系统的比较，可以清楚地看出只有广州地铁系统对房价有积极且可观的影响。这种影响（1.1）包括较小的局部效应（0.24）和较大的溢出效应（0.85），这可能反映了广州都会区地铁系统具有较强的网络效应。同样，武汉的总效应也为正，但均不显著。相反，成都地铁系统的总效应为负且显著（-0.51），这证实了噪声、拥堵、空气污染等负外部性以及地铁建设导致的交通中断等对房价有显著的抑制作用。此外，显著的直接和间接效应表明，成都地铁系统的环境外部性总体上倾向于在局部和空间上对房价产生负面影响。基于整体案例的整体调查也证实，成都和武汉的多条地铁线路仍在建设中，对房价的影响是负面的，而不是正面的。

最后，但并非最不重要的是，公交系统对房价的影响被发现是负面的和显著的，在不同的大都市地区。这种负面影响在直接和间接两方面都很显著，表明公共汽车服务的负外部性，如犯罪率、噪声和空气污染，超过了交通可达性带来的好处。值得注意的是，这种负面影响在人口密度较高的主要大都市区更为显著，而在人口密度较低的大都市区，如成都和武汉，则会变得较小或不显著。

5.6 结　论

近年来，通过对城市公共交通基础设施的大力投资，中国许多城市的城市化进程得到了极大促进。随着更多城市交通系统的建成和运行，可达性的改善将对住房价值产生积极影响。然而，在基础设施建设或运营过程中出现的社会和环境外部性似乎也会对住房价值产生负面影响。因此，中国城市轨道交通系统对房价的影响程度变化很大。

我们的研究表明，城市交通系统对房价的空间影响在中国各大城市和不同类型的服务中存在显著差异。例如，IPR 的运作对住房价格产生了显著的积极影响，因为城市和郊区的可获得性有所改善。另外在广州地铁等主要区域，IPR 系统的空间溢出效应尤其强烈，这可能与广州地铁区域较高的城市群程度有关。在其他地区，如成都地铁地区，IPR 的直接影响较强，说明由于其城市群程度较低，IPR 对房价的影响往往是局部的，而不是空间的。

就城市地铁系统而言，广州和成都都有显著的影响，但标志不同。研究发现，广州地铁系统改善了可达性，从而对城市房价产生了积极的影响，而武汉和成都地铁系统对城市房价的影响则不显著，也存在负面影响。这种差异可以用发展阶段可达性改善和社会环境外部性的综合效应来解释。可达性改善的正面效应在广州等大城市占主导地位，这些城市的主要地铁网络已经完善和成熟，而负面效应在成都和武汉等城市占主导地位。这是因为在成都和武汉，主要的地铁网络仍在大规模建设中，其跨系统的利用还没有发展起来。在这种情况下，噪声、环境污染以及基础设施建设造成的交通中断等负面外部性可能在抑制房价冲击方面发挥相当大的作用。

从这些探索性的研究结果可以得出两个政策含义。第一，不同区域和不同类型的服务证明了过境投资的经济效果有很大的差异，因此，在今后规划和发展城市过境时需要更仔细地考虑，以便最大限度地利用公共投资。第二，由于过境基础设施发展的负外部性已被证明是重大的，政府在规章或政策执行方面的干预可能是必要的，以尽量减少不利的社会和环境影响，特别是在基础设施建设过程中。未来的研究可以从两个方面来提高对城市交通对住房市场影响的理解。一是，通过引入不确定性，使用更先进的空间贝叶斯模型估计对结果进行进一步检验；二是利用可计算的一般均衡模型来研究过境投资和住房价格之间的联系，以说明供求双方的市场互动。因此，可以进行全面的影响评估。

附录3

附表 3 - 1 空间计量估计结果

变量		广东 IPR		湖北 IPR		四川 IPR		全部	
		Coeff.	T-sta.	Coeff.	T-sta.	Coeff.	T-sta.	Coeff.	T-sta.
空间重量	面积大小	-0.01	-0.19	-0.03	-0.54	-0.02	-0.54	-0.01	-0.39
	完整或不	0.31***	87.36	0.06***	7.74	0.09***	12.72	0.19***	92.55
	无论是办公楼	-0.38***	-11.58	-0.26***	-5.40	0.01	0.30	-0.22***	-9.63
	建筑面积比	0.03	0.30	0.01	0.19	0.07	1.03	0.00	0.03
	绿化比例	-0.01	-0.49	0.11***	2.81	-0.15***	-6.11	-0.04**	-2.16
	物业费	0.02	0.68	-0.08	-1.25	-0.08	-1.58	-0.07***	-3.56
	人口密度	0.72***	22.36	0.05	1.35	-0.82***	-22.44	0.19***	8.54
	知识产权站距离	-0.01	-0.11	-0.01	-0.05	0.03	0.49	0.02	0.26
	离市中心距离	0.10***	7.17	0.13***	3.19	0.04	1.39	0.10***	9.60
	附近是否有公共汽车站	-0.07***	-4.92	-0.07**	-2.09	-0.01	-0.64	-0.04***	-3.85
	附近是否有地铁	0.36***	11.41	0.07	1.32	-0.16***	-4.86	0.00	-0.15
	学校是否在附近	0.11**	2.57	0.03	0.72	0.05	1.44	0.28***	14.97
	附近是否有公园	-0.16***	-6.14	0.14***	3.80	0.08*	1.95	-0.08***	-2.90
	医院是否在附近	0.06**	2.03	-0.01	-0.20	0.08***	2.59	-0.05***	-2.74
	附近是否有购物商店	0.00	0.01	-0.11	-1.40	0.01	0.12	0.04	0.83
	Rho	0.49***	5.48	0.50***	3.88	0.53***	8.24	0.60***	11.34
直接影响	面积大小	0.01***	3.94	0.00	0.02	0.00	-1.29	0.00***	3.73
	完整或不	0.10***	7.00	0.11***	5.19	0.14***	7.12	0.14***	12.82
	无论是办公楼	-0.06	-1.61	0.25***	7.35	0.04	1.38	0.06**	2.44
	建筑面积比	0.01	1.03	-0.05***	-2.98	-0.11***	-7.93	-0.04***	-5.47
	绿化比例	0.03***	3.05	-0.07**	-2.22	-0.02	-0.74	0.01	1.50
	物业费	0.29***	22.24	0.22***	13.95	0.37***	0.11	0.29***	29.62
	人口密度	-0.42***	-6.20	0.55***	4.36	0.93***	16.03	-0.02	-0.33

	变量	广东 IPR		湖北 IPR		四川 IPR		全部			
		Coeff.	T-sta.	Coeff.	T-sta.	Coeff.	T-sta.	Coeff.	T-sta.	Coeff.	T-sta.
直接影响	知识产权站距离	− 0.04 ***	− 4.44	− 0.02	− 0.88	− 0.09 ***	− 4.59	− 0.05 ***	− 6.79		
	距市中心距离	− 0.14 ***	− 12.59	− 0.27 ***	− 13.47	− 0.02	− 1.38	− 0.13 ***	− 15.66		
	附近是否有公共汽车站	− 0.09 ***	− 6.10	0.02	0.84	− 0.03 *	− 1.90	− 0.06 ***	− 5.98		
	附近是否有地铁	0.24 ***	11.48	− 0.03	− 1.60	− 0.10 ***	− 5.48	− 0.05 ***	− 4.69		
	学校是否在附近	0.02 *	1.75	0.01	0.32	0.06 ***	3.03	0.18 ***	13.36		
	附近是否有公园	0.01	0.81	0.04 ***	2.85	0.01	0.46	0.02 *	1.82		
	医院是否在附近	0.02	0.95	0.10 ***	3.21	0.00	0.14	0.02	1.08		
	附近是否有购物商店	− 0.04	− 1.16	0.07	1.38	0.03	0.74	0.03	1.09		
间接影响	面积大小	− 0.01	− 0.87	− 0.05 ***	− 3.13	− 0.04 ***	− 2.91	− 0.02 ***	− 3.01		
	完整或不	0.64 ***	11.38	0.22 **	2.23	0.31 ***	4.03	0.61 ***	12.17		
	无论是办公楼	− 0.73 ***	− 3.63	− 0.26 *	− 1.86	0.06	0.49	− 0.42 ***	− 3.09		
	建筑面积比	0.07	1.59	− 0.02	− 0.30	0.01	0.26	− 0.05	− 1.35		
	绿化比例	0.01	0.18	0.14	1.05	− 0.31 ***	− 3.15	− 0.06	− 1.41		
	物业费	0.29 ***	5.15	0.06	0.83	0.22 ***	3.21	0.25 ***	5.18		
	人口密度	0.93 ***	7.51	0.62 ***	2.69	− 0.62 ***	− 9.64	0.38 ***	4.53		
	知识产权站距离	− 0.05 **	− 2.42	− 0.03	− 0.58	− 0.03	− 0.88	− 0.03	− 1.39		
	离市中心距离	0.05 ***	2.68	− 0.02	− 0.45	0.04	1.29	0.06 ***	3.28		
	附近是否有公共汽车站	− 0.21 ***	− 3.53	− 0.10	− 0.94	− 0.06	− 0.87	− 0.18 ***	− 4.26		
	附近是否有地铁	0.85 ***	11.85	0.10	1.06	− 0.41 ***	− 5.87	− 0.07	− 1.61		
	学校是否在附近	0.22 ***	4.43	0.07	1.00	0.16 **	1.97	0.87 ***	15.39		
	附近是否有公园	− 0.28 ***	− 5.41	0.30 ***	4.50	0.16 ***	2.66	− 0.16 ***	− 3.35		
	医院是否在附近	0.12	1.03	0.08	0.51	0.16	1.24	− 0.09	− 0.92		
	附近是否有购物商店	− 0.03	− 0.15	− 0.13	− 0.49	0.04	0.33	0.11	0.87		

高速铁路与中国的新经济地理

变量		广东 IPR		湖北 IPR		四川 IPR		全部	
		Coeff.	T-sta.	Coeff.	T-sta.	Coeff.	T-sta.	Coeff.	T-sta.
总效果	面积大小	0.00	0.05	−0.05***	−2.87	−0.05***	−2.96	−0.01**	−2.07
	完整或不	0.75***	12.23	0.33***	3.08	0.45***	5.25	0.75***	13.84
	无论是办公楼	−0.79***	−3.67	−0.01	−0.06	0.11	0.73	−0.36**	−2.45
	建筑面积比	0.08*	1.70	−0.07	−0.91	−0.10*	−1.96	−0.10**	−2.33
	绿化比例	0.04	0.81	0.07	0.46	−0.33***	−3.04	−0.05	−1.01
	物业费	0.58***	9.69	0.27***	3.71	0.59***	7.87	0.54***	10.51
	人口密度	0.50***	5.07	1.17***	5.98	0.31***	4.48	0.37***	5.64
	知识产权站距离	−0.09***	−4.41	−0.06	−1.07	−0.12***	−3.86	−0.08***	−3.96
	离市中心距离	−0.09***	−5.42	−0.29***	−7.20	0.02	0.64	−0.07***	−4.42
	附近是否有公共汽车站	−0.31***	−4.72	−0.08	−0.71	−0.09	−1.21	−0.25***	−5.34
	附近是否有地铁	1.10***	14.19	0.07	0.67	−0.51***	−6.70	−0.11**	−2.48
	学校是否在附近	0.24***	4.48	0.08	1.02	0.22**	2.45	1.04***	17.49
	附近是否有公园	−0.27***	−4.78	0.35***	4.73	0.17**	2.47	−0.14***	−2.75
	医院是否在附近	0.14	1.14	0.18	1.10	0.16	1.12	−0.07	−0.66
	附近是否有购物商店	−0.07	−0.35	−0.06	−0.21	0.07	0.47	0.14	1.00
调整 R^2		0.62		0.57		0.61		0.51	
对数似然函数		−415.50	297.98		392.81		−45.04		
观测个数		4332		1468		1548		7348	

注：*、**和***分别表示10%、5%和1%水平上的显著性。
资料来源：作者根据相关数据计算得到。

第6章
高铁对旅游业的影响*

6.1 背　景

自 2004 年以来，中国启动了以发展国家高铁（HSR）网络的战略。目的是通过将东部和南部沿海省份的发达地区与西部和北部较不发达的省份联系起来，实现区域经济的协调发展。在过去的十年中，该系统以前所未有的速度扩展。截至 2016 年底，高铁网络已建成 22000 公里。在同一时期，中国旅游业的发展取得了巨大的成功。如图 6-1 所示，以游客人数和收入衡量的国内外旅游需求迅速增长（1999~2016 年）。特别是，自 2004 年以来，第一种情况下的国内游客人数和旅游收入增长了大约 5 倍，而第二种情况则增长了 7 倍。鉴于旅游业的繁荣归因于各种社会经济和地理因素，目前尚不清楚高铁系统的发展在旅游需求变化中起了什么作用。因此，经验评估对于帮助回答这个问题至关重要，可以为旅游业的规划和管理产生有意义的影响。

这项研究的另一个动机是评估高铁基础设施投资的价值。换句话说，该研究旨在通过对旅游业产出的评估作为案例研究，评估对高铁的大规模基础设施投资是否已完成其实现区域经济协调发展的目标，或者至少正在朝这个方向发展。无论从系统规模还是所服务的地理区域来看，中国的高铁网络都是世界上最大的。另外，由于系统部署时间不同，因此其影响可能会在空间和时间上发生变化。尽

---

* 本章根据陈和海恩斯（2012）进行了修订。分析和解释中的任何错误均由作者全权负责。

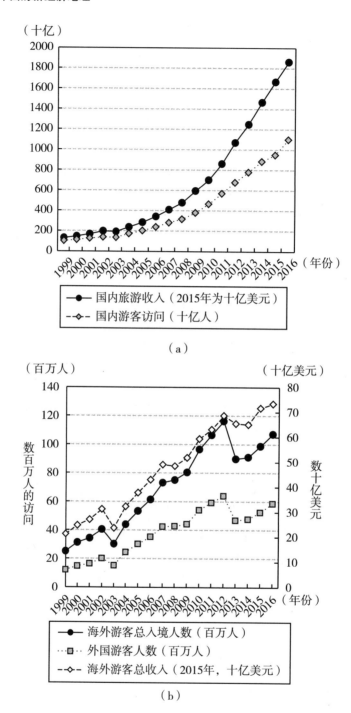

（a）

（b）

图 6 - 1　1999～2016 年中国旅游需求的变化

资料来源：2000～2017 年《中国统计年鉴》。

管早先的一些研究，例如，陈和海恩斯（2015）以及赵和李（Zhao & Li，2018），试图弄清中国高铁发展与旅游需求之间的联系，但结果仍然不能令人满意，因为这些研究都没有考虑溢出效应。基础设施发展对旅游需求的影响。正如海恩斯（Haynes，2006）所指出的，这种知识鸿沟可能导致结论有偏差。

本章在编写时考虑了这些注意事项。特别是对高铁对国内旅游需求和收入变化的空间影响进行了实证评估。评估是基于空间经济计量建模方法，基于 1999 ~ 2016 年的面板数据进行的。该模型捕获了各种社会经济活动的空间相互作用。该框架还能够检查高铁的溢出效应是否存在，如果存在，对国内旅游需求和收入变化的影响程度是多少。实证评估的开始年份是 1999 年，比其他评估更早，以帮助提高我们的分析的稳健性（鉴于观察范围的扩大）。

本章结构如下。第 6.2 节回顾了文献并阐明了该领域的研究差距；第 6.3 节介绍了数据和方法；第 6.4 节讨论了实证结果；第 6.5 节为结论。

6.2 文献综述

交通基础设施发展与旅游需求之间的联系已在文献中得到普遍认可。例如，霍布森和乌萨尔（Hobson & Uysal，1993）指出，每一种新的交通方式出现，旅游业就会增加，这是因为越来越多的人选择以更快的速度旅行。的确，有效地了解运输基础设施对旅游业的影响很重要，因为调查结果可能会对旅游业管理，基础设施规划和政策产生影响。高铁对旅游业的影响在欧洲引起了学术界的关注，尤其是在诸如西班牙，法国和意大利等高铁已得到广泛发展的国家。例如，马森和佩蒂奥特（Masson & Petiot，2009）讨论了佩皮尼昂（法国）和巴塞罗那（西班牙）之间的南欧高铁对旅游和经济发展的影响。通过使用克鲁格曼核心外围模型进行理论讨论，他们认为高铁可以促进旅游业的发展，特别是在商务旅游和城市旅游中。乌雷纳等（Ureña et al.，2009）着眼于同一条高铁路线，并指出高铁通过促进城市旅游、国会、科学会议、研讨会等方式为主要的中间城市创造新的机会，节省旅行时间以及改善区域和大都市联系，对旅游业产生了积极影响。

另外，吉劳和索勒（Guirao & Soler，2008）通过对乘客进行调查研究了高铁对西班牙托莱多旅游业的影响，发现在工作日中，有 30% 以上的高铁出行来自旅游业。以瑞典为例，弗罗德（Fröidh，2008）发现高铁比航空公司更具竞争性。由于高铁节省旅行时间和降低成本的优势，尤其受到预算有限的游客的青睐。此外，高铁对旅游业的影响也已经通过对劳动力市场的影响进行了广泛的讨论（Haynes，

1997）。例如，发现高铁中途站和终点站，饮食和住宿方面有了显著增长（Brotchie，1991；Hirota，1984）。海恩斯（Haynes，1997）也表明，由于法国 TGV 启用后，当日旅行的便利性提高，旅游业有所扩大，但过夜住宿却减少了。因此，高铁对旅游业的影响可能是混合的。

在过去的十年中，由于高铁在欧洲和中国的大规模部署，对高铁对旅游业影响的实证研究有所增加。表 6-1 总结了该领域的最新经验和相关经验。显然，鉴于每个调查的重点不同，并且使用不同的数据、时间段、方法和评估目的进行分析，因此研究结果也大不相同。例如，阿尔巴拉特和法格达（2016），阿尔巴拉特等（Alblate et al.，2017）以及吉劳和坎帕（Guirao & Campa，2016）发现，高铁对西班牙的旅游业没有直接影响，或者影响很小，而坎帕（Campa，2016），帕利亚拉（2015）和帕利亚拉（2017）发现高铁对西班牙和意大利的旅游业具有积极作用。

表 6-1   旅游业与高铁之间关系的实证研究文献综述

作者	国家	分析层面	时期	数据	方法	主要发现
阿尔巴拉特和法格达（2016）	西班牙	省级层面	1983～2013 年	50 个省	DID 面板模型	高铁可能对旅游业有积极（弱）影响，但结果好坏参半
阿尔巴拉特等（2017）	西班牙	城市层面	2005～2012 年	124 个市	DID 面板模型	高铁对旅游业发展的贡献极其薄弱，且仅限于大城市
坎帕等（2016）	西班牙	省级层面	1999～2015 年	47 个省	面板模型	西班牙高铁对某些旅游业的增加存在积极影响，但影响小于中国
陈和海恩斯（2015）	中国	省级层面	1997～2012 年	面板数据	面板模型	高铁的总体影响是积极的，但是高铁站对国际旅游需求的弹性较小，这意味着大量小型站点的影响可忽略不计
德拉普拉斯等（2014）	法国意大利	个人层面	2012 年 4 月～2012 年 10 月	调查数据	Logistics 回归	高铁对游客的目的地选择影响在法国和意大利有所不同
吉劳和坎帕（2016）	西班牙	省级层面	2003～2010 年	13 个省	面板模型	高铁对目的地没有直接的影响

作者	国家	分析层面	时期	数据	方法	主要发现
帕丽亚拉等（2015）	西班牙	个人层面	6 月 13 日	调查数据	离散选择模型	高铁对游客参观马德里邻近城市的出行选择有极其重要的影响，但当马德里成为旅行选择的目的地时，高铁的影响微乎其微
帕丽亚拉等（2017）	意大利	城市层面	2006 ~ 2013 年	77 个城市	面板模型	在有高铁服务的所有意大利城市里，高铁对游客数量以及在目的地过夜的数量都有积极影响
王等（2012）	中国	国家层面	N/A	GIS 数据	网络空间模型	高铁对中国旅游业的影响包括：（1）旅游市场的重组和转型；（2）大规模的市场竞争；（3）城市旅游中心的重新配置
王等（2014）	中国	个人层面	2011 年 4 月 5 ~ 7 日；5 月 1 ~ 2 日以及 9 月 10 ~ 12 日	3 个自治区以及 6 个省	GIS	京沪高铁的开通对区域旅游交通的可达性有着极其重要的影响，且旅游景点的范围随着高铁线路延伸
王等（2017）	中国	城市层面	2013 年	338 个城市	GIS, PCA	高铁提高区域中心城市的旅游场强度，以及沿高铁线旅游景点的影响范围
严等（2014）	中国	省级层面	2011 年 12 月 ~2018 年 1 月	3 个地区	ARMA 模型	广东和湖南均受益于武广高铁的开通，但其对湖北的影响却很有限
赵和李（2018）	中国	城市层面	2006 ~ 2013 年	178 个城市	DID 面板模型	高铁开通地区的旅游收入增长了 12%

资料来源：作者整理而得。

　　相反，在中国进行的实证研究在某种程度上是一致的。几乎所有的研究都得出结论，高铁对旅游业产生了积极的影响，尽管在研究中发现影响的程度并不相同。王等（2012）指出，高铁对中国旅游业的积极影响是通过三个效应实现的：

旅游市场的重新分配和转变，市场竞争的扩大以及城市旅游中心的重新分配。陈和海恩斯（2015）以及赵和李（2018）都使用计量经济学分析表明，中国高铁的开放与国际旅游需求的统计显著增长以及旅游收入分别增长29%和12%有关。

尽管这些研究为阐明高铁发展与中国旅游业绩效之间的关系提供了证据，但应注意的是，由于其经验分析框架的局限性，这些经验研究结果仍是初步的。主要限制之一是这些研究都没有考虑高铁的空间溢出效应，这是一个主要问题。这是因为高铁的发展可能不仅会影响一个地区的旅游业，而且还会对邻近/附近地区产生竞争性影响（作为补充或替代）。如坎多斯等（2005）所述，运输系统对区域经济发展具有强大的溢出效应。由于区域间旅游客流的性质，这种溢出效应也可能存在于旅游业中。杨和王（2012）等一些研究证实，国际入境流量和国内旅游流量均存在溢出效应。同样，如果不评估这些溢出效应，经验评估可能会得出有偏见的结论。

关于高铁对中国旅游业影响的早期研究的另一个局限性是，调查期相对较短，可能没有足够的时间了解背景下的最新影响。具体来说，陈和海恩斯（2015）以及赵和李（2018）用于评估高铁对旅游业影响的数据仅涵盖了1997～2012年和2006～2013年。鉴于直到2014年中国才部署了许多高铁线路，因此遗漏最新数据可能会导致低估高铁对旅游业的影响。

6.3 数据与方法

为了填补文献中的研究空白，本研究为研究高铁对中国旅游业的影响提供了一些新的证据。首次采用空间计量经济学建模方法检查高铁的部署是否与国内旅游需求的变化具有统计上的显著关联。这是通过国内游客人数（dt）和国内旅游收入（dtrev）来衡量的，数据来自1999～2016年不同省区市的《国民经济和社会发展官方统计报告》。

考虑到中国区域和地理特征的巨大差异，在省一级选择分析单位是为了反映空间异质性特征可能造成的不同影响。采用面板数据，包括27个省和4个直辖市。为了研究HSR的影响，引入了一个二进制虚拟变量（HSR），该变量对于年份和具有HSR服务的区域等于1，否则等于0。该变量是根据每个特定高铁路线的实际开放日期手动编码的。

控制变量是根据克劳奇（Crouch，1994）选择的。鉴于重点放在国内旅游业产出上，评估中仅涵盖目的地要素，包括人均区域 GDP（或地区生产总值），五星级酒店（旅馆）数量，世界遗产数量站点（whs），博物馆数量（博物馆），公共图书馆数量（lib），艺术中心数量（artc）和污染事件数量（污染）。此外，还引入了由 Y2003 和 Y2008 表示的两个附加虚拟变量，以控制 2003 年严重急性呼吸综合征（SARS）的暴发和 2008 年经济衰退的影响。大多数社会和经济数据来自（2000～2017）《中国统计年鉴》，世界遗产的信息取自联合国教育，科学及文化组织（教科文组织）提供的《世界遗产名录》。表 6 - 2 中显示了变量的描述性统计信息。

表 6 - 2　　　　　　　　　　　描述性统计

变量	解释	观测量	平均值	标准差	最小值	最大值
dt	国内游客人数（万人）	558	13690.19	14512.28	34	70515
dtrev	国内旅游收入（2015，百万美元）	558	21599.89	25847.34	30	147978
GRPPC	人均地区生产总值（2015，美元）	558	4681.9	3569.24	541	17336
hotel	五星级酒店数量	558	13.89	18.29	0	107
whs	世界遗产数量	558	2.51	2.54	0	11
museum	博物馆数量	558	73.09	59.55	1	393
library	图书馆数量	558	92.63	44.18	1	203
artcenter	艺术中心数量	558	61.92	47.82	1	326
pollution	污染事件	542	33.88	60.1	0	470
Y2003	2003 年 dummy	558	0.06	0.23	0	1
Y2008	2008 年 dummy	558	0.06	0.23	0	1
HSR	HSR dummy	558	0.33	0.47	0	1

为了估计高铁对国内旅游业产出变化的空间影响，采用了空间杜宾模型（SDM），它是一种不受限制的模型，用于空间计量经济学分析。该模型具有全局溢出规范的特征，因为它包括因变量和自变量两者的空间滞后。为了适当地捕获可能来自旅游需求的溢出效应和解释变量（如 HSR 虚拟货币）的溢出效应。

根据勒萨日和佩斯（LeSage & Pace，2009）的建议，SDM 的一般形式指定为：

$$Y_{it} = \rho \sum_{j=1}^{n} W_{ij} Y_{jt} + X_{it}\beta + \sum_{j=1}^{n} (W_{ij}X_{jt})\theta + \mu_i + \nu_{it} \qquad (6.1)$$

$$\nu_{it} \sim N(0, \sigma_{i,t}^2)$$

其中，Y 代表以下因变量之一：国内游客人数（dt）或国内旅游收入（dtrev）。X 表示解释变量。WY 和 WX 分别表示因变量和解释变量的空间滞后。根据勒萨日（2014），采用权重矩阵中邻居平均数的算法确定适当的空间权重矩阵。ρ，β 和 θ 表示要估计的系数。采用了埃洛斯特（Elhorst，2014）开发的 Matlab 空间面板建模代码。具体而言，具有空间固定效果的 SDM 被应用于捕获空间异质性。该分析是在两种情况下进行的，每种情况都包括国家级别的评估和三个地区级别的评估。具体而言，国家级评估是基于整个 31 个地区进行的，而地区级评估则分别基于东部，中部和西部地区的子区域进行。

6.4 实证结果

在本章节中，总结了两个旅游产出的估计结果。这使我们能够确定高铁服务在多大程度上影响了以国内游客人数和国内旅游收入衡量的国内旅游产出。详细的回归结果显示在附表 4-1 和附表 4-2 中。

6.4.1 对国内游客人数的影响

附表 4-1 总结了各种因素对中国境内国内游客入境人数的影响，并分解了直接和间接（溢出）效应。在所有的解释变量中发现，人均地区生产总值（GRPPC）变量在不同地区模型对国内游客的直接和间接影响有很大不同，这不足为奇。直接影响的估计值是正的，范围从 1.163~1.538，这表明人均 GRP 较高的地区与国内游客的入境量较高有关。相反，间接影响的估计值是负的，并且大多数是显著的，这表明人均 GRP 对旅游需求的强烈的负溢出效应。换句话说，人均 GRP 较高的地区与邻近省份的国内游客人数呈负相关。这证实了旅游需求的竞争性质。

一般而言，五星级酒店的数量也具有统计学意义。无论是直接估算还是间接估算，系数均为正，这表明住宿质量对国内旅游需求具有积极的空间溢出效应。

就高铁的影响而言，表 6-3 中总结的结果表明，在基于不同区域进行分析的各个模型中，其模式不同。例如，在东部区域模型中发现直接影响为 0.101。估计值远小于全区域模型中的估计值，这表明高铁对东部发达地区国内游客需求的直接影响较小。另外，证实了负的和具有统计意义的间接影响，这表明东部高铁的发展加剧了国内旅游的区域竞争。特别是，在华东地区运营高铁后，国内旅游需求特别是在邻近地区有增加的趋势。在中部地区模型和西部地区模型中，至少就系数的估计符号而言，高铁效应的估算值有些相似。但是，在欠发达的西部地区，直接和间接（溢出）效应都更为明显，这表明将高铁引入西部省份很可能会促进国内旅游业的增长。有趣的是，在所有区域模型中，只有高铁的直接影响在5%的水平上具有统计显著性，这表明高铁的部署通常对国内游客到达产生强烈的直接影响。

表 6 – 3　　　　　　　　　　高铁对国内旅游需求和收入的影响

影响	东部区域		中部		西部区域		全部区域	
	Coeff. 值	百分比变化（%）	Coeff. 值	百分比变化（%）	Coeff. 值	百分比变化（%）	Coeff. 值	百分比变化（%）
需求影响	—	—	—	—	—	—	—	—
直接影响	0.101*	10.60	0.150*	16.10	0.323*	38.10	0.184*	20.20
间接影响	0.306**	−26.40	0.248	28.20	2.168**	774.00	0.335	39.70
总收入影响	−0.205	−18.50	0.398	48.90	2.491**	1106.90	0.519*	68.00
直接影响	−0.045	−4.40	0.214**	23.90	0.269*	30.90	0.100	10.50
间接影响	−0.150	−13.90	0.552**	73.70	1.750**	475.50	0.061	6.30
总影响	−0.195	−17.70	0.766**	115.10	2.019**	653.10	0.161	17.50

注：*、** 和 *** 分别表示10%、5%和1%的显著性。

6.4.2　对国内旅游收入的影响

表6 – 3还列出了高铁对国内旅游收入的空间影响。出乎意料的是，在东部地区模型中，高铁的影响（直接或间接）的估计值均无统计学意义。但是，在中部地区模型中发现，高铁的所有影响都是积极的，并且具有统计学意义。这表明国内旅游收入的增加与中国中部地区高铁的开放有关。特别是，近2/3的贡献来自积极的溢出效应。这意味着高铁在中部省份的运营不仅会促进中部地区的旅游收入的增长，而且还会促进邻近地区的旅游收入的增长（积极的溢出效应/互补性）。

在西部地区，高铁对国内旅游收入变化的影响尤其明显，特别是在空间溢出效应方面。尽管在东部和中部地区模型中都发现高铁的影响很大，但是，如所有区域模型所示，高铁对国内旅游收入的总体估计并不重要。

总体而言，结果证明了我们估算的有效性。这些模型的调整后 R^2 介于 0.824 ~ 0.965，表明指定的模型解释了不同国内旅游需求差异的 82.4% ~ 96.5%。

6.5 结 论

在本章中，我们使用空间计量经济学分析（1999 ~ 2016 年）评估了高铁对国内旅游需求的空间影响。在控制了人均 GRP、与旅游相关的设施、资源和主要时间事件等各种因素之后，我们确认高铁的实施确实对旅游业产出产生了不同的空间影响。特别是，在欠发达的西部地区，高铁对国内旅游业产出变化的影响尤为明显，在中部地区的影响则中等，在发达的东部地区的影响则较小。这些发现表明，中国高铁的发展确实倾向于促进区域协调发展。大多数影响归因于高铁的积极空间溢出效应，这很可能是由于改善了区域可达性。

应当指出的是，这项研究有几个局限性，可以通过未来的研究努力加以改善。第一，发现高铁对西部地区的影响估计是巨大的。尽管部分原因可能是由于估计系数的指数变换，但如此高的数值的确值得进一步验证。例如，可以通过敏感性分析来测试分析的稳健性。第二，如埃洛斯特（Elhorst，2014）所建议的，可以通过更加有力的空间模型测试程序进一步扩展空间计量经济回归的建模程序。通过调整基于实际 HSR 网络开发的空间权重矩阵以反映 HSR 创建的"真正的"邻域关系改善分析效果也将很有趣。第三，鉴于高铁的发展是一个动态的过程，并且该网络仍在扩展中，因此应注意，这些发现仍是初步的。分析仅基于研究时已开发并正在运行的高铁线。实际上，有理由认为，一旦整个高铁网络在 2030 年建成，高铁对旅游需求的"真正"空间影响可能会更大。这样一个相连的高铁网络将缓解城际交通的瓶颈，尤其是在高峰旅游季节。例如，中国的一些"热门"旅游城市，如北京、西安、郑州和成都。因此，更新分析并评估随着整个系统的发展如何改变影响将是很有趣的。

尽管分析证实高铁服务确实对促进国内旅游业产出具有重大影响，但这并不意味着在每个省份拥有高铁服务都能促进当地旅游业增长。这是因为建设高铁需要考虑许多因素，如人口密度、区域经济规模和成本。我们的研究仅揭示了高铁投资在特定时间和空间背景下的空间影响。因此，读者应该意识到研究发现可能不适用于其他系统。

附录4

附表 4 - 1   **中国国内游客人数的影响因素**

变量		东部区域		中部区域		西部区域		全部区域	
		Coeff.	t-stat.	Coeff.	t-stat.	Coeff.	t-stat.	Coeff.	t-stat.
InGPPPC		1.092***	13.330	1.24***	11.871	0.782***	6.922	0.906***	14.172
InHotel		0.054	1.549	0.094	1.512	0.328***	4.598	0.175***	5.314
WHS		0.046***	4.665	0.07**	2.107	0.072	1.553	-0.037***	-3.142
museum		0.002	3.340	-0.001	-1.303	0.007	4.765	0.002	3.882
library		0.009***	12.635	0.014***	6.003	0.003	1.341	0.016***	19.549
artcenter		0	-0.092	0	-0.186	0.005**	2.169	-0.001*	-1.668
polution		0.001**	2.164	0	0.557	0.003***	4.137	0	0.762
2003 年		-0.189	-2.889	-0.205	-2.536	-0.109	-0.646	-0.204	-2.271
2008 年		-0.141**	-2.226	-0.033	-0.413	-0.019	-0.116	-0.026	-0.291
HSR		0.125**	2.518	0.135**	2.106	0.175	1.402	0.16**	2.389
W × InGRPPC		-0.354***	-2.755	-1.106***	-7.285	-1.021***	-7.238	-0.74***	-7.633
W × InHotel		-0.011	-0.279	0.168**	2.058	-0.022	-0.231	-0.006	-0.120
W × WHS		-0.011	-0.927	-0.111***	-2.645	-0.123**	-2.437	0.061***	3.562
W × museum		-0.001**	-2.182	0.005***	3.484	-0.007***	-3.466	-0.002**	-2.028
W × library		-0.003	-2.946	-0.007	-2.471	0.001	0.581	-0.014	-11.235
W × artcenter		0	0.282	0.001	0.769	-0.003	-1.195	0.002***	2.665
W × polution		0.001	1.040	-0.001	-1.343	-0.004***	-4.080	0.001	0.865
W × Y2003		-0.253*	-1.722	-0.085	-0.400	1.63***	3.500	0.152	0.706
W × Y2008		-0.355	-2.371	-0.072	-0.357	-0.116	-0.260	0.027	0.126
W × HSR		-0.245***	-3.356	0.132	0.955	0.562**	2.017	0.036	0.292
W × dep. var		0.404***	5.483	0.32***	3.351	0.705***	16.367	0.617***	15.809
Direct effect	InGRPPC	1.099***	13.591	1.183***	11.512	0.676***	5.906	0.877***	13.153
	InHotel	0.057	1.683	0.11	1.801	0.376***	5.439	0.191***	5.646
	WHS	0.046***	4.892	0.064*	2.098	0.056	1.319	-0.031**	-2.727
	museum	0.002	3.376	-0.001	-1.056	0.006	4.434	0.002	3.799
	library	0.009***	13.250	0.014***	6.418	0.003	1.756	0.016***	18.370
	artcenter	0	-0.057	0	-0.096	0.005*	2.120	-0.001	-1.122
	polution	0.001**	2.454	0	0.360	0.002***	3.065	0	0.994
	Y2003	-0.228	-2.942	-0.216	-2.388	0.244	1.037	-0.201	-1.830
	Y2008	-0.191**	-2.797	-0.036	-0.406	-0.043	-0.186	-0.028	-0.262
	HSR	0.101*	2.062	0.15*	2.284	0.323*	2.044	0.184**	2.545

续表

变量		东部区域		中部区域		西部区域		全部区域	
		Coeff.	t-stat.	Coeff.	t-stat.	Coeff.	t-stat.	Coeff.	t-stat.
Indirect effect	lnGRPPC	0.139	1.234	−0.985***	−5.339	−1.471***	−4.221	−0.448**	−2.215
	lnHotel	0.015	0.300	0.275**	2.911	0.658***	3.351	0.249**	2.382
	WHS	0.012	0.906	−0.127	−2.609	−0.229	−2.699	0.094	2.623
	museum	−0.001	−1.359	0.006***	3.896	−0.007	−1.262	−0.001	−0.514
	library	0.001	0.685	−0.003	−1.177	0.01*	2.155	−0.009***	−3.790
	artcenter	0	0.281	0.001	0.884	0	0.034	0.005**	2.164
	polution	0.002	1.706	−0.001	−1.227	−0.008	−2.532	0.002	1.141
	Y2003	−0.518*	−2.051	−0.209	−0.643	5.005***	3.077	0.058	0.103
	Y2008	−0.655**	−2.666	−0.104	−0.339	−0.417	−0.268	0.032	0.055
	HSR	−0.306**	−2.789	0.248	1.255	2.168**	2.207	0.335	1.209
Total	lnGRPPC	1.238	12.685	0.198	1.069	−0.795	−2.075	0.43	1.913
	lnHotel	0.071	1.528	0.385***	4.241	1.034***	5.026	0.44***	3.826
	WHS	0.058***	5.624	−0.063	−1.435	−0.172**	−2.190	0.063	1.662
	museum	0.001	0.681	0.005***	3.666	−0.001	−0.157	0.001	0.521
	library	0.01	9.856	0.011	5.032	0.014	2.778	0.006	2.352
	artcenter	0	0.225	0.001	0.923	0.005	0.788	0.004	1.648
	polution	0.003**	2.485	−0.001	−0.946	−0.005	−1.644	0.003	1.241
	Y2003	−0.746**	−2.470	−0.425	−1.104	5.25**	2.896	−0.143	−0.225
	Y2008	−0.846**	−2.920	−0.14	−0.388	−0.459	−0.265	0.004	0.006
	HSR	−0.205	−1.708	0.398	1.735	2.491**	2.273	0.519*	1.716
Adj. R²		0.952		0.958		0.856		−382.862	
ML-value		44.881		35.739		−130.936		−382.862	
Obs.		198		144		216		558	

注：*、**和***分别表示10%、5%和1%的显著性。

附表 4 – 2　　　　　　　中国国内旅游收入的影响因素

变量		东部区域		中部区域		西部区域		全部区域	
		Coeff.	t-stat.	Coeff.	t-stat.	Coeff.	t-stat.	Coeff.	t-stat.
lnGPPPC		1.483 ***	19.103	1.58 ***	12.455	1.253 ***	11.484	1.334 ***	22.138
lnHotel		0.103 ***	3.148	0.026	0.347	0.285 ***	4.140	0.17 ***	5.460
WHS		0.016 *	1.707	0.134 ***	3.271	0.113 **	2.538	– 0.037 ***	– 3.288
museum		0.002	3.303	0	0.168	0.004	3.223	0.002	3.002
library		0.01 ***	13.790	0.006 *	1.957	0.008 ***	3.980	0.015 ***	19.840
artcenter		0	0.350	0.004 ***	3.013	0.004 *	1.842	0	0.025
polution		0.001 **	3.422	0	0.423	0.002 ***	3.055	0	– 0.432
Y2003		– 0.162	– 2.627	– 0.114	– 1.146	– 0.076	– 0.468	– 0.138	– 1.627
Y2008		– 0.16 ***	– 2.657	0.059	0.601	– 0.06	– 0.375	– 0.076	– 0.896
HSR		– 0.033	– 0.703	0.186 **	2.347	0.173	1.450	0.098	1.545
W × lnGRPPC		– 0.706 ***	– 5.331	– 1.08 ***	– 5.420	– 1.374 ***	– 10.131	– 1.068 ***	– 11.156
W × lnHotel		– 0.002	– 0.061	0.138	1.449	0.087	0.938	0.093 *	1.905
W × WHS		0.004	0.396	– 0.201 ***	– 3.903	– 0.157 ***	– 3.238	0.066 ***	4.116
W × museum		0	– 0.584	0.004 **	2.205	– 0.006 ***	– 2.894	– 0.002 *	– 1.848
W × library		– 0.005	– 5.256	– 0.003	– 0.943	– 0.003	– 1.254	– 0.013	– 11.047
W × artcenter		0	0.114	0.001	0.686	– 0.002	– 0.878	0.002 **	2.139
W × polution		0	– 0.673	0	– 0.076	– 0.003 ***	– 3.339	0.001	0.716
W × Y2003		– 0.033	– 0.243	0.115	0.441	1.558 ***	3.446	0.217	1.071
W × Y2008		– 0.416	– 2.896	0.145	0.586	– 0.412	– 0.950	– 0.099	– 0.495
W × HSR		– 0.075	– 1.081	0.335 *	1.905	0.526 **	1.969	– 0.028	– 0.245
W × dep. var		0.449 ***	6.440	0.317 ***	3.297	0.656 ***	13.423	0.591 ***	14.582
Direct effect	lnGRPPC	1.475 ***	20.130	1.538 ***	12.752	1.163 ***	10.758	1.296 ***	21.727
	lnHotel	0.11 ***	3.549	0.035	0.480	0.325 ***	4.875	0.197 ***	6.411
	WHS	0.017 *	2.005	0.123 **	3.103	0.101 **	2.310	– 0.03 **	– 2.696
	museum	0.002	3.566	0.001	0.400	0.004	2.934	0.002	2.813
	library	0.009 ***	14.052	0.006 *	1.989	0.008 ***	4.241	0.015 ***	19.391
	artcenter	0	0.392	0.004 **	3.272	0.004 *	1.874	0	0.489
	polution	0.001 ***	3.479	0	0.427	0.002 **	2.478	0	– 0.262
	Y2003	– 0.183	– 2.510	– 0.109	– 0.978	0.166	0.804	– 0.12	– 1.206
	Y2008	– 0.222 ***	– 3.152	0.073	0.699	– 0.13	– 0.661	– 0.092	– 0.921
	HSR	– 0.045	– 0.925	0.214 **	2.643	0.269 *	1.958	0.1	1.486

续表

变量		东部区域		中部区域		西部区域		全部区域	
		Coeff.	t-stat.	Coeff.	t-stat.	Coeff.	t-stat.	Coeff.	t-stat.
Indirect effect	lnGRPPC	−0.066	−0.608	−0.804***	−3.590	−1.509***	−5.071	−0.631***	−3.455
	lnHotel	0.071	1.400	0.205	1.789	0.747***	4.581	0.443***	5.022
	WHS	0.019	1.530	−0.22	−3.609	−0.228	−3.118	0.104	3.270
	museum	0.001	0.707	0.005**	2.818	−0.008	−1.741	−0.002	−0.793
	library	−0.001	−1.418	−0.002	−0.513	0.006	1.494	−0.008***	−3.788
	artcenter	0	0.153	0.004	1.818	0.001	0.151	0.004**	2.270
	polution	0	0.378	0	0.031	−0.006	−2.155	0.001	0.623
	Y2003	−0.192	−0.731	0.126	0.323	4.222***	3.080	0.303	0.617
	Y2008	−0.831***	−3.135	0.229	0.633	−1.19	−0.943	−0.31	−0.634
	HSR	−0.15	−1.384	0.552**	2.402	1.75**	2.227	0.061	0.229
Total	lnGRPPC	1.409	14.739	0.735	3.242	−0.346	−1.100	0.665	3.355
	lnHotel	0.181***	3.740	0.24*	2.212	1.071***	6.343	0.64***	6.684
	WHS	0.036***	3.526	−0.097	−1.756	−0.126*	−2.007	0.074**	2.193
	museum	0.002**	2.610	0.006***	3.565	−0.004	−0.807	0	0.079
	library	0.008	7.994	0.004	1.539	0.014	3.546	0.006	2.713
	artcenter	0	0.252	0.008***	4.485	0.005	0.870	0.005**	2.221
	polution	0.002	1.634	0	0.201	−0.004	−1.453	0.001	0.492
	Y2003	−0.375	−1.212	0.017	0.036	4.388**	2.902	0.183	0.331
	Y2008	−1.053***	−3.387	0.302	0.717	−1.32	−0.942	−0.402	−0.723
	HSR	−0.195	−1.670	0.766**	2.915	2.019**	2.331	0.161	0.557
Adj. R^2		0.965		0.953		0.897		0.883	
ML-value		54.351		6.13		−119.384		−347.275	
Obs.		198		144		216		558	

注：*、** 和 *** 分别表示 10%、5% 和 1% 的显著性。

第7章

高铁对国内航空的影响*

7.1 引 言

21 世纪初，随着高铁的发展，中国城际交通系统经历了革命性的转变。目前，中国的高铁网络居世界之首。由于高铁的运力和旅行速度较高，所以城际旅客旅行需求已大大增加。如图 7-1 所示，从 2003~2013 年，客运需求快速增长，且 101~501 公里距离的客流量增长速度最快。以人/公里来计算，在 1000 公里以上的距离中，客流量占总客流量的比例最大，而 501~1000 公里距离的客流量增长最多。这些数据证实，2003~2013 年，中国的铁路客运发生了根本性的变化。在同样的距离内，国内航空运输可能会与发达的高铁形成竞争。

事实上，在 2003~2013 年，多条高铁线路的运营直接导致了相同航线的航班永久取消。例如，陈和海恩斯（2015）指出，由于成都—重庆城际高铁的开通，2009 年 11 月成都和重庆之间的航空快运服务在运营 19 年后停止运营。一个月后，武广高铁的开通导致海航取消了这两个城市之间的航班。一年后，2010 年 3 月郑州—西安高铁的开通也导致了两城市间所有航班的取消。因此，随着更多线路的高铁开通，高铁对航空运输的影响也会越深。

但是，高铁和航空运输之间的相互影响并不是直接发生的，因为城市之间的距离和市场特征等因素会使两种模式之间的竞争复杂化。城际之间的"理想的"

＊ 本章在陈（2017）的基础上进行了修改。分析和解释中的任何错误都由作者负责。

（千人）

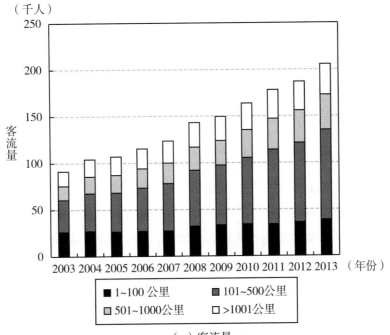

（a）客流量

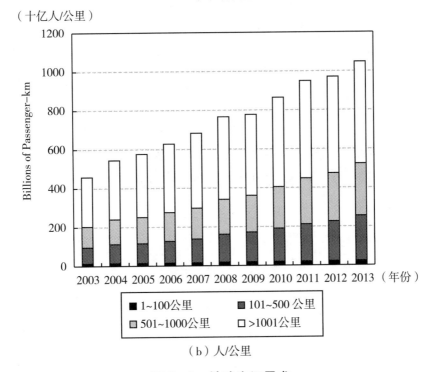

（b）人/公里

图 7 − 1　铁路客运需求

旅行时间为 1 ~ 4 小时（Givoni，2006），高铁时速一般为 250 公里/小时及以上，所以竞争应发生在 160 ~ 800 公里（Button，2012），航空运输更适合长距离运输。市场特征反映了旅客是更重视成本还是时间，也反映了所涉及城市的规模。不同的因素影响不同的交通需求。

这个影响十分复杂，本书从两个方面来理解。第一，因为中国大部分高铁是在 2010 年之后开通的，所以对高铁和航空的动态竞争研究缺乏足够的数据。第二，因为中国高铁建设的复杂性，所以对其时空演变的评估具有挑战性。如此庞大的基础设施建设涉及多阶段规划、融资和建设、高铁线路的建成时间各不相同，因此，高铁与国内航空运输竞争的影响很难一概而论。为了更准确地研究竞争效应，我们需要高铁开通的时间表以及匹配的航空数据，以便对高铁对航空的影响进行有依据的实证评估，并预测未来。

本书通过构建一种利用综合数据及改进的评估方法进行研究。本书研究方法与以前也不同，首先以京沪高铁（1318 公里）和京深高铁（2372 公里）两条主要高铁线路为例，分别估算了国家层面和区域层面的影响。其次武广客运专线（1039 公里）是京深客运专线的一部分，但因为比京深客运专线早开通两年，所以分别进行了分析，以此阐明高铁对航空的不同时空影响。

另外，本书使用 2001 ~ 2014 年的 767 对国内航空航线（OD），数据来源为中国航空发展规划局。这些航线与两条主要高铁线路重叠，包括开通运营的前期、中期和后期。这使得本书比以往的研究更加有力，因为高铁对每条特定航线的影响可能与实际开通日期有关。

本书结构如下：第 7.2 节对高铁和航空运输进行了文献综述，并指出了高铁对国内航空的影响研究较少；第 7.3 节介绍了中国高铁与航空竞争的特点；第 7.4 节介绍了理论框架；第 7.5 节介绍了本书的研究方法和数据；第 7.6 节为实证结果；第 7.7 节对本章进行了总结。

7.2 文献综述

近年来，高铁与航空之间的互相影响关系得到了广泛的研究。表 7 - 1 总结了相关的研究成果，表 7 - 1 是从阿尔巴拉特等（2015）和万等（2016）的综述中扩展出来的，包括从供给角度进行研究（Dobruszkes，2011）或利用旅行需求建模（Behrens & Pels，2012；Cascetta et al.，2011；Clever & Hansen，2008；Gleave，2006；Pagliara et al.，2012），他们认为高铁和航空之间的竞争仅限于中等里程。吉沃尼和多布吕什克斯（Givoni & Dobruszkes，2013）认为高铁的大部分需求是诱导需求和对普速列车的替代需求所构成。这说明与高铁和航空的一对一的比较要比人们最初想象的复杂得多。

表 7 - 1　　　　　**采用定量方法研究高铁与航空竞争的文献**

研究者	国家	数据	方法	结果
阿尔巴拉特等（2015）	西班牙	2002 ~ 2010 年航空频率；2002 ~ 2009 年航空座位数	多元回归	高铁减少了航空同线路的座位数，但是同航线上的航空频率并没有显著下降
贝伦斯和佩尔斯（2012）	英国、法国	2003 ~ 2009 年横截面数据	多项混合 Logit 模型	高铁与航空的竞争比其他运输模式更为激烈。多式联运竞争的程度和模式取决于运输目的
坎波斯和加涅潘（2009）	法国、荷兰	2005 年价格和市场份额数据	需 求、定 价、成本函数（传统航空、低成本航空、高铁、普速火车）	对需求函数和定价函数进行了仿真。高铁的票价变化对航空需求的影响有限
卡塞塔等（2011）	意大利	2008 年 3 月数据	嵌套的 Logit 模型（高铁、普速火车与汽车）	高铁的开通时间和成本对公路运输无影响
帕利亚拉等（2012）	西班牙	2010 年 2 月、3 月数据	多项混合 Logit 模型	高铁的市场份额低于预期。在竞争中，价格和频率是最重要的决定因素
罗曼等（2007）	西班牙	—	嵌套的 Logit 模型（汽车、公交、普速火车、航空与高铁）	高铁与航空竞争时，高铁最少可占 35% 市场份额
希门尼斯和贝坦科尔（2012）	西班牙	1999 年 1 月 ~ 2009 年 12 月路线面板数据	高铁为哑变量，机场为哑变量，无时间固定效应	除马德里—巴塞罗那航线，高铁的开通平均减少了 17% 的飞行频率，且航空市场份额有所下降
卡斯蒂略 - 马扎诺等（2015）	西班牙	1996 年 1 月 ~ 2012 年 12 月每月时间序列数据	动态线性回归	在人口较少的地区开通高铁对航空影响较小，只有 13.9% 的乘客来自航空运输。没有证据表明高铁因其强大的网络效应航空运输模式吸引来了乘客

续表

研究者	国家	数据	方法	结果
格里夫（2006）	欧洲	横截面数据	Logit 模型	本文使用 Logit 模型来预测未来的市场份额，根据不同的情景，铁路市场份额的结果各不相同
克莱洛等（2014）	欧洲	1995～2009 年线路面板数据	用铁路旅行时间来研究高铁的影响，无线路、时间固定效应	高铁开通时间越短，航空客运量越低
多布吕什克斯等（2014）	欧洲	2012 年 1 月线路面板数据	用高铁旅行时间和频率来研究高铁的影响	高铁的旅行时间越少，航班频率和座位数越少。高铁发车频率对飞机座位数影响有限，其他变量并不显著
比洛特卡赫等（2010）	欧洲	2006 年 5 月～2007 年 4 月线路面板数据	高铁为哑变量，无线路、时间固定效应	高铁可能对航班频率产生了正向影响，但在短途航线（小于 550 公里）中没有显著影响
吉沃尼和里特维尔德（2009）	世界	2003 年线路面板数据	3 小时以下的高铁为哑变量	高铁对航空无显著影响
克莱尔和汉森（2008）	日本	1995 年城际间数据	嵌套的 Logit 模型	航空与高铁只在中等距离的市场竞争
帕克和哈（2006）	韩国	—	Logit 模型	预计航空的市场份额将大幅下降
张等（2014）	中国	2010 年第一季度～2011 年第四季度线路面板数据	高铁为哑变量，无线路、时间固定效应	高铁对航空的市场垄断力和平均收益都产生了显著的负面影响
万等（2016）	中国、日本、韩国	1994～2012 年数据	双重差分法	与日本和韩国相比，高铁使得中国航空公司的座位数大幅下降
魏等（2014）	中国	2011 年 6 月 20 日～8 月 3 日线路面板数据	双重差分法	京沪高铁开通后，京沪高铁沿线航线的平均机票价格下降了 29%

以上研究影响了竞争水平的因素以及竞争如何在空间上发生变化的问题。阿尔巴拉特和贝尔（Albalate & Bel，2012）的研究表明，高铁的市场份额随着距离的增加而下降，650 公里以上高铁的市场份额变化不大。从供给的角度来看，阿尔巴拉特等（Albalate et al.，2015）基于西班牙航空数据进行了实证分析，他们认为高铁开通后，以座位数衡量的航空供给确实下降了，但以飞行频率来衡量的航空供给并没有显著下降。从需求的角度来看，贝伦斯和佩尔斯（Behrens & Pels，2012）从客运量的角度研究了高铁和航空之间的竞争。然而，这个问题从来没有从供应和需求的角度同时进行研究。

中国高铁的快速发展引起了越来越多学者的兴趣，他们使用各种方法来研究这些问题。例如，付（Fu，2012）从聚集的角度来研究高铁和航空之间的相互作用，而蒋和张（Jiang & Zhang，2016），夏和张（Xia & Zhang，2016），张（Zhang，2016）从客流量、价格、利润和社会福利改变的角度研究了高铁和航空的竞争对社会经济的影响。另外，有研究从交通模式的竞合角度进行研究，他们使用偏好调查问卷数据研究中国航空和高铁整合的市场潜力（Li & Sheng，2016）。尽管这些研究扩展了关于高铁和航空竞争的观点，但时空的竞争水平的关键问题仍然没有得到解决。

万等（Wan et al.，2016）在研究高铁和航空关系方面迈出了重要的一步，他们使用了 1994～2012 年的中国、日本和韩国的航空数据，采用双重差分法研究了以座位数来衡量，以日本和韩国的高铁为控制组，中国高铁的开通导致的航空客运量下降的幅度更大。结果看上去是可信的，但存在两个问题。第一，因为该研究只涵盖了 2010 年后的两年，实验组/控制组的比例非常小，所以中国高铁的影响可能被低估。实际上，截至 2012 年底，中国只开通了 4 条里程超过 400 公里的高铁客运专线（不包括 2012 年第四季度开通的高铁客运专线）。所有这些都表明，由于中国的高铁数量和运营经验有限，所以他们的研究往往是有偏差的。第二，双重差分法并不适合研究我国高铁，因为 DID 方法的一个关键假设是，在没有实验组的情况下，控制组和实验组随着时间的推移应该呈平行趋势，实际上，这种方法更适合短期情况。如前文所述，中国某些高铁线路已经开通超过五年，甚至更长，整个高铁网络覆盖了 28 个省份，但许多高铁线路是在不同的时间开通的，因此，如果采用 DID 方法，将高铁效应从对控制中分离出来是非常具有挑战性的。总之，本书认为需要一种新的方法研究在中国复杂的时空背景下高铁对航空的影响。

7.3 中国高铁和航空

表7-2为高铁网络的各复杂阶段演化。为了理解高铁对国内航空的影响，我们需要一个类似的视角研究国内航空的演变。近年来，国内航空运输需求呈指数级增长，从2001年的680万人次增长到2014年的3.6亿人次，而以年度飞行频率来衡量，同期的供给从190万人次增长到790万人次。这一增长主要集中在北京、上海、广州、深圳、成都等少数几个主要城市之间，且2014年以上城市的年客运量都超过3500万人次。

表7-2   **2001~2014年开通的主要高铁**

序号	高铁	最高时速（公里/小时）	距离（公里）	开通日期	受影响的主要城市
1	秦皇岛—沈阳北	200	404	2003年10月12日	沈阳
2	合肥南—南京南	250	166	2008年4月18日	合肥、南京
3	北京南—天津	350	119	2008年8月1日	北京、天津
4	青岛—济南	250	363	2008年12月20日	青岛、济南
5	石家庄—太原	250	225	2009年4月1日	石家庄、太原
6	合肥—武汉	250	357	2009年4月1日	合肥、武汉
7	达州—成都	200	374	2009年7月7日	成都
8	宁波—台州—温州	250	283	2009年9月28日	—
9	温州—福州	250	298	2009年9月28日	福州
10	武汉—广州	350	1069	2009年12月26日	武汉、长沙、广州
11	郑州—西安	350	485	2009年12月26日	郑州、西安
12	福州—厦门	250	273	2010年4月26日	福州、厦门
13	上海—南京	350	301	2010年7月1日	上海、南京
14	上海—杭州	350	160	2010年10月26日	上海、杭州
15	北京—上海	350	1318	2011年6月30日	北京、天津、济南、南京、上海
16	郑州—武汉	350	536	2012年9月28日	郑州、武汉
17	哈尔滨—大连	350	921	2012年12月1日	哈尔滨、长春、沈阳、大连
18	北京—石家庄	350	693	2012年12月26日	北京、石家庄
19	厦门—深圳	250	502	2013年12月28日	厦门、深圳
20	太原—西安	250	570	2014年7月1日	太原、西安
21	杭州—长沙	350	933	2014年12月10日	杭州、长沙

从空间维度来研究航空需求的增长提供了城际间高铁对航空的影响的研究基础（见图 7 - 2）。

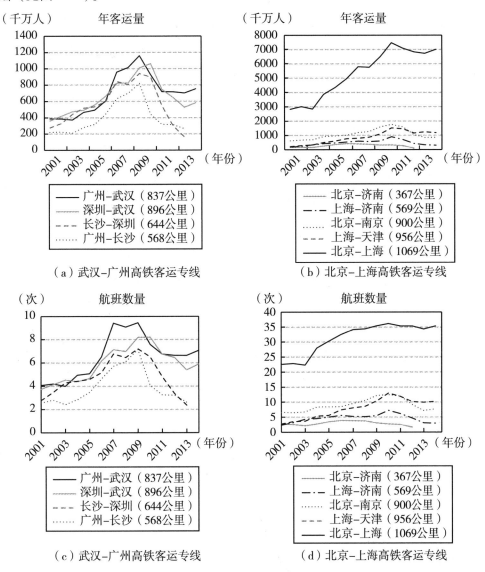

图 7 - 2　高铁开通前后的客运量和航班数

资料来源：作者整理而得。

以两条长距离高铁为例，将它们分成不同的部分来研究 2001～2014 年的需求（客运量）和供给（航班）。如图 7 - 2 所示，高铁开通后，不同 OD 对国内航空需求和供给的影响差别很大。图 7 - 2（a）和图 7 - 2（c）为武广线（968 公里），这是第一条长距离高铁线路，2009 年 12 月 26 日正式开通，这条高铁还连接中部的长沙和南部的深圳。武广高铁最高时速 300 公里，运行时间缩短至 3.5 小时。如

图 7 - 2（a）及图 7 - 2（c）所示，自 2009 年 12 月高铁开通后，这条路线的航空需求及供给均大幅下降，具体来说，2009 ~ 2012 年，广州和长沙之间的航空需求下降了 67%，航班数量下降了 55%，深圳和长沙之间的需求下降了 68%，航班数量下降了 53%（Chen & Haynes，2015）。数据表明随着时间的推移，高铁的初始竞争效应似乎减弱了广武、深武之间的联系。2011 年 6 月京沪高铁开通后，其沿线的航空运输也出现了类似的变化［见图 7 - 2（b）和图 7 - 2（d）］，其中京宁、沪津、京济南和沪济南之间的航线大幅下降。然而，高铁对京沪两地航空的竞争效应却有所不同，尽管高铁开通后，其需求供给有所下降，但下降幅度没有其他路线大，且目前呈现出逐渐恢复到以前水平的趋势。这可能是由于北京和上海复杂和高水平的经济和政治功能，所以两个城市之间的航空需求非常强劲。上海到北京的航线是中国最繁忙的航线，数据表明上海、天津、北京和南京之间的航线正在恢复。

数据表明由于不同城市的社会经济特征各不相同，它们对高铁的反应可能不同，而且可能距离越远，影响也越不同。所以，尽管国内航空可能面临着被高铁替代，但在不同的时空中，其竞争水平可能有所不同，我们需要准确理解这些因素以便进行有效的研究。

7.4 高铁对航空影响的理论框架

如图 7 - 3 所示，本书构建了一个城际间交通需求的空间异构模式来衡量高铁和航空的竞争水平。具体来说，就是在一个统一的框架中，从三个角度研究影响。

首先，引入枢纽/非枢纽分析检验高铁对航空运输的影响在枢纽城市和非枢纽城市之间是否存在差异。早期的研究（Albalate et al.，2015）已经表明，由于城市类型的不同，高铁对航空的影响程度可能不同。例如，在欧洲，中心城市的航空运输的减少幅度往往大于非中心城市。因此，检验中国是否有同样的表现是有价值的。

其次，引入了距离效应分析，这是因为早期文献中采用的距离宽度不一致。一些研究认为高铁在 160 ~ 800 公里相比公路和航空具有显著优势（Button，2012），而其他学者则指出高铁与航空竞争的有效距离为 200 ~ 600 公里（Vickerman，1997），万等（2016）认为 500 ~ 800 公里为高铁与航空竞争的有效距离。学者们倾向于认为高铁的最优竞争距离是 3 ~ 4 小时（Fu et al.，2012），3 ~ 4 小时以上航空运输将受到大多数旅客的青睐。这仍然给二者之间的竞争留下了很大的空间，尤其是在高速的情况下。3～4 小时以 250 公里/小时的速度转换里程为 750～1000 公里，以 300 公里/小时的速度转换里程为 900～1200 公里。很明显，距离是关键因素。

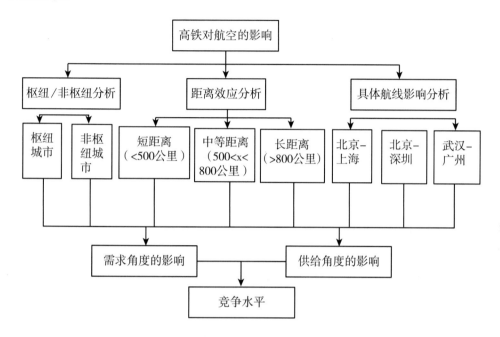

图 7－3　高铁对航空影响的理论框架

最后，注意枢纽/非枢纽分析和距离效应分析本质上都是在总体水平上进行研究的，其目的是研究一般或平均结论。然而，如前文所示，城际间的影响是不同的。所以引入了区域研究，同时具体线路的影响分析也很关键，因为中国高铁是在不同的地区，不同的时间开通的，所以要对特定对象分不同时空进行比较。这样我们不仅可以在地区，而且可以在不同时间上研究中国高铁的影响。

7.5　方法和数据

本书采用面板回归方法研究高铁对航空的影响。本书根据阿尔巴拉特等（2015）的研究为基础建模，考虑到航空大量的数据集和距离范围的需求，本书对模型进行了扩展。本书数据为 2001～2014 年城市的 792 条线路，指标包括飞机的载客量、飞行频率和座位数，数据来源为民航统计年鉴。但是很多航线的数据只有一年或两年，所以为了研究的一致性，本书采用了数据过滤以排除不到十年的航线，过滤后的数据包括 3834 个观测值，295 个 OD 城市对。高铁和航空之间的竞争水平是通过高铁开通后，航空的需求和供给弹性来评估的：

$$\ln(Passenger_{it}) = \alpha + \beta_1\ln(WPOP_{it}) + \beta_2\ln(WGDPPC_{it}) + \beta_3\ln(Distance_i)$$
$$+ \beta_4 Hub_i + \beta_5 HSR_{it} + \beta_6 Y03_t + \beta_7 Y08_t + trend + \varepsilon_{it} \qquad (7.1)$$

$$\ln(Frequency_{it}) = \alpha + \beta_1\ln(WPOP_{it}) + \beta_2\ln(WGDPPC_{it}) + \beta_3\ln(Distance_i)$$
$$+ \beta_4 Hub_i + \beta_5 HSR_{it} + \beta_6 Y03_t + \beta_7 Y08_t + trend + \varepsilon_{it} \qquad (7.2)$$

$$\ln(Seat_{it}) = \alpha + \beta_1\ln(WPOP_{it}) + \beta_2\ln(WGDPPC_{it}) + \beta_3\ln(Distance_i) + \beta_4 Hub_i$$
$$+ \beta_5 HSR_{it} + \beta_6 Y03_t + \beta_7 Y08_t + trend + \varepsilon_{it} \qquad (7.3)$$

因变量为 t 年线路 i 的客运量，航空频率，航空座位数。因为除了哑变量的所有的变量均采用对数形式，β 为弹性。从需求的角度来看，高铁对航空的影响如式（7.1）所示，从供给的角度来看，高铁对航空的影响由式（7.2）和式（7.3）所示，解释变量基于阿尔巴特等（2015）和万等（2016）的研究设置。

加权人口（WPOP）为控制变量，代表 OD 城市对的人口特征。研究指出，航线的加权人口越多，航空的需求和供给越多。

人均加权 GDP（WGDPPC）为控制变量，代表 OD 城市对的区域经济特征，是有航空运输的城市的实际 GDP。本书认为人均加权 GDP 越高，区域经济越好。航空的需求和供给越多，收入越高。人口和人均 GDP 数据来源于中国国家统计局。

距离是 OD 城市对的航线的欧几里得距离，其不随时间改变。如前文所述，本书认为距离的影响是不确定的，以往研究不同的国家结论也并不相同。万等（2016）发现在中国，距离对航空的需求和供给呈负向影响。

Hub 是虚拟变量，北京、上海、广州和成都四个主要航空枢纽城市之一是航线的目的地或起始地为 1。与其他航线相比，目的地或起始地有枢纽城市的航线有较多的航空需求和供给。

这四个城市被选为中国的主要航空枢纽是因为以下两点：第一，这四个城市在之前的研究中被认为是主要的航空枢纽，如张（1998），林和陈（2003）。这是因为这些城市都是某家航空公司的主要基地（如北京的中国国际航空公司、上海的中国东方航空公司、广州的中国南方航空公司和成都的四川航空公司），这影响了转机的次数。第二，这些城市都包含在鼓励区域发展的公共政策下，例如，成都的枢纽地位包含在"一带一路"建设中，在"一带一路"中，成都的位置和功能是重要的（Yu & Chao，2016）。在未来的研究中，枢纽变量有可能在敏感性分析中发挥作用，这可能会改变航空枢纽的定义以及其对高铁需求的影响。

高铁是虚拟变量，在有航线的同时有高铁线路为 1。为了实现稳健估计，高铁变量有以下处理：

第一，本书只研究直接连接目的地和起始地的高铁线路。第二，考虑到高铁与航空公司之间的竞争，我们将高铁的"有效"开通年定义为实际运营后的一年，在每年的 7 月 1 日之后计算（换句话说，在下半年）。第三，根据高铁开通日期（见表 7 - 2）和中国铁路总公司官方订票网站（www. 12306. cn）的相关信息，对高铁变量进行人工编码。如表 7 - 3 所示，与经典的 DID 方法相比，这种改进的方法有一个突出的优点，那就是整合了不同高铁线路的影响，这有助于衡量高铁的综合效应，即使开通覆盖不同的城市和不同的开始日期。考虑到各种高铁的时空演变，对照组和控制组也得到了有效的分离。

表 7 - 3　　　　　　　　　　高铁综合效应的改进衡量

序号	高铁路线	年份	北京 - 上海高铁			北京 - 深圳高铁			是否受影响
			是否控制组	时间效应	高铁开通效应	是否控制组	时间效应	高铁开通效应	
1	北京 - 上海	2001	1	0	0	0	0	0	0
⋮	⋮	⋮	⋮	⋮	⋮	⋮	⋮	⋮	⋮
1	北京 - 上海	2011	1	1	1	0	0	0	1
⋮	⋮	⋮	⋮	⋮	⋮	⋮	⋮	⋮	⋮
1	北京 - 上海	2013	1	1	1	0	1	0	1
1	北京 - 上海	2014	1	1	1	0	1	0	1
2	北京 - 成都	2001	0	0	0	0	0	0	0
⋮	⋮	⋮	⋮	⋮	⋮	⋮	⋮	⋮	⋮
2	北京 - 成都	2011	0	1	0	0	0	0	0
⋮	⋮	⋮	⋮	⋮	⋮	⋮	⋮	⋮	⋮
2	北京 - 成都	2013	0	1	0	0	1	0	0
2	北京 - 成都	2014	0	1	0	0	1	0	0
3	北京 - 广州	2001	0	0	0	1	0	0	0
⋮	⋮	⋮	⋮	⋮	⋮	⋮	⋮	⋮	⋮
3	北京 - 广州	2011	0	1	0	1	0	0	0
⋮	⋮	⋮	⋮	⋮	⋮	⋮	⋮	⋮	⋮
3	北京 - 广州	2013	0	1	0	1	1	1	1
3	北京 - 广州	2014	0	1	0	1	1	1	1

2003 年和 2008 年是虚拟变量，用于衡量可能影响航空需求和供给的重大事件。具体而言，2003 年被引入是为了控制严重急性呼吸系统综合征（SARS）的爆发这一重大事件，预测这将对国内航空产生负向作用。相反地，2008 年被引入衡量当年发生的重大事件的影响，可能是北京奥运会或经济衰退，因此，预期的 2008 年效果可能是积极的，也可能是消极的。

趋势是用来衡量随时间的变化，国内航空需求和供给的整体增长（所有不可见的可能随时间增加或减少的东西）。本书采用的数据特征如表 7 - 4 所示。

表 7 - 4　　　　　　　　　　数据描述

变量	2001 ～ 2014 年高铁影响估计采用数据（观测量为 2834）			
	平均数	标准差	最小值	最大值
航班数量	4382	4094	208	36169
飞机数量	519933	607118	37041	7473355
座位数量	691071	757532	14781	8607194
起讫距离（公里）	1095	536	325	3287
高速铁路	0.03	0.16	0	1
起讫包含一个枢纽城市	0.44	0.50	0	1
加权人口	944	604	69	3319
加权人均国内生产总值	65519	47821	4000	419756
2003 年	0.07	0.25	0	1
2008 年	0.08	0.27	0	1
趋势	7.61	3.89	1	14

注：单位：1 美元 = 6.7 元。
资料来源：作者根据相关数据整理得出。

7.6　实证结果

7.6.1　综合影响和距离水平影响

表 7 - 5 为高铁对国内航空需求（客运量）的影响的回归结果，采用固定效应和随机效应对其他因素进行控制。由于数据集是一个不平衡的面板，Hausman 检验通常是无效的。故本书使用 Stata 的 xtoverid 命令进行的 Sargen-Hansen 测试，该检验被称为面板数据中的固定效应和随机效应之间的过度识别的广义检验。检验表明，随机效应模型被拒绝，因此采用固定效应。但总的来说，不同模型的结果表明，固定效应估计通常更稳健。

表 7-5　回归结果：航空需求（客运量）

模型	所有城市对		枢纽城市对		非枢纽城市对		距离≤500公里		500公里≤距离≤800公里		距离>800公里	
	(1)	(2)	(3)	(4)	(5)	(6)	(7)	(8)	(9)	(10)	(11)	(12)
lwpop	0.250** (2.39)	0.306*** (5.63)	-0.287 (-0.87)	0.437** (2.50)	0.512*** (3.97)	0.266*** (4.93)	0.491* (1.77)	0.172 (0.87)	0.492*** (2.71)	0.361*** (4.52)	0.683*** (4.59)	0.439*** (5.98)
lwgdppc	0.656*** (11.65)	0.583*** (13.23)	0.483*** (6.60)	0.519*** (7.80)	0.900*** (10.33)	0.528*** (9.95)	1.281*** (6.09)	0.982*** (5.37)	0.887*** (8.18)	0.484*** (6.81)	0.467*** (7.02)	0.552*** (10.09)
lkm	—	-0.144** (-2.37)	—	-0.124 (-1.22)	—	-0.156** (-2.27)	—	-1.496 (-1.29)	—	-0.146 (-0.44)	—	-0.383*** (-3.28)
Hub	—	0.668*** (10.08)	—	—	—	—	—	0.433 (1.28)	—	0.621*** (5.68)	—	0.677*** (8.44)
HSR	-0.331*** (-10.35)	-0.329*** (-10.22)	-0.400*** (-12.02)	-0.390*** (-11.55)	-0.254*** (-4.10)	-0.280*** (-4.43)	-0.199** (-2.07)	-0.234** (-2.41)	-0.416*** (-7.42)	-0.442*** (-7.75)	-0.276*** (-6.83)	-0.254*** (-6.22)
Y2003	-0.084*** (-4.38)	-0.088*** (-4.54)	-0.126*** (-5.14)	-0.121*** (-4.85)	0.056* (-1.98)	-0.069** (-2.38)	-0.121* (-1.80)	-0.135** (-1.98)	-0.088** (-2.47)	0.103*** (-2.80)	-0.079*** (-3.42)	-0.075*** (-3.21)
Y2008	0.044** (2.53)	0.045** (2.56)	0.012 (0.50)	-0.003 (-0.12)	0.071*** (2.84)	0.079*** (3.11)	0.142** (2.28)	0.151** (2.39)	0.059* (1.80)	0.070** (2.07)	0.028 (1.37)	0.026 (1.27)

续表

模型	所有城市对		枢纽城市对		非枢纽城市对		距离≤500公里		500公里≤距离≤800公里		距离>800公里	
	(1)	(2)	(3)	(4)	(5)	(6)	(7)	(8)	(9)	(10)	(11)	(12)
trend	0.020** (2.32)	0.029*** (4.40)	0.055*** (5.43)	0.042*** (4.43)	-0.023* (-1.69)	0.033*** (4.10)	-0.116*** (-3.68)	-0.070*** (-2.61)	-0.026 (-1.59)	0.033*** (3.03)	0.051*** (5.22)	0.042*** (5.18)
Constant	3.806*** (3.78)	4.823*** (6.59)	9.530*** (4.31)	5.070*** (3.47)	-0.472 (-0.33)	5.723*** (6.89)	-3.594 (-1.05)	10.204 (1.43)	0.008 (0.00)	5.476** (2.40)	2.710** (2.12)	5.899*** (5.26)
Effect	Fixed	Random	Fixed	Random	Fixed	Random	Fixed	Random	Fixed	Random	Fixed	Random
Hausman Test	3.69	—	15.67**	—	29.08***	—	8.35	—	25.28**	—	6.07	—
Sargan-Hansen	139.252***	—	72.526***	—	134.312***	—	17.946**	—	73.401***	—	100.533***	—
No of obs.	3830	3830	1672	1672	2158	2158	336	336	1006	1006	2488	2488
R^2	0.729	0.729	0.805	0.804	0.677	0.674	0.486	0.483	0.718	0.713	0.777	0.776

注：*、** 和 *** 分别表示 10%、5% 和 1% 的显著性水平。

从模型（1）到模型（12）的分析可以看出，人口规模和地区人均 GDP 对国内航空的需求呈现正向影响。距离变量和枢纽变量也呈现显著的正向影响。研究结果表明，起始地与目的地之间的距离越长，他们之间的航空频率越低。同时，起飞或降落的枢纽机场可能有更高的需求。在大多数模型中，代表两个特殊事件的虚拟变量也具有显著性。2003 年的 SARS 对国内航空需求产生了负面影响，而在 2008 年呈现正向影响，这可能是由于北京奥运会的举办。

所有模型均发现高铁对航空需求的影响是显著的，这表明高铁对航空需求的影响结果总体上是稳健的。对研究结果进一步比较，发现高铁对航空需求的影响程度因规模的不同而不同。例如，尽管在模型（1）和模型（2）中，国家层面上的估计系数在 $-0.331 \sim -0.329$，但在涉及枢纽机场的航线上，该系数高于不涉及任何航空枢纽的航线。在主要城市中，高铁和航空之间的竞争水平往往更高，特别是那些作为区域航空运输枢纽的城市，这与巴顿（Button，2012）的研究结果一致。

第 7.3 节指出，小的区域中心（如武汉）可能比大的更容易受到高铁的影响。从以下三个方面可以说明这些有些矛盾的结果。第一，第 7.3 节和第 7.6 节所述的航空需求变化百分比的比较是无效的，因为前者是数据的描述性统计，而后者是根据计量经济学分析得出的。计量经济分析的影响程度取决于各种因素，如模型、控制变量和估计方法。第二，此时指的是一对城市，而不是一个城市。这个结果来自回归分析，它只能解释为基于整个样本的均值估计。因此，一个城市对至少涉及一个枢纽城市是充分条件，但不是必要条件。

模型（12）研究的是人均数据，且在空间尺度上存在差异。很明显，由于地理范围不同，高铁对国内航空运输需求的影响在空间上是不同的。一般来说，当距离为 $500 \sim 800$ 公里时，影响是最大的。固定模型和随机模型的估计系数分别为 -0.416、-0.442。这可以解释为，在 $500 \sim 800$ 公里的城市之间开通高铁，会导致该线路上相应的航空需求分别下降 34% $\{100 \times [\mathrm{EXP}(-0.416)-1]\}$ 和 35.7% $\{100 \times [\mathrm{EXP}(-0.442)-1]\}$。相反，当距离在 500 公里以下或 800 公里以上时，高铁对航空需求的负面影响会减小，这说明在 $500 \sim 800$ 公里的范围外，高铁与航空的竞争不那么激烈。

表 7-6 和表 7-7 中为航空供给的回归结果，分别以航班数量和座位数来研究高铁对国内航空供给的影响。结果控制变量的显著性和系数与需求侧的结果基本一致。高铁对航空供给的影响也是显著的，但不同模型的结果不同。具体来说，

表 7-6　　回归结果：航空供给（航班数）

模型	所有城市对		枢纽城市对		非枢纽城市对		距离≤500公里		500公里≤距离≤800公里		距离>800公里	
	(13)	(14)	(15)	(16)	(17)	(18)	(19)	(20)	(21)	(22)	(23)	(24)
lwpop	0.009 (0.09)	0.252*** (5.06)	-0.109 (-0.36)	0.462*** (2.93)	0.180 (1.56)	0.237*** (4.61)	-0.460 (-1.61)	-0.216 (-1.16)	0.159 (1.04)	0.310*** (4.16)	0.762*** (5.77)	0.455*** (6.77)
lwgdppc	0.576*** (11.27)	0.526*** (13.06)	0.251*** (3.73)	0.326*** (5.33)	0.810*** (10.37)	0.510*** (10.25)	0.652*** (3.02)	0.564*** (3.15)	0.878*** (9.62)	0.503*** (7.80)	0.403*** (6.81)	0.497*** (10.08)
lkm	—	-0.296*** (-5.27)	—	-0.254*** (-2.79)	—	-0.332*** (-5.01)	—	-1.511 (-1.48)	—	-0.224 (-0.70)	—	-0.533*** (-4.94)
Hub	—	0.596*** (9.78)	—	—	—	—	—	0.611** (2.02)	—	0.506*** (4.87)	—	0.598*** (8.09)
HSR	-0.283*** (-9.76)	-0.277*** (-9.47)	-0.339*** (-11.05)	-0.325*** (-10.42)	-0.145*** (-2.61)	-0.157*** (-2.77)	-0.138 (-1.40)	-0.136 (-1.38)	-0.280*** (-5.93)	-0.298*** (-6.16)	-0.285*** (-7.94)	-0.264*** (-7.25)
Y2003	-0.043** (-2.45)	-0.046*** (-2.59)	-0.105*** (-4.61)	-0.097*** (-4.20)	-0.003 (-0.12)	-0.015 (-0.57)	-0.099 (-1.43)	-0.106 (-1.52)	-0.024 (-0.81)	-0.040 (-1.27)	-0.043** (-2.13)	-0.039* (-1.89)
Y2008	-0.008 (-0.52)	-0.009 (-0.58)	0.015 (0.71)	0.002 (0.11)	-0.020 (-0.88)	-0.013 (-0.58)	0.122* (1.91)	0.120* (1.86)	-0.030 (-1.08)	-0.022 (-0.78)	-0.013 (-0.73)	-0.015 (-0.81)

续表

模型	所有城市对		枢纽城市对		非枢纽城市对		距离≤500 公里		500 公里≤距离≤800 公里		距离 >800 公里	
	(13)	(14)	(15)	(16)	(17)	(18)	(19)	(20)	(21)	(22)	(23)	(24)
trend	0.019** (2.53)	0.023*** (3.88)	0.059*** (6.41)	0.043*** (4.96)	-0.011 (-0.93)	0.031*** (4.03)	-0.034 (-1.06)	-0.027 (-1.02)	-0.038*** (-2.71)	0.014 (1.42)	0.047*** (5.36)	0.037*** (5.03)
Constant	1.612* (1.76)	2.241*** (3.34)	6.054*** (2.97)	3.155** (2.39)	-2.048 (-1.60)	2.706*** (3.44)	4.215 (1.20)	12.439** (1.97)	-2.202 (-1.41)	1.703 (0.78)	-1.828 (-1.61)	2.807*** (2.73)
Effect	Fixed	Random	Fixed	Random	Fixed	Random	Fixed	Random	Fixed	Random	Fixed	Random
Hausman Test	13.34**	—	24.59***	—	35.64***	—	4.92	—	47.41***	—	14.35**	—
Sargan-Hansen	151.937***	—	83.165***	—	131.160***	—	14.526**	—	88.552***	—	112.821***	—
No of obs.	3830	3830	1672	1672	2158	2158	336	336	1006	1006	2488	2488
R^2	0.711	0.710	0.749	0.748	0.697	0.694	0.321	0.316	0.715	0.708	0.778	0.777

注：*、**和***分别表示 10%、5%和 1%的显著性水平。

133

表 7—7　　　回归结果：航空供给（座位数）

模型	所有城市对		枢纽城市对		非枢纽城市对		距离≤500公里		500公里≤距离≤800公里		距离>800公里	
	(25)	(26)	(27)	(28)	(29)	(30)	(31)	(32)	(33)	(34)	(35)	(36)
lwpop	0.205** (2.05)	0.307*** (5.84)	0.221 (0.65)	0.572*** (3.27)	0.373*** (3.22)	0.260*** (5.08)	0.043 (0.16)	-0.043 (-0.24)	0.205 (1.25)	0.324*** (4.17)	0.875*** (5.98)	0.489*** (6.74)
lwgdppc	0.707*** (13.16)	0.616*** (14.52)	0.318*** (4.17)	0.410*** (5.98)	0.962*** (12.29)	0.570*** (11.44)	0.989*** (4.91)	0.775*** (4.49)	1.060*** (10.77)	0.603*** (8.86)	0.486*** (7.43)	0.565*** (10.47)
lkm	—	-0.198*** (-3.34)	—	-0.155 (-1.54)	—	-0.232*** (-3.50)	—	-1.553 (-1.47)	—	-0.164 (-0.50)	—	-0.430*** (-3.72)
Hub	—	0.612*** (9.51)	—	—	—	—	—	0.571* (1.83)	—	0.514*** (4.78)	—	0.626*** (7.89)
HSR	-0.327*** (-10.74)	-0.327*** (-10.63)	-0.382*** (-11.02)	-0.367*** (-10.43)	-0.174*** (-3.11)	-0.196*** (-3.43)	-0.194** (-2.10)	-0.212** (-2.30)	-0.315*** (-6.17)	-0.339*** (-6.46)	-0.345*** (-8.66)	-0.324*** (-8.05)
Y2003	-0.048*** (-2.60)	-0.053*** (-2.85)	-0.118*** (-4.58)	-0.109*** (-4.21)	-0.004 (-0.14)	-0.018 (-0.69)	-0.113* (-1.76)	-0.124* (-1.91)	-0.041 (-1.26)	-0.059* (-1.75)	-0.043* (-1.92)	-0.041* (-1.77)
Y2008	-0.023 (-1.38)	-0.021 (-1.28)	-0.002 (-0.08)	-0.012 (-0.49)	-0.032 (-1.44)	-0.023 (-0.99)	0.092 (1.54)	0.096 (1.60)	-0.033 (-1.10)	-0.023 (-0.74)	-0.031 (-1.54)	-0.032 (-1.54)

续表

模型	所有城市对		枢纽城市对		非枢纽城市对		距离≤500公里		500公里≤距离≤800公里		距离>800公里	
	(25)	(26)	(27)	(28)	(29)	(30)	(31)	(32)	(33)	(34)	(35)	(36)
trend	0.007 (0.91)	0.019*** (2.95)	0.052*** (4.94)	0.035*** (3.63)	-0.024** (-1.98)	0.033*** (4.37)	-0.067** (-2.24)	-0.037 (-1.48)	-0.050*** (-3.30)	0.014 (1.35)	0.039*** (4.00)	0.032*** (3.96)
Constant	3.977*** (4.14)	5.256*** (7.43)	8.142*** (3.53)	5.885*** (4.00)	0.129 (0.10)	6.175*** (7.85)	2.479 (0.75)	14.290** (2.19)	0.580 (0.34)	5.092** (2.27)	1.609 (1.28)	6.169*** (5.56)
Effect	Fixed	Random	Fixed	Random	Fixed	Random	Fixed	Random	Fixed	Random	Fixed	Random
Hausman Test	9.48	—	16.59**	—	47.12***	—	5.76	—	54.08***	—	11.87*	—
Sargan-Hansen	145.502***	—	69.221***	—	152.695***	—	15.686**	—	96.543***	—	105.743***	—
No of obs.	3830	3830	1672	1672	2158	2158	336	336	1006	1006	2488	2488
R^2	0.725	0.724	0.723	0.722	0.737	0.733	0.499	0.497	0.747	0.739	0.756	0.755

注：*、**和***分别表示10%、5%和1%的显著性水平。

135

国家层面固定效应模型中，高铁对国内航班的数量和座位数的影响系数分别为
-0.283、-0.327，当只包括枢纽城市对时，系数为 -0.339 和 -0.382，无枢纽
城市对系数分别为 -0.145 和 -0.196。模型（19）~模型（24）和模型（31）~模
型（36）表明，高铁对飞行频率和座位数的影响随着飞行距离的不同而不同。同
样，在 500~800 公里的距离范围内较为显著，与预测相同，进一步证实了高铁与
航空的竞争主要集中在中距离市场。

7.6.2　某些高铁线路的区域影响

表 7-8~表 7-10 为区域内高铁对航空供给的影响，并着重介绍了 4 条高铁
路线：

北京-上海，北京-深圳，武汉-广州，以及将北京-上海和北京-深圳的
影响综合起来的效应。值得注意的是，尽管本书只包含与高铁路线重叠的航空 OD
城市对，所以样本量大幅减少，但总体 r 方仍处于合理水平，这证明了估计的稳健
性。排除不相关的 OD 城市对有助于消除干扰，如来自其他高铁的影响。此外，由
于各 OD 对的时间不变特性，每个 OD 城市对的距离以及是否为枢纽机场的干扰也
被排除在外。

总体而言，研究结果表明，高铁对国内航空的影响因航线而异。在控制了人
口和经济特征变量、"非典"、北京奥运会和时间趋势后，高铁对国内航空需求的
影响系数为 -0.4 ~ -0.598。对于航空供给的影响，以航班数和座位数分别衡量，
其系数为 -0.253 ~ -0.462，-0.274 ~ -0.707。

7.6.3　影响的比较

表 7-11 为高铁开通后国内航空供给变化百分比。总体而言，高铁的开通对国
内航空产生了较大影响，对需求的影响约为 28%，而对供给（飞行频率和座位数）
的影响分别约为 24% 和 28%。如果竞争发生在包含主要枢纽城市的航线上，负面
影响会增加 3%~5%，而如果竞争发生在不涉及枢纽城市的航线上，负向影响会减
少 6%~10%。

表 7 - 8 不同高铁线路的回归结果：航空需求（客运量）

高速铁路线路	北京 - 上海客运专线		北京 - 深圳客运专线		武汉 - 广州客运专线ᵃ		两条客运专线集合	
模型	(37)	(38)	(39)	(40)	(41)	(42)	(43)	(44)
lwpop	-11.174***	-7.793***	1.527***	2.033***	4.012	2.130***	1.178**	1.472***
	(-3.81)	(-2.84)	(2.81)	(5.74)	(1.44)	(3.98)	(2.42)	(3.83)
lwgdppc	1.804***	1.583***	0.381	0.857***	1.244	1.436***	0.405	0.582**
	(3.60)	(3.09)	(1.20)	(3.31)	(1.17)	(3.60)	(1.61)	(2.45)
HSR	-0.410***	-0.436***	-0.446***	-0.377***	-0.598***	-0.593***	-0.488***	-0.458***
	(-2.88)	(-2.96)	(-5.05)	(-4.50)	(-3.65)	(-3.45)	(-6.39)	(-6.16)
Y2003	-0.045	-0.056	-0.127	-0.094	-0.081	-0.082	-0.128*	-0.115
	(-0.33)	(-0.39)	(-1.46)	(-1.07)	(-0.46)	(-0.43)	(-1.68)	(-1.51)
Y2008	0.252	0.160	0.065	0.040	0.169	0.176	0.027	0.018
	(1.63)	(1.03)	(0.79)	(0.48)	(0.97)	(0.94)	(0.37)	(0.24)
trend	-0.040	-0.039	0.030	-0.049	-0.136	-0.148**	0.036	0.005
	(-0.59)	(-0.57)	(0.56)	(-1.15)	(-0.86)	(-2.16)	(0.86)	(0.14)
Constant	72.582***	51.211***	-1.158	-9.329**	-25.908	-15.733**	0.841	-2.939
	(3.93)	(2.96)	(-0.19)	(-2.13)	(-1.40)	(-2.20)	(0.17)	(-0.70)
Effect	Fixed	Random	Fixed	Random	Fixed	Random	Fixed	Random
Hausman Test	10.70*		8.06		0.37		5.05	
Sargan-Hansen Test	7.742*		10.639		N/Aᵇ		7.568	
No. of obs.	68	68	149	149	52	52	217	217
R^2	0.677	0.670	0.718	0.714	0.543	0.538	0.671	0.670

注：a 含支线。*、** 和 *** 分别表示 10%、5% 和 1% 的显著性水平。

表 7－9　不同高速铁路线路的回归结果：航空供给（航班班数）

高速铁路线路	北京－上海客运专线		北京－深圳客运专线		武汉－广州客运专线ª		两条客运专线集合	
模型	(45)	(46)	(47)	(48)	(49)	(50)	(51)	(52)
lwpop	-8.675***	-5.563**	1.162**	1.548***	2.020	1.818***	1.193***	1.347***
	(-3.57)	(-2.48)	(2.61)	(5.81)	(0.98)	(4.34)	(2.98)	(4.37)
lwgdppc	1.340***	1.137**	0.043	0.528***	0.758	1.062***	0.203	0.350*
	(3.23)	(2.67)	(0.16)	(2.59)	(0.96)	(3.40)	(0.98)	(1.80)
HSR	-0.253**	-0.278**	-0.327***	-0.259***	-0.462***	-0.434***	-0.349***	-0.326***
	(-2.14)	(-2.26)	(-4.51)	(-3.76)	(-3.80)	(-3.23)	(-5.55)	(-5.34)
Y2003	-0.029	-0.040	-0.110	-0.076	-0.075	-0.065	-0.099	-0.088
	(-0.25)	(-0.33)	(-1.55)	(-1.05)	(-0.56)	(-0.43)	(-1.58)	(-1.41)
Y2008	0.238*	0.154	0.060	0.035	0.148	0.136	0.027	0.021
	(1.86)	(1.19)	(0.88)	(0.50)	(1.15)	(0.93)	(0.46)	(0.34)
trend	-0.042	-0.042	0.059	-0.019	-0.065	-0.109**	0.034	0.010
	(-0.76)	(-0.72)	(1.35)	(-0.58)	(-0.55)	(-2.03)	(0.99)	(0.32)
Constant	55.420***	35.754**	0.070	-7.413**	-12.645	-14.441***	-1.783	-4.312
	(3.62)	(2.53)	(0.01)	(-2.21)	(-0.92)	(-2.59)	(-0.44)	(-1.27)
Effect	Fixed	Random	Fixed	Random	Fixed	Random	Fixed	Random
Hausman Test	11.02*		12.00**		0.08		5.37	
Sargan-Hansen Test	8.334**		13.764**		N/Ab		9.555	
No. of obs.	68	68	149	149	52	52	217	217
R^2	0.553	0.541	0.693	0.685	0.545	0.543	0.617	0.616

注：a 含支线。*、** 和 *** 分别表示 10%、5% 和 1% 的显著性水平。

表7－10　不同高铁线路的回归结果：航空供给（座位数）

高速铁路线路	北京－上海客运专线		北京－深圳客运专线		武汉－广州客运专线[a]		两条客运专线集合	
模型	(53)	(54)	(55)	(56)	(57)	(58)	(59)	(60)
lwpop	-1.871	1.805	1.358***	1.788***	2.506	1.728***	1.387**	1.582***
	(-0.30)	(0.38)	(3.08)	(5.44)	(1.24)	(3.96)	(2.11)	(3.40)
lwgdppc	0.314	0.076	0.161	0.543**	0.731	1.162***	0.203	0.446
	(0.29)	(0.07)	(0.63)	(2.40)	(0.94)	(3.57)	(0.60)	(1.44)
HSR	-0.707**	-0.735**	-0.330***	-0.274***	-0.466***	-0.435***	-0.465***	-0.431***
	(-2.30)	(-2.45)	(-4.60)	(-3.93)	(-3.91)	(-3.11)	(-4.50)	(-4.35)
Y2003	-0.117	-0.129	-0.109	-0.083	-0.060	-0.046	-0.110	-0.092
	(-0.39)	(-0.44)	(-1.55)	(-1.16)	(-0.46)	(-0.30)	(-1.07)	(-0.89)
Y2008	0.052	-0.047	0.066	0.046	0.141	0.129	0.039	0.028
	(0.16)	(-0.15)	(0.98)	(0.67)	(1.12)	(0.85)	(0.40)	(0.28)
Constant	0.063	0.063	0.046	-0.018	-0.061	-0.119**	0.041	0.002
	(0.44)	(0.45)	(1.04)	(-0.49)	(-0.53)	(-2.12)	(0.72)	(0.03)
trend	23.345	0.128	2.611	-4.100	-10.539	-9.913*	1.935	-1.857
	(0.59)	(0.00)	(0.52)	(-1.04)	(-0.78)	(-1.71)	(0.29)	(-0.35)
Effect	Fixed	Random	Fixed	Random	Fixed	Random	Fixed	Random
Hausman Test	0.76		12.46*		0.31		3.72	
Sargan-Hansen Test	1.061		13.294**		N/Ab		5.886	
No. of obs.	68	68	149	149	52	52	217	217
R^2	0.182	0.177	0.730	0.726	0.576	0.572	0.417	0.415

注：a 含支线。*，** 和 *** 分别表示10%、5%和1%的显著性水平。

表 7 – 11   高铁对国内航空需求的影响（百分比变化）

航空运输服务	乘客人数		航班数量		航班座位数量	
	固定效应	随机效应	固定效应	随机效应	固定效应	随机效应
所有城市对	−28.2	−28.0	−24.6	−24.2	−27.9	−27.9
枢纽城市对	−33.0	−32.3	−28.8	−27.7	−31.8	−30.7
非枢纽城市对	−22.4	−24.4	−13.5	−14.5	−16.0	−17.8
距离 ≤500 公里	−18.0	−20.9	−12.9	−12.7	−17.6	−19.1
距离 500～800 公里	−34.0	−35.7	−24.4	−25.8	−27.0	−28.8
距离 >800 公里	−24.1	−22.4	−24.8	−23.2	−29.2	−27.7
北京－上海客运专线	−33.6	−35.3	−22.4	−24.3	−50.7	−52.0
北京－深圳客运专线	−36.0	−31.4	−27.9	−22.8	−28.1	−24.0
武汉－广州客运专线[a]	−45.0	−44.7	−37.0	−35.2	−37.2	−35.3
两条客运专线集合	−38.6	−36.7	−29.5	−27.8	−37.2	−35.0

注：a 含支线。

当竞争距离为 500～800 公里，高铁对航空的负面影响要大得多，由于高铁的开通，航空需求将下降约 34%，但 500 公里以下其负向影响仅为 18% 左右，800 公里以上的负向影响为 24%。

在分析具体线路时，我们发现京沪客运专线和京深客运专线的负向影响较为显著，具体说来，航空上座率下降 38.6%，航班数下降 29.5%，座位数下降 37.2%。与航班数相比，座位数减少的幅度相对较大，这可能是因为航空公司为了与高铁竞争，采取了相应的战略，如用小型飞机取代大型飞机。

7.7 结 论

尽管高铁对航空运输的影响在欧洲已经得到了广泛的研究，但对最近建成的、规模更大的中国高铁却还没有引起广泛的关注。这并不奇怪，因为中国高铁刚刚大规模开通，许多仍在建设中。本书研究了 2001～2014 年开通的高铁对航空需求和供给的影响。本书构建的分析框架能够从总体和非总体，枢纽城市和非枢纽城市，城市之间的距离，以及特定航线的角度分别研究高铁对国内航空的影响。

研究结果表明，高铁对我国国内航空运输具有显著的替代效应。这种影响在不同的高铁线路、旅行距离和城市类型中有所不同。这里重点考虑距离的影响，结果如图7-4中的反"U"型曲线所示，500~800公里里程内，高铁对航空的负向影响最大，武广高铁沿线城市间的航空下降了45%，而京沪高铁下降了33.6%，因此，中国不同地区之间存在着差异。

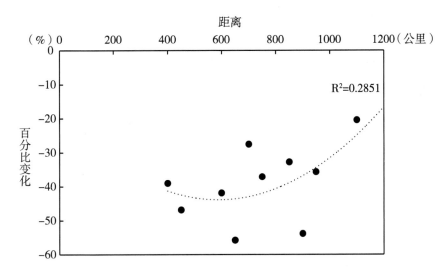

图7-4　高铁运营里程和其对航空需求的影响之间的关系

本书发现高铁对航空的强替代效应与之前对中国高铁的研究一致，如付等（Fu et al.，2012），张等（Zhang et al.，2014），魏等（Wei et al.，2014）和万等（Wan et al.，2016），且与早期对欧洲高铁的研究相一致，如阿尔巴拉特（Albalate，2015），希门尼斯和贝坦科尔（Jimenez & Betancor，2012），卡斯蒂略 - 马扎诺（Castillo - Manzano，2015）和克莱尔和汉森（Clever & Hansen，2008）。但是相对于以前的研究，本书发现中国高铁对国内航空的影响更大，这可能是因为中国的高铁在改变全国的城际交通市场中扮演着重要的角色。还应该注意到，随着越来越多的人开始乘坐高铁，以及高铁网络的不断发展，高铁对国内航空运输的影响将会更加显著。

从研究结果我们可以得出两个结论：第一，考虑到高铁在500~800公里的中等距离最具竞争力，所以高铁未来的规划和发展应该优先选择符合这样条件的区域以最大化其收益。第二，在中国高铁在中等距离的市场发挥主导作用，但航空仍然起着重要作用，未来的规划应该建立无缝连接的铁路和航空系统，使其更为有效，推进经济发展。

　　值得注意的是，本书存在一些局限性，应该在未来的研究中加以解决。由于数据的限制，本书未研究对低成本航空的影响。未来若得到数据，我们再深入研究。另外，考虑到中国高铁的发展是一个动态的过程，未来的研究也应该集中在国家高铁完全建成后对其他交通方式影响的演变。

第8章

高铁与区域经济差距[*]

8.1 背 景

随着改革开放以来中国经济的快速增长，区域经济差距成为中国面临的一个更加艰巨的挑战（Jian et al.，1996）。例如，在 1978 年和 1998 年，不少位于东部和南部海岸的省份，如福建和广东，经历了极其快速的经济发展，实际 GDP 年均增长率超过 10%，而在其他内陆省份，如甘肃、贵州，经济增长则慢得多，GDP 年均增长率为 6%（Zhang & Zou，2012）。虽然这些增长率是正向的和不断加快的，但其结果是区域差距的扩大。这引起了对社会稳定和经济可持续性的诸多关注。

为应对区域经济发展不平衡带来的挑战，中国政府出台了一系列促进区域经济协调发展的区域政策。其中一项主要举措是扩大对公共交通基础设施的投资。多年来，支持经济增长的因素，如资本、劳动力和信息，特别是在内陆地区非常受限，部分原因是缺乏可达性。为了克服可达性瓶颈，高铁自然成为公共基础设施投资的重点。本质上，这是通过高铁网络的协调发展来促进区域经济融合。作为最先进的地面交通方式之一，高铁的运行速度可以达到 250 公里/小时甚至更高，因此可以大大缩短跨地区的旅行时间。根据国家的中长期铁路网规划，全国高铁发展计划的主要目标是到 2020 年：（1）通过高铁互联互通，提高主要经济区域可达性；（2）通过加强区域交通互联互通，促进区域协调平衡发展。

---

* 本章根据陈和海恩斯（2017）进行了修改。分析和解释中的任何错误由作者负责。

在中央和地方政府的大力投资下，中国铁路网在接下来的十年里以前所未有的速度扩张（Chen & Haynes，2015）。如图8-1所示，经过14年的持续增长，全国平均铁路网密度从2000年每1000平方公里6.07公里的基础水平几乎翻了一番。区域范围内的路网密度增长模式差异较大。例如，包括北京、天津、河北和山东在内的北方地区是中国平均铁路网密度最高的地区，2000年平均每年每1000平方公里轨道密度为27.93公里。相反，包括西藏、宁夏、青海、甘肃和新疆在内的西北地区铁路密度最低，仅为每1000平方公里2.13公里。由于高铁系统的主要目的是服务于人口密度相对较高的地区，因此，与西部地区相比，人口密度较高的地区，如北部、东部和南部，铁路网的密度增长更快。

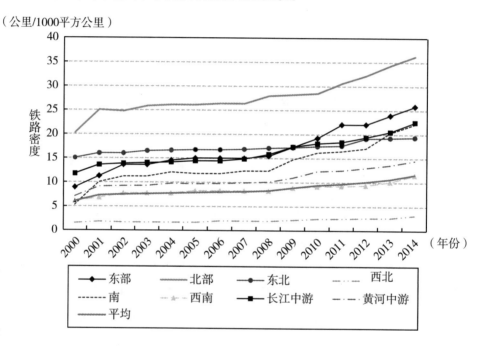

图8-1 中国铁路网区域密度变化

注：北方包括北京、天津、河北、山东；东部地区包括上海，江苏和浙江；东北地区包括黑龙江、吉林和辽宁；南部包括福建、广东和海南；黄河中游包括内蒙古、山西、河南和陕西；长江中游包括安徽、江西、湖北和湖南；西南包括重庆、四川、云南、贵州和广西；西北包括西藏、宁夏、青海、甘肃和新疆。

资料来源：中国国家统计局数据。

很明显，随着越来越多的人选择高铁作为出行的首选方式，高铁对中国城市群和区域经济发展的影响将会持续扩大。然而，与高铁规划和投资有效性相关的几个关键问题仍不清晰。例如，高铁系统的部署在多大程度上改变了区域可达性，更根本的是，中国高铁对区域经济差距的影响如何，这些问题仍然没有答案。

本研究的目的是通过主要集中于以下领域的事后影响评估来解决这些问题。第一，从新经济地理学的角度对高铁与区域经济差距的关系进行了理论分析。第二，利用加权变异系数、泰尔指数和基尼指数三个指标研究了我国经济差距在国家和地区层面的变化。第三，根据内生增长模型框架和 2000~2014 年的面板数据，对区域经济增长与高铁数量和质量之间的关系进行了实证检验。

我们认为，弄清楚中国高铁系统对区域经济差距的影响至关重要，原因有以下三点。首先，庞大的高铁系统的资金主要来自公共财政（如中央预算基金和各种铁路债券）和国家银行系统的银行贷款，进行评估将有助于验证公共投资高铁的有效性。研究结果可为未来公共基础设施投资决策提供思路和指导。其次，正确认识这一投资问题，可以为指导区域规划和发展提供依据，从而缩小区域差距。最后，高铁对中国区域经济差距的影响评估，将为其他拥有类似系统或计划开发类似系统的国家提供见解和启示。

本章结构如下。第 8.2 节通过回顾相关理论和文献，分析高铁与区域经济差距的理论关系；第 8.3 节介绍了评估方法；第 8.4 节使用不同的差异指标，展示了中国区域经济增长和铁路需求的差异；第 8.5 节介绍了建模框架和各种可达性指标的构建；第 8.6 节给出了实证结果；第 8.7 节对本章进行了总结。

8.2　文献综述

多年来，区域差异的成因一直是中国区域经济发展的主要研究课题之一，因为它与政府构建和谐社会的目标息息相关[①]。许多研究试图弄明白中国区域经济增长是趋同还是趋异。经典文献认为，地区差距的变化遵循一个倒 "U" 型曲线，称为库兹涅茨曲线（kuznets curve, 1955）。这是因为区域差异如在收入方面，被认为在早期发展阶段增加，之后稳定，然后在成熟的增长阶段减少（Williamson, 1965）。藤田和胡（Fujita & Hu, 2001）指出，这种增长理论为差距的缩小（趋同）提供了一种解释，反映在贫穷经济体的人均增长速度往往快于富裕经济体。例如，在 1880 年和 1990 年美国各州之间，在 1930 年和 1990 年日本各县之间，以及在 1950~1990 年八个欧洲国家的不同区域之间发现了实证证据（Barro & Sala-i-

---

① 和谐社会是时任中华人民共和国主席胡锦涛提出的一个概念，是中国未来社会经济发展的愿景或目标（Chan, 2010）。

Martin，1995 年）。如果有着较低人均 GDP 的地区的 GDP 增长率高于发达地区，则存在一个逐渐收敛（Tvrdoň & Skokan，2011）。

相反，发展中国家之间也出现了区域差异的扩大，但这不能用增长理论来解释。相反，新经济地理学从集聚经济学的角度提供了另一种解释（Fujita & Hu，2001；Fujita & Thisse，1996）。这是因为在实际人均 GDP 或收入方面的差距可以由于经济活动的聚集而产生。由于技术、要素禀赋和信息共享等正外部性，企业或生产活动往往集中在一起。生产活动集中的地区可能比其他地区有更高的增长率，这是由于规模报酬递增和正反馈机制，因此可能导致区域差距。另外，如果限制跨地区劳动力流动，经济差距水平还会进一步扩大。在交通基础设施不足的发展中国家尤其如此，这将进一步扩大区域经济增长的差距。

事实上，如表 8 - 1 所示，尽管有许多研究对中国地区差异问题进行了调查，但没有得出一致结论。这是由于每项研究在视差测量、方法、周期和分析尺度等方面的侧重点不同造成的。尽管如此，区域增长模式在不同的发展阶段仍然存在着明显的差异。例如，张和周（2012）所指出的，中国区域趋同/趋异趋势可以回顾中华人民共和国成立以来的三个不同时期。

表 8 - 1　　　　　　　　　　中国区域差异的不同研究结果

研究	时期	结论	解释
简等（1996）	1952 ~ 1965 年	弱收敛	—
	1965 ~ 1978 年	发散	社会主义计划经济时期以牺牲较贫困的农业区为代价，使本来就比较富裕的工业区受益
	1979 ~ 1990 年	收敛	市场导向的改革和农村生产力的提高
	1990 ~ 1993 年	发散	这种差距主要存在于沿海省份和内陆省份之间
陈和菲莱舍（1996）	1978 ~ 1993 年	收敛	收敛取决于实体投资、就业增长、人力资本投资、外国直接投资和沿海区位
贡德拉赫（1997）	1979 ~ 1989 年	收敛	省间资本流动的减少很可能会导致每个区域产出趋同率下降
姚和张（2001）	1952 ~ 1997 年	发散	距离对区域经济增长具有显著的负向影响

续表

研究	时期	结论	解释
藤田和胡（2001）	1985～1994 年	不一致	区域发展政策、全球化、经济自由化等因素导致沿海省份趋同，但沿海地区与内陆地区却存在差异
德穆尔格（2001）	1985～1998 年	收敛	交通和电信等基础设施对促进人均收入趋同具有明显影响
蔡等（2002）	1978～1998 年	收敛	劳动力市场的扭曲影响了中国的区域经济增长，造成了差距
坎布尔和张（2005）	1952～1978 年	发散	改革前的重工业发展战略形成了城乡差距
	1979～2000 年	发散	开放和权力下放导致 1980～1990 年改革期间内陆—沿海的差距迅速扩大

注：区域经济差距主要以收入或人均 GDP 来衡量。
资料来源：作者收集。

第一个时期是中央计划和工业化推进时期，1952～1965 年，发展模式集中在制造业为主的地区，而不是农业区（Jian et al.，1996）。很少有证据表明区域经济趋同的存在。

第二个时期是 1966～1977 年。由于政治运动的破坏性影响，对国民经济的破坏是毁灭性的，并且在不同的地区之间是不同的。这一时期区域经济差异明显（Jian et al.，1996）。

第三个时期是改革开放时期，开始于 1978 年，一直持续到今天。不同的研究发现，区域经济差异的演化模式是不一致的。如陈和菲莱舍（Chen & Fleisher，1996）、贡德拉赫（Gundlach，1997）、德穆尔格（Demurger，2001）和蔡等（Cai et al.，2002）等研究证实了区域经济趋同的存在，而其他研究发现了区域差异的存在，如姚和张（Yao & Zhang，2001）、坎布尔和张（Kanbur & Zhang，2005）。

有趣的是，藤田和胡（Fujita & Hu，2001）发现中国在 1984～1994 年既有趋同又有趋异。沿海省份之间存在趋同，而沿海地区与内地之间存在趋异。在影响区域差距的因素方面，他们发现劳动力迁移、全球化和经济自由化等因素对中国差距的扩大有很大的影响。基于对已有文献的研究，李和海恩斯（Li & Haynes，2011），张和邹（Zhang & Zou，2012）指出，在当代中国造成地区差异和不平等有几个关键因素，包括政府政策、市场整合，外国直接投资（FDI）、公共基础设施、教育程度、地理效应以及劳动力流动和迁移。

8.3 区域经济增长与交通发展

考虑到所采用的模型、数据、时间段和分析的地理尺度不同，这些实证研究的结果存在差异也就不足为奇了。事实上，我们感兴趣的是不同的空间经济增长模式和基础设施系统所发挥的积极作用，正如菲莱舍和陈（Fleisher & Chen，1997）、德穆尔格（Demurger，2001）所证实的那样。

区域经济增长与交通基础设施发展之间的理论关系如图 8 - 2 所示。一般而言，新建成的交通基础设施在改善区域可达性和连通性以及降低运输成本方面的贡献将促进各种区域经济活动，如信息传播、市场准入、资本和劳动力流动以及提高生产率。所有这些影响将导致在不同地点进行的生产活动的规模报酬越来越高，从而在考虑到集聚和溢出效益的影响下，在空间上引起经济活动的变化。因此，如果落后地区的正外部性大得多，则区域经济活动可能导致趋同增长。相反，如果交通发展的正外部性在发达地区占主导地位，则会出现区域经济差距的拉大。

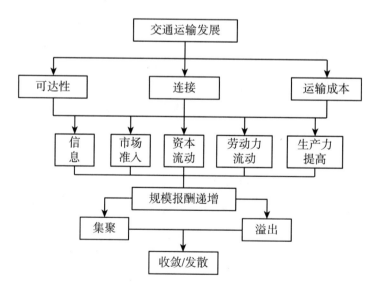

图 8 - 2   区域增长与交通发展之间的理论联系

很明显，对于区域经济趋同而言，正如菲莱舍和陈（1997）以及德穆尔格（2001）所指出的，在中国，欠发达地区的基础设施投资的贡献大于发达地区投资的贡献，这有助于缩小地区差距。然而，也有学者证实，交通基础设施会因系统运行的再分配效应而加大区域差距，高铁的发展尤其如此。

例如，少数学者发现，西班牙高铁并没有对国民经济的整体增长做出贡献，只是导致了经济活动在不同地区之间的重新分配。在巴塞罗那和马德里之间开通高铁后，巴塞罗那和马德里等主要城市群的增长速度更快，而高铁沿线的其他中小城市增长速度更慢（de Rus，2008；Knox，2006；Palanza，1998；Pol，2003；Puga，2008；Tomaney，2011）。这是因为这些主要经济区在吸引劳动力、资本和商业机会方面更有竞争力，因此，高铁的外部可达性可能会增强（Pol，2003）。事实上，这一模式已经在几个欧洲高铁系统中得到了证实，主要城市的可达性在高铁运营后相对于周边城市有了显著的增强（Tomaney，2011）。日本也发现了类似的证据，例如，佐佐木等（Sasaki et al.，1997）使用以供给为导向的计量经济学模型评估了日本新干线网络对区域经济的影响。他们的研究表明，新干线高铁系统的扩建对东京、冈山等高度发达地区有很强的积极贡献，而对欠发达地区的贡献非常有限。

综上所述，交通基础设施与区域经济差距之间的联系涉及复杂的机制，在影响评价过程中需要慎重考虑。文献综述表明，虽然有许多研究探讨了中国区域经济增长的模式，但很少有研究关注 2000 年以后的变化。此外，尽管巨额公共投资被分配到高铁建设上，但该系统在多大程度上影响了中国的区域经济差距仍不明确。

8.4　中国区域经济和铁路需求的差异：2000～2014 年

早期的研究证实，由于衡量区域差异的方法不同，结论和政策含义可能会有很大的不同（Bradfield，1988；Hu & Wang，1996）。使用单一的地区差异测量方法进行研究可能会导致误导的结果（Song et al.，2000）。一般来说，人均收入更适合反映社会福利方面的差距，而人均国内生产总值与区域经济发展相关性更强。摘要采用加权变异系数、泰尔指数和基尼系数三个指标，对 2000～2014 年我国区域经济差距趋势进行了实证分析。

衡量区域不平等或差异的标准方法是基尼系数或指数，它衡量的是频率分布值之间的不平等。值越大，地区间的差距越大。

高速铁路与中国的新经济地理

或者，变异系数（CV）也可以用来衡量区域不平等，但是，如果分析侧重于人均水平比较，加权变异系数（CV_W）被认为是更合适的（Fujita & Hu，2001）。如式（8.1）所示，每个地区的经济绩效偏差（以 GDP 衡量）是由其人口来加权的，因此可以将其视为全国人口差异的估计量。自威廉姆森（1965）以来，CV_W被广泛用于衡量地区不平等。与基尼系数相似，CV_W值越大，地区间差异越大。

$$CV_W = \frac{\sqrt{\sum_{i=1}^{n} \frac{p_i}{p} \left(x_i - \frac{1}{n}\sum_i^n x_i\right)^2}}{\frac{1}{n}\sum_i^n x_i} \tag{8.1}$$

用来衡量区域差异的第三个指标是泰尔指数。该指数最初是由泰伊（Theil，1967）提出的，藤田和胡（2001）曾将该指数用于研究 1985～1994 年中国的地区差异。泰尔指数的一个优点是可以将总体区域差异分解为区域间差异和区域内差异。因此，它提供了一个更好的代表在异质区域结构的区域不平衡的来源。区域间的泰尔指数衡量的是不同区域之间的差距，而区域内的泰尔指数则是各区域内各省之间差距的加权平均数。泰尔指数可以定义为：

$$T = \sum_{r=1}^{N} y_i \cdot \ln\frac{y_i}{p_i} \tag{8.2}$$

其中，y_i是地区 i 的 GDP 除以国家 GDP 得出的 GDP 比率。p_i是该地区占总人口的比例。N 表示区域的数量。

根据藤田和胡（2001）的方法，如果我们假设中国 27 个省份和 4 个直辖市（不包括中国香港、澳门、台湾地区）被划分为 8 个经济区域，那么每个区域内的差异可以表示为：

$$T_{intra} = \sum_{i \in S_r} \frac{y_i}{Y_r} \cdot \ln\frac{y_i/Y_r}{p_i/P_r}, r = 1,2,\cdots,8 \tag{8.3}$$

其中，T_{intra}表示区域内差异，即 r 区域内各省之间的不平等，Y_r表示 r 区域内 GDP 的总和，而 P_r表示 r 区域内人口的总和。区域间差异，即 8 个经济区域之间的不平等可以表示为：

$$T_{inter} = \sum_r^8 Y_r \cdot \ln\frac{Y_r}{P_r} \tag{8.4}$$

因此，总泰尔指数也可以表示为：

$$T = T_{intra} + T_{inter} \tag{8.5}$$

2000～2014 年中国区域经济差距的趋势如图 8-3 所示。这三个指标反映的趋势显示出一致的模式，这表明测量结果是可靠的。2000～2003 年，区域经济差距水平略有上升，2003～2014 年逐渐下降。总泰尔指数也被分解为区域内差异和区域间差异，如图 8-4 所示。区域内和区域间差异的演变趋势与总泰尔指数的演变趋势一致。以人均 GDP 衡量的区域经济差距在 2003 年达到峰值后开始下降。就水平变化比较而言，虽然区域间差异水平是区域内差异水平的近两倍，但其下降速度明显快于区域内差异。这表明，8 个经济区域之间的区域经济差距的缩小比每个区域内部的差距更大。

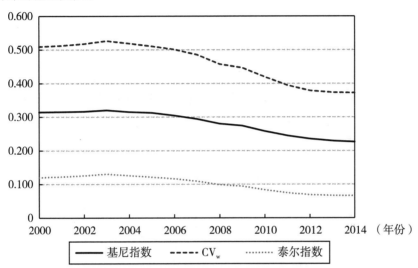

图 8-3 中国区域经济差距的趋势

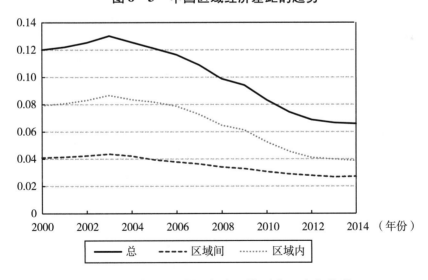

图 8-4 中国区域经济差距的测度：泰尔指数

为了进一步了解中国铁路需求的变化，我们还使用泰尔指数计算了 2000～2014 年的客运和货运需求的泰尔指数。与区域经济差异测度相似，区域铁路需求差异测度如下：

$$T_{rail} = \sum_{i=1}^{N} D_i \cdot \ln \frac{D_i}{p_i} \qquad (8.6)$$

其中，D_i 为铁路需求比，通过地区 i 的铁路需求指标（如客运量、吨位、人公里、吨公里）与全国铁路需求的比值来计算。p_i 表示该地区占总人口的比例，N 表示地区数量。另外，区域内和区域间的铁路需求差异均可通过式（8.3）和式（8.4）计算，但需以人均 GDP 代替相应的铁路需求指标。

图 8-5 分别显示了客运和货运以及按运量和运量距离计算的铁路需求的区域差异趋势。有趣的是，如图 8-5 中（a）和图 8-5 中（c）所示，以运输量和运输距离衡量的客运铁路旅行需求的区域差异在 2000～2014 年大幅度下降。与此相反，货运铁路需求的差异在同一时期显著增加。

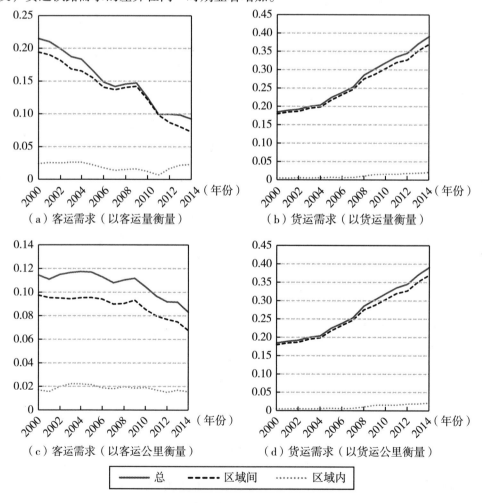

图 8-5　中国铁路需求的区域差异：泰尔指数

区域内和区域间比较，很明显地区间差距的客运和货运铁路需求远低于地区内部的差距，换句话说，不同经济区域内各省份之间的铁路运输需求差异比不同经济区域之间的差异更大。尽管如此，以客运量衡量的区域内和区域间客运铁路旅行需求的泰尔指数之间的差距自 2011 年以来似乎一直在缩小［见图 8 - 5（a）］。这是因为，以客运铁路运量衡量的区域内差距自 2009 年以来迅速缩小，而区域间差距自 2011 年以来扩大。事实上，考虑到京沪高速客运专线等几条高铁干线已经建成并投入运营，我们有理由认为高铁促进了区域内旅客出行需求差距的缩小，但却加剧了区域间的差距。如此大规模的区域客运铁路需求再分配是否由高铁服务推动，仍是一个需要调查研究的问题。

如图 8 - 5（b）和图 8 - 5（d）所示，中国在同一时期内货运铁路需求的地区差异的扩大，可能直接或间接地受到已建成的高铁系统的影响。这是因为高铁通常是专为客运设计的，它比其他交通方式具有竞争力，特别是在连接 400 ~ 750 公里大型城市中心的通道上（Vickerman，1997）。其结果是，高铁的运营可能也有助于扩大货运普通轨道的运营能力，这加大了货运铁路运输需求的地区差异。

中国区域经济和轨道交通需求的差异变化如表 8 - 2 所示。描述性分析显示，2000 ~ 2014 年，以人均 GDP 衡量的中国区域经济差异下降了 45.1%，这表明中国区域经济在这 14 年间已经趋于趋同。然而，铁路需求的区域差异趋势在客运和货运之间存在很大差异。例如，以客运量和人公里计算的客运铁路运输需求的泰尔指数分别下降了 57% 和 27.3%。与此相反，以吨位和吨公里衡量的货运铁路需求的泰尔指数同期分别大幅增长了 111.7% 和 126.3%。

表 8 - 2　　　　　　　　中国区域经济与铁路需求的差异

内容	泰尔指数（2000 年）			泰尔指数（2014 年）			变化百分比（%）		
	总	区域内	区域间	总	区域内	区域间	总	区域内	区域间
客流量	0.21	0.19	0.02	0.09	0.07	0.02	-57.0	-62.6	-4.8
客运—人公里	0.11	0.10	0.02	0.08	0.07	0.02	-27.3	-30.7	-8.2
货运—吨	0.18	0.18	0.00	0.39	0.37	0.02	111.7	105.9	322.3
货运—吨公里	0.32	0.30	0.02	0.73	0.66	0.07	126.3	118.4	242.9
人均 GDP	0.12	0.03	0.09	0.07	0.02	0.04	-45.1	-34.6	-49.2

资料来源：作者根据数据计算而得。

8.5 方法与数据

根据新古典主义理论，由于回报率下降，较贫穷的经济体往往比较富裕的经济体增长更快。这也意味着，在技术和偏好相似的经济体之间存在绝对趋同，其中"技术"的范围很广，包括生产技术、自然资源、制度因素和政府政策（Zhang & Zou, 2012）。这种绝对收敛也被称为"－收敛"，可以用地区间实际人均 GDP 对数的标准差来衡量（Barro & Sala-i-Martin, 1995）。随着时间的推移，标准偏差下降意味着收敛。实际上，－收敛性如图 8-3 所示，藤田和胡（2001）指出，－收敛性的度量基本上与 CV_w 相同。

然而，正如张和周（2012）所指出的那样，由于技术和偏好可能在空间上不同，绝对趋同并不总是适用于更异质的经济群体。因此，学者们也倾向于研究控制不同地区技术和偏好差异的条件收敛（也称为"β－收敛"）。

为了进一步研究 2000～2014 年中国铁路，特别是高铁的发展对区域经济差距的影响，采用了标准的巴洛克式增长模式。这使得我们可以通过控制高铁的影响检验条件收敛是否存在。这种建模框架已被广泛用于评估地区差异（Demurger, 2011; Fujita & Hu, 2001）。本质上，β－收敛性是通过人均国内生产总值在人均国内生产总值初始水平上按比例增长的回归来衡量的。在条件趋同条件下，贫困地区与富裕地区的经济绩效差距可能会缩小、持续甚至扩大。β－收敛性可以通过基于以下方程的面板计量回归分析进行评价：

$$g_{it} = \alpha_i + \beta \ln(y_{it-1}) + \gamma X_{it} + \delta Z_{it} + u_{it} \quad (8.7)$$

式（8.7）中，g_{it} 表示第 i 地区实际人均 GDP 从初始时段到第 t 时段的平均增长率，y_{it} 表示实际人均 GDP 水平。X 表示一组对区域增长有影响的变量，包括物质和人力资本、改革实施的差异和制度安排。Z 表示基础设施禀赋。扰动项 u_{it} 遵循单向误差分量模型，可以分解为：

$$u_{it} = \mu_{it} + \vartheta_{it} \quad (8.8)$$

式（8.8）中，μ_{it} 表示假设为外生的区域特异性效应，ϑ_{it} 假设为 IID（0，δ_ϑ^2）的经典随机扰动。μ_{it} 被建模为固定的或随机的。区域效应包括区域特有的增长因素，如自然资源禀赋、各区域的地理特征、吸引和利用外资的能力、网络效应等。

考虑到面板数据集的性质，我们进行了 Hausman 检验来验证固定效应模型是否优于随机效应模型。通过固定效应模型，可以考虑未知或未测得的区域特异性因素的影响 (Johnston & Dinardo, 1997)，而随机效应模型是一种很好的折中方法，它使用的是从数据中获得的横截面信息的全有或全无的方法。

如果负 β 系数具有统计显著性，则证明存在 β - 收敛。这表明，在控制了以下解释变量后，一个地区的增长率与其初始实际人均 GDP 水平呈负相关：

● 人均固定资产投资总额影响着中国经济的增长，其主要驱动力是投资，尤其是政府主导的投资 (Yu & Wei, 2008)。因此，引入人均固定资产投资来控制这种效应。

● 全球化影响着中国的区域经济差异，这一点得到了许多学者的广泛证实 (Fujita & Hu, Gu et al.，2001；Liao & Wei，2012)。如文献所述，采用人均外国直接投资作为衡量全球化程度的指标。

● 市场化被认为是区域经济增长的驱动力。市场体系已从中央计划体制演变为更加自由地开展各项经济活动的体制。市场化进程的特点是国有企业（soe）的份额下降 (Fujita & Hu, 2001)。因此，将国有企业在总就业中的比重作为市场化的指标。

● 权力下放允许增加地方经济决策，并以省政府与中央政府人均预算支出的比例来衡量。它主要反映了财政分权的程度和权力从中央政府转移到省级政府 (Hao & Wei, 2010；Liao & Wei，2012)。财政分权对区域差异的影响是积极的还是消极的，目前还存在争议，但已经找到了支持这两个观点的证据 (Zhang & Zou, 2012)。

● 教育作为人力资本的组成部分，在区域经济增长中发挥着重要的作用，教育对区域发展的积极作用已被普遍证实 (Cai et al.，2002；Chen & Fleisher, 1996；Demurger, 2001)。在这项研究中，教育是由受过至少中等教育的总人口的比例来衡量的。

● 人口密度反映了社会和人口特征对区域不平等的影响，也得到了普遍认可。在评估基础设施发展和区域增长之间的关系时，这一因素尤其重要 (Demurger, 2001)。因此，人口密度被用来描述由区域社会和人口特征引起的增长变化。此外，这个变量也是相关的，因为它有助于确定人口密度高的聚集地区是否比其他地区增长得快。

本章利用两类指标衡量高铁对区域经济差距的影响。第一，中国铁路网数量的改善是通过铁路网密度来衡量的，它反映了2000～2014年各地铁路网每1000平方公里长度的扩张。考虑到已有研究，如纳等（Na et al.，2013）表明交通基础设施扩张对区域经济增长存在滞后效应，故回归分析采用轨道密度滞后1年的方法。

第二，高铁与传统铁路系统的不同之处在于，由于运行速度的提高，城市群之间的出行时间大大缩短。因此，根据马丁和雷贾尼（Martin & Reggiani，2007）的建议，引入了三个不同的可达性指标（见表8-3）来反映高铁基础设施质量的改善：（1）地点可达性（又称加权平均旅行时间（瓦特））；（2）经济或潜在市场可达性；（3）每日可达性。

表8-3　　　　　　　　　　适用于高铁的可达性指标

指标	数学表达式	变量解释
地点可达性	$L_i = \dfrac{\sum\limits_{j=1}^{n} t_{ij} GDP_j}{\sum\limits_{j=1}^{n} GDP_j}$	L_i 为节点 i 的位置指示器；t_{ij} 是节点 i 与区域 j 之间网络中最短时间路径的旅行时间（min）；GDP_j 代表 j 地区的国内生产总值
经济或潜在市场可达性	$P_i = \sum\limits_{j=1}^{n} \dfrac{GDP_j}{t_{ij}^{x}}$	P_i 是节点 i 的潜在市场指标；GDP_j 表示 j 区域的国内生产总值，t_{ij} 表示节点 i 到 j 区域网络中最短时间路径的旅行时间（min）；x 是一个反映距离递减函数影响的参数。[a] 在这个分析中，x 设为 1
每日可达性	$DA_i = \sum\limits_{j=1}^{n} POP_j \delta_{ij}$	DA_i 表示节点 i 的日可达性指标，POP_j 表示区域 j 的人口；如果 t_{ij} 小于 4 小时，则 δ_{ij} 取 1，否则取 0[b]

注：（1）原分母为马丁和雷贾尼（2007）中的距离变量，被旅行时间所替代，因为旅行时间更适合反映高铁服务完成后潜在可达性的变化（Cao et al.，2013）；（2）每日可达性也被称为等高线测量，它基于旅行的固定约束的概念，通过一个人在给定的旅行时间内到达一个地点的机会数来测量（López et al.，2008）。4 小时通常被认为是一天行程的适当时间限制（Cao et al.，2013；Gutiérrez，2001）。

资料来源：作者基于马丁和雷贾尼（2007，558）的修改。

分析的单位是省或市。所有的人口和经济数据，如人口、实际人均GDP、人均外国直接投资、非国有企业就业和财政预算支出，都来自中国的国家统计局。铁路旅客出行时间数据来源于中国铁路官方时刻表（12306官网）。为了计算高铁运营后不同地区和时间段的出行时间变化，需要不同类型的连接不同城市的客运铁路服务的出行时间信息。为了便于分析，我们做了以下两个假设来简化数据处理过程。一是我们假设每个始发目的地（OD）对的旅行时间变化完全是由高铁运营引起的（即 C 型、D 型、G 型列车）。其他因素，如普通客运铁路列车的运行速度变化，则不考虑。二是采用 K 型、T 型、Z 型等其他常规客运铁路服务的平均出行时间作为高铁开通前各 OD 对的出行时间。

　　从中国客运铁路系统的官方时间表中获得的客运列车总数为 11602 列，覆盖所有省会城市和直辖市的 392 条 OD 对。由于高铁运营后节省了出行时间，区域可达性的改善是巨大的。表 8 - 4 以北京至其他主要城市高铁开通前后的出行时间对比为例。很明显，高铁开通后，平均出行时间节省了 50% 以上。在一些城市对，如北京—济南、北京—上海和北京—南京，如果乘客从普通客运列车转到高速列车，至少可以节省 60% 的旅行时间。

表 8 - 4　　　　　普通列车与高铁列车运行时间对比（以北京发车为例）

目的地	地区	距离（公里）	平均速度（公里/小时）	旅行时间		旅行时间节省（%）	高铁开通日期
				普通列车	高速列车		
天津	北	123	223	0.57	0.55	3	8.08
石家庄	北	281	252	2.35	1.12	52	12.12
济南	北	409	267	5.00	1.53	69	6.11
上海	东	1327	277	15.18	4.80	68	6.11
南京	东	1027	281	10.65	3.65	66	6.11
杭州	东	1293	258	13.88	5.02	64	6.15
沈阳*	东北	737	186	6.02	3.97	34	4.13
长春*	东北	1032	177	8.47	5.83	31	4.13
哈尔滨*	东北	1268	179	9.97	7.10	29	12.13
合肥	长江中游	999	249	9.67	4.02	58	6.15
南昌	长江中游	1872	233	11.70	8.03	31	9.14
武汉	长江中游	1256	293	10.27	4.28	58	12.12
长沙	长江中游	1619	287	13.58	5.63	59	12.12

目的地	地区	距离（公里）	平均速度（公里/小时）	旅行时间		旅行时间节省（%）	高铁开通日期
				普通列车	高速列车		
福州	南	1837	238	20.12	7.73	62	6.15
广州	南	2323	289	21.02	8.05	62	12.12
太原	黄河中游	513	197	4.42	2.60	41	7.14
郑州	黄河中游	695	289	5.68	2.40	58	12.12
西安	黄河中游	1212	274	11.43	4.42	61	12.12
南宁*	西南	2458	185	23.00	13.32	42	9.14
重庆*	西南	2078	169	18.25	12.27	33	6.15
成都*	西南	2391	165	21.15	14.53	31	6.15
贵阳	西南	2337	269	25.77	8.70	66	7.15

注：* 表示由于部分高铁仍在建设中（截至2016年6月），该服务部分以高速（200公里/小时以上）运行。

资料来源：作者收集。

高铁对区域经济增长影响的实证研究分别采用不同的可达性指标，并在国家、三区、八区三个地理尺度上进行。三区域和八区域分类最初都是由中国的规划机构提出的，并被广泛用于研究和决策（Saw & Wong，2009）。国家层面的评估包括所有的省和市，对理解整体影响是有价值的，而区域层面的评估可以有效地控制空间异质性特征。此外，两种不同的区域水平评估也有助于验证结果是否一致和稳健。

8.6 实证结果

回归结果如附表5-1所示，通过加权平均等待时间的变化来衡量高铁可达性对地区人均GDP增长的影响，并对其他因素进行了控制。在国家层面，滞后人均GDP的系数为-0.198，这证实了2000～2014年中国区域经济增长趋于-收敛模式。人均固定资产和人均外国直接投资的贡献也具有统计意义，这证实了固定资产投资和全球化对中国经济增长的巨大贡献。另外,以人口密度衡量的人口状况的相当大的影响在统计上是显著的,这表明人口密度较低的地区往往比人口密集的城市聚集区(其他地区)增长更快。这进一步证实了区域经济的收敛趋势,因为在此期间,贫穷地区(通常与人口密度较低有关)往往比人口高密度的富裕地区增长更快。

就高铁的影响而言,以实际 GDP 加权平均等待时间衡量的区位可达性变量为负,具有统计意义。负估计值越大,可达性改善程度越高,对区域经济增长的贡献越大。另外,滞后铁路网密度变量的系数具有统计意义,进一步从量的角度验证了高铁基础设施对区域增长的正向影响。这一估计可以解释为,一个地区的铁路网密度每增加 1%,该地区下一年的实际人均 GDP 就会增加 0.02%。

模型 2~模型 4 揭示了高铁等因素对三区域经济增长的影响。三个区域都证实了 β-收敛,但发现中心区域的收敛效果比其他区域强得多。对人均固定资产、人均外国直接投资和人口密度的估计也具有统计意义,尽管不同区域的值有所不同。特别是这些因素对区域增长的贡献最大的是中部地区,其次是大东部和大西部地区。国有企业就业比例衡量的市场化效果在中西部地区存在差异,也证实了区域经济增长受到不同市场、经济结构等异质性因素的影响。在中部地区的负向估计表明,区域增长与国有企业下降有关,而在大西部地区则相反。

在代表大东部地区的模型中,发现铁路网络密度具有统计意义,而其他两个大地区没有。相反,在模型 2~模型 4 中,地点可达性系数具有统计学意义,尽管在不同的区域模型中其值有所不同。大东部、中部和西部地区的区位可达性估计可以解释为可达性指标下降 1%(即可达性改善),区域人均生产总值增长分别为 0.075%、0.146% 和 0.229%。很明显,中西部欠发达省份高铁可达性的改善对区域经济增长的促进作用要比东部发达地区大得多。这肯定了高铁在促进区域经济融合方面的积极贡献。此外,三个区域的评估还表明,以可达性为代表的中国铁路系统质量的提高对区域经济增长的影响往往要比铁路数量的提高大得多。

如模型 5~模型 12 所示,这些发现在更细分的 8 个区域一级评估中得到进一步证实。如模型 8、模型 9、模型 11,分别代表长江中游、南方和西南地区,其可达性指标具有统计意义。高铁可达性改善的影响在欠发达的西南地区和长江中游被发现是巨大的,在三个区域的分析框架中,这两个地区分别对应于大西部和中部地区。同样,铁路网络密度的影响仅在东部地区具有统计学意义。

附表 5-2 总结了以经济潜力衡量高铁可达性的回归结果。潜在可达性的关键特征是考虑了参与潜在经济活动的机会和旅行者对距离的感知（在例子中是用旅行时间来衡量的）。与加权平均等待时间指标不同，正的潜在可达性指标对区域经济增长有正的贡献。同样，潜在可达性的积极影响在国家层面的评估（模型 13）中被发现，表明高铁部署后 1% 的潜在可达性增长与 0.012% 的人均 GDP 增长相关。在模型 14～模型 16 的三个区域一级评估中，发现这种影响在大东部和大西部区域具有统计意义，但在中部区域没有。模型 17～模型 24 所示的八区域水平评估结果与模型 5～模型 12 的结果一致。这表明，高铁有助于改善潜在的可达性，特别是在长江中游、南方和中国西南地区，这反过来有助于加快经济增长和减少差距。

回归结果见附表 5-3。在控制了其他因素后，附表 5-3 总结了以日（通勤）可达性和铁路网密度衡量的高铁对区域经济增长的影响。一般而言，高铁每日可达性的积极影响也在国家级和三个地区的等级评估中得到证实。另外，西部地区的贡献水平比东部地区更大，这进一步得到证实，由于铁路基础设施的改善，促进了每日交通便利性得到改善，特别是高铁运行服务的改善，促进了西部欠发达地区的经济快速增长。

8.7　结　论

近年来，由于城际旅行在节省旅行时间和便利设施方面得到了极大的改善，高铁在全球范围内受到越来越多的关注。然而，考虑到高铁建设的高成本和经济效益的不确定性，有关高铁投资价值的争论从未达成共识。本章探讨了与中国大规模铁路基础设施建设相关的一个基本问题：高铁对区域经济差距的影响是什么？

这个问题是从三个方面来研究的。第一，提出了评价高铁对区域经济差距影响的理论框架。第二，利用加权变异系数、泰尔指数和基尼指数三个指标考察了我国经济差距在国家和地区层面的变化。该分析证实，2000～2014 年，区域经济增长趋向于趋同。第三，根据内生增长模型框架，运用面板回归分析方法，实证检验区域经济增长与高铁数量和质量的关系。以路网密度作为反映铁路投资数量变化的指标，引入三个可达性指标（加权平均出行时间、潜在可达性和日可达性）来反映高铁运输质量的提高。

　　未来的研究可以从两个方向进行。第一，由于在研究时至少 16775 公里的高铁仍在建设中，并且一些路线将很快开放，因此有必要进行研究以进一步评估高铁对区域经济增长的影响。第二，考虑到高铁改善了一些城市的可达性，但并没有改善其他城市的可达性，在更细分的区域范围内进行评估将是有价值的，如在县级或市级。这将有助于决策者更好地理解高铁如何影响区域经济增长，以及随着地理规模的变化，高铁的影响如何变化。

附录5

附表5-1　　　　回归结果（可达性是通过加权平均等待时间来衡量的）

变量	模型1	模型2	模型3	模型4	模型5
规模	国家	三区域			八区域
地区	所有地区	东	中	西	东
人均GDP（滞后）	-0.198 *** (-10.17)	-0.268 *** (-8.85)	-0.318 *** (-4.77)	-0.223 *** (-6.48)	-0.230 *** (-4.76)
人均固定资产	0.057 *** (5.96)	0.088 *** (7.35)	0.051 ** (1.99)	0.030 * (1.67)	0.047 (1.35)
人均外商直接投资	0.013 *** (5.80)	0.008 *** (2.83)	0.018 *** (3.47)	0.012 *** (2.92)	-0.001 (-0.32)
国有企业占比	-0.000 (-0.11)	-0.001 (-0.90)	-0.002 ** (-2.30)	0.001 ** (2.20)	-0.004 ** (-4.68)
教育	0.021 (1.57)	-0.046 (-1.07)	0.040 (0.76)	0.002 (0.16)	0.151 ** (2.19)
权力下放	0.066 (0.09)	0.481 (0.72)	2.055 (0.67)	0.773 (0.34)	0.832 (1.08)
铁路密度（滞后）	0.020 *** (2.11)	0.036 *** (3.27)	0.044 (1.03)	-0.011 (-0.58)	0.039 ** (1.96)
人口密度	-0.223 *** (-5.22)	-0.107 ** (-2.21)	-0.610 *** (-3.83)	-0.269 *** (-3.15)	0.001 (0.06)
可达性（瓦特）	-0.088 *** (-4.88)	-0.075 *** (-3.59)	-0.146 ** (-2.02)	-0.229 *** (-5.69)	0.033 (1.70)
常数	1.374 *** (4.04)	1.107 ** (2.23)	3.995 *** (3.55)	2.246 *** (4.15)	-0.308 (-1.08)
豪斯曼检验	63.23 ***	21.08 **	46.63 ***	25.17 **	0.16
估计方法	固定	固定	固定	固定	随机
样本数目	428	154	112	162	42
调整的 R^2	0.345	0.574	0.412	0.411	0.876

续表

模型 6	模型 7	模型 8	模型 9	模型 10	模型 11	模型 12
八区域						
北	东北	长江中游	南	黄河中游	西南	西北
−0.199***	−0.240***	−0.426***	−0.446***	−0.336***	−0.373***	−0.027
(−3.42)	(−2.46)	(−3.97)	(−3.97)	(−4.64)	(−6.05)	(−0.62)
0.079***	0.078**	0.121***	0.121***	0.154***	0.023	−0.013
(3.36)	(2.45)	(3.09)	(3.09)	(3.79)	(0.87)	(−0.44)
0.013*	0.014	0.001	0.001	0.017*	0.001	0.018***
(1.80)	(1.53)	(0.22)	(0.22)	(1.91)	(0.28)	(2.61)
−0.001	−0.002	−0.003**	−0.003**	0.003***	−0.004***	−0.001
(−0.51)	(−1.26)	(−3.61)	(−2.20)	(2.62)	(−2.97)	(−0.75)
−0.100	−0.024	0.092**	0.046	−0.068	0.067**	0.020
(−1.01)	(−0.15)	(2.48)	(0.61)	(−0.67)	(2.29)	(1.30)
1.016	1.522	−1.766	−3.163**	14.203***	6.022**	1.635
(1.34)	(0.65)	(−0.68)	(−2.25)	(3.97)	(2.32)	(0.41)
0.060*	0.007	−0.049	0.003	0.075	−0.011	0.000
(1.95)	(0.07)	(−1.32)	(0.20)	(1.41)	(−0.54)	(0.02)
0.039	−0.022	−0.467***	−0.275	−0.090*	−0.990***	−0.005
(1.16)	(−0.26)	(−4.03)	(−1.24)	(−2.53)	(−6.53)	(−0.33)
0.004	−0.044	−0.281***	−0.138***	−0.053	−0.245***	−0.018
(0.20)	(−0.59)	(−3.18)	(−3.01)	(−0.64)	(−3.77)	(−1.15)
−0.183	0.394	4.267***	2.466	−0.096	6.876***	0.148
(−0.39)	(0.42)	(4.79)	(1.54)	(−0.12)	(7.09)	(0.54)
10.05	3.72	124.80***	17.41**	8.91	49.97***	10.64
随机	随机	固定	固定	随机	固定	随机
56	42	56	42	56	70	64
0.590	0.513	0.777	0.650	0.593	0.625	0.251

注：括号里为 T 统计量，* 表示 $p < 0.10$，** 表示 $p < 0.05$，*** 表示 $p < 0.01$。

附表 5 – 2　回归结果（可达性是以 GDP 为权重的潜在可达性来衡量的）

变量	模型 13	模型 14	模型 15	模型 16	模型 17
规模	国家	三区域			八区域
地区	所有地区	东	中	西	东
人均 GDP（滞后）	-0.131^{***} (-11.53)	-0.314^{***} (-9.26)	-0.288^{***} (-4.59)	-0.200^{***} (-6.09)	-0.246^{***} (-5.07)
人均固定资产	0.056^{***} (8.32)	0.084^{***} (7.18)	0.057^{**} (2.24)	0.036^{*} (1.96)	0.065^{**} (1.97)
人均外商直接投资	0.016^{***} (7.96)	0.006^{*} (1.95)	0.017^{***} (3.30)	0.013^{***} (3.18)	-0.000 (-0.06)
国有企业占比	-0.000 (-0.51)	-0.000 (-0.32)	-0.003^{**} (-2.49)	0.001^{*} (1.89)	-0.004^{***} (-3.89)
教育	0.018^{*} (1.68)	-0.016 (-0.40)	0.048 (0.91)	0.007 (0.43)	0.126^{*} (1.82)
权力下放	0.856^{***} (3.07)	1.515^{**} (2.09)	0.952 (0.32)	-0.576 (0.26)	0.425 (0.59)
铁路密度（滞后）	0.016^{**} (2.52)	0.041^{***} (3.74)	0.060 (1.45)	-0.006 (-0.32)	0.034 (1.63)
人口密度	-0.016^{***} (-3.38)	-0.124^{***} (-2.69)	-0.604^{***} (-3.75)	-0.223^{***} (-2.67)	0.014 (0.66)
潜在可达性	0.012^{**} (2.41)	0.129^{***} (4.53)	0.101 (1.58)	0.185^{***} (5.41)	-0.030 (-1.11)
常数	-0.262^{***} (-3.74)	0.817^{**} (2.06)	3.134^{***} (3.25)	0.991^{***} (2.44)	-0.219 (-0.75)
豪斯曼检验	6.37	32.27^{***}	46.73^{***}	35.47^{***}	7.68
估计方法	随机	固定	固定	固定	随机
样本数目	428	154	112	162	42
调整的 R^2	0.327	0.595	0.402	0.401	0.399

续表

模型 18	模型 19	模型 20	模型 21	模型 22	模型 23	模型 24
			八区域			
北	东北	长江中游	南	黄河中游	西南	西北
-0.164**	-0.247***	-0.341***	-0.397***	-0.334***	-0.311***	-0.027
(-2.48)	(-2.58)	(-6.47)	(-3.66)	(-4.76)	(-5.12)	(-0.62)
0.069***	0.072**	0.061***	0.106***	0.163***	0.031	-0.008
(2.77)	(2.12)	(2.61)	(3.31)	(4.51)	(1.14)	(-0.29)
0.011*	0.013	0.006	0.003	0.017*	0.005	0.018***
(1.76)	(1.46)	(1.44)	(0.72)	(1.88)	(0.93)	(2.65)
-0.001	-0.002	-0.004***	-0.002*	0.003***	-0.005***	-0.001
(-0.73)	(-1.34)	(-4.35)	(-1.65)	(2.73)	(-3.34)	(-0.70)
-0.088	-0.029	0.093**	0.071	-0.073	0.066**	0.016
(-0.90)	(-0.18)	(2.38)	(0.97)	(-0.72)	(2.13)	(1.02)
0.381	2.725	-3.865	0.523	13.452***	3.939	0.278
(0.37)	(0.88)	(-1.54)	(0.57)	(3.67)	(1.50)	(0.07)
0.062**	-0.016	0.011	0.011	0.072	-0.002	-0.005
(2.09)	(-0.15)	(0.34)	(0.72)	(1.37)	(-0.08)	(-0.28)
0.023	-0.026	-0.488***	0.047	-0.085***	-0.925***	-0.003
(0.63)	(-0.30)	(-3.99)	(0.48)	(-2.79)	(-5.80)	(-0.20)
-0.026	0.061	0.151**	0.103**	0.034	0.143**	0.017
(-0.89)	(0.75)	(2.24)	(2.38)	(0.76)	(2.52)	(1.28)
-0.057	0.361	2.767***	-0.249	-0.387	5.291***	0.050
(-0.12)	(0.45)	(3.81)	(-0.46)	(-0.76)	(5.91)	(0.20)
9.28	2.64	227.89***	13.62	9.42	36.73**	9.37
随机	随机	固定	随机	随机	固定	随机
56	42	56	42	56	70	64
0.596	0.516	0.754	0.547	0.594	0.578	0.255

注：括号里为 T 统计量，* 表示 p < 0.10，** 表示 p < 0.05，*** 表示 p < 0.01。

附表 5 - 3　　回归结果（可达性是以 GDP 为权重的每日可达性来衡量的）

变量	模型 25	模型 26	模型 27	模型 28	模型 29
规模	国家	三区域			八区域
地区	所有地区	东	中	西	东
人均 GDP（滞后）	-0.177 *** (-7.25)	-0.232 *** (-7.33)	-0.234 *** (-4.59)	-0.141 * (-1.85)	-0.242 *** (-5.44)
人均固定资产	0.067 *** (5.99)	0.094 *** (6.66)	0.078 *** (3.59)	-0.023 (-0.75)	0.060 ** (1.97)
人均外商直接投资	0.014 *** (4.96)	0.009 ** (2.61)	0.018 *** (3.35)	0.015 ** (2.60)	-0.002 (-0.37)
国有企业占比	-0.001 ** (-2.24)	-0.001 (-1.27)	-0.003 ** (-2.58)	-0.000 (-0.14)	-0.004 *** (-5.14)
教育	0.001 (0.05)	-0.114 * (-1.92)	0.028 (0.49)	-0.016 (-0.40)	0.194 ** (2.28)
权力下放	-0.852 (-1.04)	-0.126 (-0.15)	-1.495 (-0.59)	-1.430 (-0.49)	0.636 (0.89)
铁路密度（滞后）	0.042 *** (2.89)	0.065 *** (3.30)	0.050 (1.09)	0.012 (0.51)	0.042 ** (2.14)
人口密度	-0.100 *** (-2.63)	-0.033 (-0.75)	-0.535 *** (-3.34)	0.142 (0.49)	0.000 (0.01)
每日可达性	0.010 * (1.76)	0.016 ** (2.16)	0.010 (0.78)	0.159 ** (2.05)	-0.015 (-1.73)
常数	0.297 (1.07)	0.289 (0.65)	2.612 *** (2.83)	-0.954 (-0.70)	-0.351 (-1.22)
豪斯曼检验	30.50 ***	60.32 ***	14.15 *	5.41	0.74
估计方法	固定	固定	固定	随机	随机
样本数目	290	122	112	56	42
调整的 R^2	0.354	0.587	0.391	0.299	0.876

续表

模型 30	模型 31	模型 32	模型 33	模型 34	模型 35	模型 36
八区域						
北	东北	长江中游	南	黄河中游	西南	西北
−0.206***	−0.214***	−0.291***	−0.308**	−0.403*	−0.292	−0.260***
(−3.81)	(−2.63)	(−5.88)	(−2.64)	(−1.80)	(−1.43)	(−2.82)
0.082***	0.084***	0.101***	0.131***	0.196	0.071	−0.062
(3.34)	(2.97)	(5.56)	(2.91)	(1.61)	(1.39)	(−1.07)
0.014**	0.014	0.008	0.004	0.024	0.009	0.004
(1.96)	(1.57)	(1.67)	(0.99)	(1.32)	(1.27)	(0.37)
−0.001	−0.002	−0.005***	−0.003	0.005	−0.004	0.001
(−0.46)	(−1.25)	(−5.48)	(−1.65)	(1.48)	(−1.69)	(0.33)
−0.104	−0.007	0.080*	0.026	0.031	0.018	0.075
(−1.05)	(−0.05)	(1.94)	(0.27)	(0.10)	(0.26)	(1.47)
1.100	2.247	−6.071**	−2.777*	3.517	5.752	−53.601*
(0.97)	(0.65)	(−2.54)	(−1.74)	(0.43)	(0.97)	(−1.78)
0.062**	−0.028	−0.001	−0.001	0.179	−0.024	−0.091*
(2.08)	(−0.24)	(−0.03)	(−0.06)	(1.64)	(−0.71)	(1.72)
0.042	−0.021	−0.466***	−0.101	0.013	−0.264	0.156***
(1.32)	(−0.23)	(−3.65)	(−0.37)	(0.19)	(−0.61)	(3.32)
0.000	0.010	0.008	0.002	0.060	0.072	0.321***
(0.00)	(0.43)	(0.83)	(0.75)	(0.79)	(0.31)	(2.80)
−0.192	0.023	2.463***	0.453	−2.296	1.167	−1.117***
(−0.39)	(0.03)	(3.30)	(0.25)	(−1.18)	(0.40)	(−2.75)
13.46*	2.91	172.63***	6.70	0.01	0.33	3.05
固定	随机	固定	随机	随机	随机	随机
56	42	56	42	28	28	28
0.589	0.511	0.730	0.553	0.574	0.423	0.636

注：括号里为 T 统计量，* 表示 $p < 0.10$，** 表示 $p < 0.05$，*** 表示 $p < 0.01$。

第9章

高速铁路对经济和环境的影响：国家视角

9.1 引 言

持续的高铁投资对中国经济产生了实质性的影响。然而，对这种影响的经验理解仍然不到位。部分原因是影响机制的复杂性决定的。例如，铁路基础设施投资对经济的影响可以通过其与土地利用模式的相互作用来实现，这可能是非常模糊的，因为它可能涉及积极和消极的影响（Chen & Haynes，2015a）。一方面，农业部门可能会受到负面影响，因为开发新的铁路线路和车站会导致耕地减少。另一方面，新铁路网的部署可能起到催化剂的作用，加速城市化和城市扩张，促进服务业和制造业经济的增长，每个行业都有不同的土地使用"足迹"。由于短期和长期效应的相互作用，铁路投资对整体宏观经济的影响是另一个具有挑战性的问题（Chen & Haynes，2015c）。短期内，在铁路基础设施的投资可能促进经济增长，创造就业机会，以及扩张建设和装备制造等行业的产能，而从长远来看，铁路系统的完成，（一个新的高铁服务的完成）通过区域可达性的提高和降低运输成本，可能会促进地区经济活动。同样，新铁路服务的完成可能会带来新的需求，因为服务质量会改善，服务成本亦会降低。铁路投资也可能通过刺激家庭收入对社会福利产生直接的积极影响。铁路基础设施的完成预计将进一步促进收入的增加，因为会减少运输成本。

在环境影响方面，货运和客运铁路服务的扩张可能会增加二氧化碳排放，中间消费的增加会产生产出效应。另外，高铁的运营可能会以相对较高的排放率替代其他交通方式的需求，从而降低温室气体的排放水平。然而，总排放水平是否降低，在很大程度上取决于这些不同影响之间的权衡程度。

事实上，随着铁路基础设施尤其是高铁的发展，铁路运输的使用减少了由道路拥堵和其他交通方式造成的空气污染。人们认为，减轻这些社会和环境挑战以及促进经济增长所带来的好处是巨大的。许多国家都有兴趣了解中国铁路发展的经验，因为中国的铁路部署已经超过了世界上任何国家。因此，对中国铁路投资的综合影响评价已成为一个基础和关键的研究方向。这样的评估不仅帮助中国政策了解其铁路投资政策的有效性和优点，也能为国际社会制定合理的高铁发展战略提供价值的借鉴。

本章从经济和环境两个方面考察了中国铁路投资的影响。首次采用动态可计算一般均衡（CGE）建模方法，以 2002～2013 年为研究重点，全面了解中国铁路投资的影响。该分析是在一个动态递归模型中实现的，该模型允许包含长期资本积累和劳动力市场均衡。我们的分析是在国家层面进行的，并讨论了研究结果的政策含义。

本章结构如下：第 9.2 节通过文献回顾讨论了研究的理论动机；第 9.3 节讨论了评估的方法；第 9.4 节介绍了各种影响因素的分析框架和数据以及构建过程；第 9.5 节给出了实证结果；第 9.6 节对本章进行了总结。

9.2　文献综述

虽然已经研究了铁路基础设施对经济和环境影响的评估，但通常是分开处理的，重点是不同国家和不同时期的不同系统。很少有研究同时以同一系统和同一时期为重点研究这些问题，但考虑到现有数据和分析方法的局限性，这并不奇怪。以下从经济和环境的角度对铁路基础设施的影响评估进行了研究。另外，土地利用影响被作为环境的一个细分。它与铁路基础设施发展和城市群的进程联系紧密。

铁路基础设施的经济影响是一个受到从业人员和学者广泛关注的领域，因为它与公共投资政策相关。传统上，投资的价值是在项目层面通过计算一个铁路项目的净现值来审查的，同时考虑到它的效益和费用。例如，德罗斯和因格拉达（1997）使用成本效益分析评估了马德里和塞维利亚之间高铁运营的经济影响。他们发现高铁的社会效益不足以抵消其巨大的成本。莱文森（Levinson，1997）、格利夫（Gleave，2004）和德罗斯和农贝拉（de Rus & Nombela，2007）也进行了类似的分析，分别对美国、英国和欧盟的铁路系统的经济效益进行了评估。德罗斯（De Rus，2008）指出，高铁投资的经济效益风险性可能是非常大的，因为其效益高度依赖于其竞争模式的交通需求和增加的用户效益。这是可以理解的，因为高铁通常被认为是经济有效的，只有当该系统部署在人口相对密集的地区（Hagler & Todorovich，2009）。这是因为高铁的集聚效益被认为在城市地区更大，城市间旅行需求大到足以抵销运营成本。相反，降低的运输成本（就旅行时间而言）必须足够大，以促进金融等服务部门的生产率增长（Graham，2007）。

虽然经常采用成本效益分析评价铁路投资的效益，例如，节省旅行时间、增加旅行需求和减少其他负外部性，但这种分析在衡量因部门间联系改变而对不同部门产生的更广泛的经济影响方面能力有限。此外，影响评估是在局部均衡框架下进行的，集中在供给侧或需求侧。供给与需求同时互动的缺失可能导致对铁路投资宏观经济效益的低估，因为铁路网络改善所带来的反馈效应很可能被忽视。

环境影响是与公共投资的中心考虑有关的第二个基本因素。与其他运输方式相比，铁路运输产生了更有效的能源消耗和更少的温室气体排放。例如，黄（Wee，2005）发现，公路运输的二氧化碳平均排放因子是铁路运输的 3 倍。贾尼奇（Janic，2011）指出，考虑到航空延误的缓解和温室气体排放的减少，替代从航空到高铁的短途旅客旅行的环境效益是巨大的。与英国的短途航空服务相比，高铁的环境效益也得到了证实（Givoni，2007）。这些环境影响评估大部分是使用部分均衡方法进行的，假定对铁路运输服务的需求是不变的，因此，在最坏的情况下，结果可能具有误导性；在最好的情况下，结果可能不完整。

为了得到一个全面的评估，克鲁洛（Clewlow，2012）进行了一个 CGE 分析，基于一个假想的场景来评估美国高铁对环境的影响。环境影响是通过铁路服务的票价削减和航空和高铁之间的替代来衡量的，假设高铁的票价大约是机票的83%。结果表明，在加州引进高铁将大大减少二氧化碳的排放。另外，CGE 还被用来评估高铁基础设施对宏观经济的影响。例如，布洛克等（Broker et al.，2010）使用多区域 CGE 模型分析了跨欧洲网络（主要是高铁系统）的经济影响，发现该系统对不同地区的经济影响差异很大，但高铁的福利影响相对较小。在德布雷赞（Debrezion，2011）的一项类似研究中，采用了一般均衡分析来评估荷兰拟议的高铁系统通过降低运输成本带来的冲击，结果与欧盟广泛的研究相似。

铁路基础设施对土地利用的影响主要是根据其对房地产市场土地价值的影响来评估的。改善铁路设施对土地价值的影响通常通过享乐定价模型来衡量，该模型控制了影响住房价值的因素，如住房特征、区位特征和邻近环境。有研究发现，铁路投资由于改善了城市可达性，对住房价值有积极的影响（Chen & Haynes，2015b；Debrezion et al.，2007；潘和张，2008）。其他研究则发现了铁路投资的负面影响，这通常是由铁路服务的外部性造成的，如噪声、振动和犯罪（阿姆斯特朗和罗德里格斯，2006；斯特兰德，2001）。事实上，铁路基础设施对土地利用的影响可以分为两类：一种是由铁路基础设施建设引起的直接效应；另一种是延伸效应，通常是由铁路基础设施投资期间或完成后的城市化扩张引起的。铁路和车站建设对土地利用的直接影响很少被明确地讨论或分析。正如少数学者所观察到的（Long et al.，2009）中国经济的快速发展加剧了农业用地的流失。交通基础设施的指数扩张不可避免地增加了对土地的需求，这可能会对农业部门产生负面影响，因为占用了可耕地。

总体而言，虽然这些研究提供了应用一般均衡分析来理解铁路基础设施影响的开创性例子，但在同时获取对经济和环境的更广泛影响方面，没有一项研究是"全面"进行的。另外，这些CGE分析大多是基于假设的模拟场景或假设的项目。真实世界数据的缺乏不可避免地会影响分析结果的有效性。综上所述，由于研究设计、数据和方法的限制，对铁路投资对土地利用、宏观经济和环境的影响的认识还不全面。具体来说，这些限制可以概括为以下五点：

（1）在土地利用、宏观经济、环境等方面缺乏综合评价，缺乏统一的评价体系和统一的调查周期。

（2）虽然铁路投资对土地利用的延伸影响已经被广泛地研究了，但是就其对房屋价值的影响而言，铁路项目建设对耕地的直接影响却很少被研究。

（3）尽管有大量的研究通过评估运输成本的变化来评估铁路基础设施的经济影响，但从短期产出扩大和长期生产率提高两方面的综合经济影响尚未得到实证评估。

（4）一般来说，铁路基础设施的环境影响是通过假设汽车和飞机等效率较低的运输方式的旅行需求将被效率较高的铁路运输所取代来评估的。然而，由于运输成本的降低以及基础设施建设的短期过程所带来的相关产出扩张及排放效应等间接的环境影响，一直没有得到综合和充分的考虑。

（5）大多数研究都是通过假设短期效应来评估铁路投资的影响。但是，应当指出，这种短期和静态的评价可能是不适当的，因为基础设施投资的社会效益只有在整个项目完成之后才能看到。因此，如果需要更准确的影响评估，则采用长期和动态的方法更为合适。

9.3 方 法

我们的研究通过一个综合的建模框架来解决这些问题，如图 9-1 所示，铁路投资对土地利用的影响、宏观经济、社会福利[①]和环境的影响分别通过土地利用效应、产出效应和需求效应来衡量。更具体地说，土地利用效应包括一个直接效应（由铁路建设占用耕地引起）和一个延伸效应（由铁路建设期间或之后的城市化引起）。王和刘（2012）观察到这种延伸效应，他们认为高铁车站节点周围的土地开发是通过建设新城镇、新郊区（部分与传统中心融合）和旧城升级来实现的。延伸效应对经济既有积极的影响，也有消极的影响。积极影响来自对制造业、服务业和房地产业的刺激，而消极影响则来自对农业相关产业的收购和城市化。

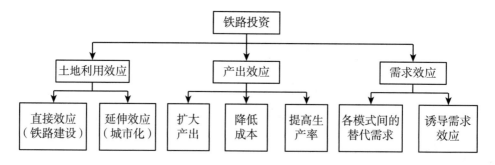

图 9-1 铁路投资的建模框架

另外，铁路投资的产出效应分别通过扩大产出、降低成本和提高生产率的机制实现。产出扩张的作用是作为对要素投入增加的一种短期刺激经济增长的力量。相反，降低成本和提高生产率的机制是铁路服务供应扩张所产生的长期力量。宏观经济对 GDP 增长和福利的影响应该直接衡量。

与其他交通基础设施一样，铁路投资可能具有潜在的需求效应，这可能导致不同竞争模式之间的需求替代，并诱发新的旅游需求（Cervero & Hansen，2002）。

[①] "社会福利"是经济学中的一个标准术语，指的是相关地理区域的所有成员作为一个群体的经济福利，而不是指他们的社会地位或行为的各个方面。

这种需求效应预计将通过消费的变化来影响经济和社会福利。另外，由于铁路基础设施的发展变化的需求预计将对环境产生影响，诱导需求可能增加二氧化碳排放的水平，而替代的需求可能增加或减少二氧化碳排放水平，这取决于替代的程度和方向。

铁路投资对二氧化碳排放的环境影响也可能受到铁路基础设施建设过程中土地利用和产出扩张的影响。一些学者（Wee et al.，2005），认为这种影响是影响能源使用和排放的一个间接因素，因为它与基础设施的建设/生产和维护有关，但不是由运输活动本身产生的。显然，全面的环境方针是可取的。因此，本书考虑了产出变化和运输方式之间的需求替代所造成的排放。

为了实现对中国铁路投资的全面影响评估，在麦克唐纳（McDonald，2005）最初开发的 IFPRI 标准模型的基础上，基于单个国家的 CGE 模型开发了一个动态 CGE 模型。模型结构的静态版本先前被用于分析美国交通基础设施的经济影响（Chen & Haynes，2013；2014；2015c）。该模型通过一个详细的生产嵌套结构来评估铁路投资对不同经济部门、家庭和二氧化碳排放的影响。这种分层嵌套的结构控制了区域间的因素替代，按社会经济组对家庭进行了分解，并分别指定了二氧化碳系数。模型结构遵循经典的 CGE 框架，采用联立方程系统表示家庭、生产者、政府和贸易部门之间的相互作用。特别是，该模型包括 48 种商品和活动、三种要素类型（劳动力、资本和土地）、两类家庭（城市和农村）和一种世界其他地区的账户（行）。

在柯布-道格拉斯模型中，消费者被假定在预算限制的情况下，以不变的比例收益最大化效用。假定 48 个特定部门的公司各生产一种商品，通过以土地、资本、劳动力和中间流动为生产要素的嵌套生产函数，使其利润最大化。不同运输部门提供的五种运输服务（航空、公路、铁路、水路和管道）被视为中间产品。它们是通过一个恒定的替代弹性（CES）生产函数来建模的，而其余的中间产品是通过 Leontief 技术函数来建模的。所有中间体的价值通过 CES 生产函数与要素输入一起添加到最终产品中。

政府功能包括政府税收、政府收入和支出。该模型考虑了关税、出口、销售、间接和收入五种税种。假设国内生产的商品与进口商品之间存在不完全替代，并以单水平 CES 函数表示（Armington，1969）。假设出口在广义的凹型生产可能性边界下可以替代国内生产的产品，并以一个水平不变的转换弹性（CET）函数来表示。假设适用于出口需求函数，该模型也适用于非贸易、非生产和非消费的国内商品。

鉴于中国铁路投资在过去十多年来一直是稳定和持续的，动态建模机制是相关的，也是必要的，以捕捉长期投资带来的累积效应。动态机制遵循了莫利等（Morley et al.，2011）、埃尔塞德等（EI Said et al.，2001）和瑟洛等（Thurlow et al.，2003）的方法，通过引入所有存量变量（包括资本存量、营运资本和劳动力）以及动态政策冲击的额外更新方程，然后使用更新的变量逐段递归地求解模型。莫利等（Morley et al.，2011）指出，这种动态机制是将长期比较静态 CGE 模型转化为一种工具的标准方法，这种工具提供了一个时间序列解决方案，显示了一个经济体如何应对外部冲击或内部政策变化。

CGE 模型的宏观封闭定义了满足经济系统所需的各种账户余额和宏观约束的机制（Morley et al.，2011）。平衡的宏观闭合规则要求储蓄和投资需要平衡，因此假设总投资和政府支出占总吸收的比例是固定的。第二个封闭规则假设总劳动供给是固定的，因此工资是内生决定的，以清除劳动力市场，匹配长期均衡。按劳动年龄人口增长率计算，劳动力供给增长率为 2.5%。实体资本假设了固定收益率和按部门划分的内生产能利用率（Morley et al.，2011）。

9.4　数　据

分析是基于以下两种类型的数据实现的。第一种数据是 CGE 仿真中作为中国铁路投资直接冲击驱动因素的时间序列数据。第二种数据集是代表中国经济的社会核算矩阵，是 CGE 模型构建的基础。本章节将通过一个简单的过程介绍数据的细节。

表 9-1 说明了铁路投资的直接影响因素，并根据模型（见图 9-1）进行了介绍，以计算不同时期的政策冲击程度，用于 CGE 分析。总共考虑了 8 类冲击：铁路基础设施建设的年度资本支出；铁路相关设备制造业的资本支出；铁路运输成本；生产力；直接用作铁路发展的土地；延长土地使用；替换需求；诱导需求。具体而言，铁路基础设施建设资本支出的变动百分比被作为铁路运输行业的资本存量冲击，通过产出扩张来拉动宏观经济增长。同样，铁路设备和制造业的资本支出被用于运输设备制造业的资本冲击。铁路运输成本以旅行时间来衡量，并根据货运和客运列车服务的平均速度来计算。因此，铁路平均运行速度的增加表明，

由于节省了旅行时间，运输成本有所下降。铁路生产率以员工完成吨公里的数量来衡量，并作为生产率冲击而引入，并应用于铁路运输部门。这一冲击隐含的假设是鉴于铁路运输技术的改进，新铁路基础设施的开发可能会提高劳动生产率，从而增加铁路运输服务的供应。所有与铁路相关的系列统计数据均来自中国铁路年报。

表 9－1　　　　　　直接影响中国铁路基础设施投资的驱动因素

因素类别	2002年	2003年	2004年	2005年	2006年	2007年	2008年	2009年	2010年	2011年	2012年	2013年
铁路线路施工[a]	78.7	69.3	70.5	109.7	174.4	196.7	360.2	623.2	736.0	485.7	544.0	561.9
铁路设备制造[b]	17.6	16.8	18.5	264.	33.2	55.3	56.6	78.1	106.7	104.9	90.0	103.8
铁路平均速度	71.4	71.7	73.7	74.2	74.7	78.8	80.1	80.3	80.6	81	80	82.1
铁路生产力[c]	1.4	1.5	1.6	1.7	1.8	2.0	2.1	2.1	2.3	2.5	2.3	2.2
铁路发展的土地利用[d]	5.0	5.0	7.0	5.2	8.2	4.4	8.6	29.2	28.3	10.4	21.9	26.9
城市化带来的土地利用[e]	55.0	80.7	60.5	105.1	57.3	109.5	384.0	369.7	132.4	297.8	373.4	55.0
替代需求[f]	—	—	—	—	—	—	—	—	—	—	—	—
铁路	−14.91	−6.99	5.72	−5.57	−4.04	−23.21	2.62	−44.91	−8.73	−12.05	−54.42	249.15
公路	6.70	6.39	−33.95	−7.73	−8.18	11.18	11.45	15.42	−15.51	7.56	40.96	−400.17
水路	−1.47	−1.69	−0.82	−0.32	−0.09	−0.50	−2.44	0.60	−0.57	−0.57	−0.28	0.43
航空	9.68	2.28	29.09	13.61	12.31	12.53	−11.63	28.88	24.80	5.06	13.75	150.59
诱导需求（铁路）[f]	942	894	1122	1240	1402	1652	1778	1980	2241	2545	2818	1924

注：a. 单位：数十亿元。包括铁路项目和现有系统的升级。b. 单位：数十亿元。表示用于采购机车、车辆、电动车组、信号系统等的资本支出。c. 单位：百万吨公里/人。这是用劳动生产率的变化来衡量的。d. 单位：千公顷。e. 单位：千公顷。数字反映了由于铁路发展引起的城市化所导致的土地使用的扩大，并通过假设 1 公里的铁路消耗 5 公顷的土地来计算（Jiang, 2008；Li, 2007；Zhao & Chang, 2012）。f. 单位：十亿人公里。

资料来源：作者根据《中国铁路年报（2002—2013 年）》和世界银行《世界发展指标》收集的数据计算得出。

前文介绍了铁路建设用地面积作为铁路建设用地直接利用效应评价的直接驱动因素。土地面积是根据轨道长度的增长以及每公里铁路线的土地面积大小来估算的。值得注意的是,这样的计算只提供了一个用于铁路建设的耕地的大致估计。由于缺乏数据,实际的土地使用数量预计会相对较大,因为铁路车站和铁路设施,如车辆维修中心、铁路调车场和变电站的土地使用不包括在这一计算中。土地利用直接变化的具体计算如下:

$$\text{Land\_Use}_d = \frac{\text{WB}_t - \Delta\text{Track}_t \cdot \text{M}}{\text{WB}_t} \times 100\% \qquad (9.1)$$

式（9.1）中,WB_t 和 Track_t 表示耕地面积（来源于世界银行数据库）和中国新增轨道长度,而 M 为新增一公里轨道所需的土地面积,本计算采用李（Li,2007）、姜（Jiang,2008）、赵和常（Zhao & Chang,2012）等之前研究的平均5公顷土地/公里的价值。

铁路发展对土地利用的扩展效应与直接土地利用效应的计算方法相似,但假设铁路建设与城市建设用地面积呈线性关系。土地利用扩展变化的计算方法如下:

$$\text{Land\_Use}_e = \frac{\text{WB}_t - \left(\frac{\text{Track}_t}{\text{Track}_{t-1}} - 1\right) \times \beta \times \text{U}_t \times 0.7}{\text{WB}_t} \times 100\% \qquad (9.2)$$

式（9.2）中,在 Track_t 和 U_t 表示第 t 年的总轨道长度和用于城市建设的土地面积。采用固定的参数0.7,因为之前的几项研究发现,城市发展用地的70%左右来自耕地（Tan et al.,2004;Yan et al.,2011）。b 为系数,取值1.98,表示轨道变化与城市土地利用变化的线性关系。参数估计基于以下二元回归模型,使用时间序列数据:

$$\Delta\text{U}_t = \alpha + \beta\Delta\text{Track}_t \qquad (9.3)$$

式（9.3）中,U_t 和 Track_t 代表第 t 年的用于城市建设的土地面积和总轨道长度的变化,α 和 β 表示系数估计值。同样,由于数据有限,该估计仅提供了一个保守的估计,即铁路发展所造成的土地利用扩大。需要指出的是,由于政治干预、住房投机等因素的影响,轨道交通建设引起的城市土地利用实际情况可能有所不同。

考虑到铁路系统在客运领域的应用越来越广泛,需求效应的直接影响驾驶员是根据客运里程的变化来计算的。具体地,在假设四种运输方式之间的替代需求变化与市场份额变化一致的前提下,计算了公路、铁路、航空和水运的替代需求变化。因此,铁路服务的替代需求可以通过以下方式计算:

$$D_{sub_{rail,t}} = \left(\frac{D_{rail,t}}{\sum\limits_{i=1}^{k} D_{i,t}} - \frac{D_{rail,t-1}}{\sum\limits_{i=1}^{k} D_{i,t-1}} \times \sum_{i=1}^{k} D_{i,t} \right) \qquad (9.4)$$

式（9.4）中，$D_{rail,t}$表示第 t 年乘坐铁路服务的乘客里程，$\sum D_{it}$表示第 t 年的公路、铁路、航空和水路旅客总里程，同样计算公路、航空和水路运输的替代需求。一个值得注意的发现是在 2002 ~ 2013 年，尽管铁路投资不断增长，但直到 2013 年，以其他模式替代的客运铁路服务需求才出现实质性增长，这可能反映了一个事实：大部分高铁系统直到最近才建成。

如图 9 - 2 所示，2002 ~ 2013 年的铁路交通需求，与前一段期间相比，相当可观。这种需求的急剧扩张包括三部分：人口自然增长引起的需求，竞争模式之间转移的替代需求，以及诱导需求。因此，2002 ~ 2013 年的高铁诱导需求是用实际需求减去替代需求和基于 1949 ~ 2001 年高铁投资政策实施前的趋势预测需求计算出来的。具体而言，诱导需求表示为：

$$D_{induce\_rail_t} = D_{rail,t} - D_{sub_{rail_t}} - \hat{D}_{rail,t} \qquad (9.5)$$

式（9.5）中，$\hat{D}_{rail,t}$表示根据 1949 ~ 2001 年高铁投资政策未实施时的增长趋势预测的铁路需求。很明显，由于客运高铁服务的发展，诱导需求的影响将远大于替代需求。

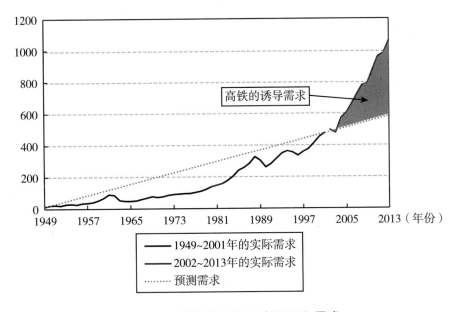

图 9 - 2　诱导铁路旅客出行里程需求

资料来源：国家统计局。

在 CGE 参数校准和仿真数据方面，主要以 2002 年中国投入产出表（由中国投入产出协会提供）和国家统计局国家现金流量表为基础构建社会核算矩阵。原来的投入产出表包括 122 个部门，但由于本评估的重点是与运输有关的部门，除了保留详细的分列运输部门（公路运输、铁路运输、航空运输、水运、公共交通、管道）外，这些部门都是汇总的。总的来说，社会会计矩阵包括 48 个部门，详细的部门分类如表 9 - 2 所示。

表 9 - 2   行业分类的 CGE 分析

编号	部门	编号	部门	编号	部门	编号	部门
1	农业、林业、畜牧业和渔业	13	非金属矿产品业	25	水生产及供应产业	37	住宿及餐饮服务
2	采煤选矿	14	金属冶炼及滚压加工业	26	建筑行业	38	金融业
3	石油和天然气业	15	金属制品生产	27	公路运输	39	房地产业
4	采矿工业	16	通用及特种设备制造	28	铁路运输	40	租赁及商业服务
5	非金属矿及其他矿业	17	运输设备制造	29	航空运输	41	科研开发产业
6	食品制造及烟草加工行业	18	电气机械及设备制造	30	水运	42	综合技术服务
7	纺织业	19	通信设备、计算机及其他电子设备制造	31	公共交通	43	水利、环境和公共设施管理
8	防止、皮革、羽毛生产行业	20	仪表及办公机械制造	32	管道	44	居民服务及其他服务
9	木材加工及家具制造	21	工艺美术品等制造	33	仓储	45	教育
10	造纸印刷、教育及体育用品制造	22	废品浪费	34	邮政服务	46	卫生、社会保障及社会福利
11	石油加工、炼焦及核燃料加工业	23	电、热生产及供应业	35	信息传输、计算机服务和软件产业	47	文化、体育及娱乐
12	化工业	24	天然气生产及供应	36	批发和零售贸易	48	公共管理及社会组织

高铁投资的环境影响评估遵循经典方法，即用碳排放水平除以各部门相应的产出水平计算二氧化碳排放系数。卡斯勒和露丝（Casler & Rose，1998）、林和孙（Lin & Sun，2010）和朱（Zhu，2014）在分析与二氧化碳排放对国际贸易和经济增长的影响相关的各种问题时也采用了类似的方法。其中，CO_2 排放系数 CE_i 表示为：

$$CE_i = E_i / Output_i \tag{9.6}$$

其中，$Output_i$ 表示第 i 部门的产值，E_i 表示第 i 部门的碳排放，其计算公式如下：

$$E_i = \sum_j FC_{ij} \cdot NCV_{ij} \cdot CEF_{ij} \cdot FCO_{ij} \tag{9.7}$$

其中，FC_{ij} 为 i 部门 j 燃料的消耗量（重量体积比），数据来源于《中国能源统计年鉴》。采用 GTAP 8 的排放数据来分解第三产业的能源消耗。NCV_{ij}、CEF_{ij}、FCO_j 分别代表 i 部门 j 燃料的净热值、j 燃料单位热值的含碳量、j 燃料中碳的氧化比。具体排放参数如表9-3所示。

表9-3　　　　　　　　不同燃料类型的排放参数

燃料类型	煤	焦炭	原有	汽油	煤油	柴油	燃油	天然气[a]
NCV（万亿焦耳/万吨）[b]	209.08	284.35	418.16	430.7	430.7	426.52	418.16	3893.1
CEF（每公吨碳/万亿焦耳）[c]	26.5	29.5	20	18.8	19.5	20.2	21.1	15.3
FCO[c]	0.98	0.98	0.99	0.99	0.99	0.99	0.99	0.995

注：a. 天然气的 NCV 单位为万亿焦耳/亿立方米，1 万亿焦耳(TJ) = 109 千焦(kJ)。b. NCV 系数是根据《中国能源统计年鉴》中记录的转换因子物理单位到煤当量的换算系数计算得到的。c. CEF 和 FCO 源自政府间气候变化专门委员会（1997 年）。

9.5　结　果

中国铁路投资的影响评估是分步骤实施的。首先，对每个直接影响因素进行单独评估，以评估它们对经济增长、社会福利和环境的具体贡献。其次，对所有冲击驱动因素进行了同时模拟的聚合分析，以分别了解宏观经济、福利和环境的聚合动态影响。铁路投资对中国经济增长的具体影响如表9-4所示。可见，铁路发展的土地利用效应对 GDP 增长的影响是负面的，因为它消耗了大量的耕地。虽然铁路建设对土地利用的直接影响可以忽略不计，但铁路发展带来的城镇化延伸负面影响相对较大，平均为 -0.00057%。

表 9-4　　　　　中国铁路投资的动态经济影响（增长率）　　　　单位：%

年份	土地利用效应		产出效应			需求效应		总影响
	直接影响	间接影响	扩大产出	降低成本	生产力增加	替代效应	诱导效应	
2003	0.00002	-0.00012	-0.023	0.010	0.078	0.000	0.163	0.194
2004	-0.00002	-0.00024	0.114	0.001	0.207	-0.005	0.228	0.424
2005	-0.00001	-0.00017	0.235	0.005	0.012	-0.002	0.150	0.500
2006	-0.00002	-0.00031	0.273	0.000	0.085	-0.002	0.218	0.640
2007	-0.00002	-0.00017	0.834	0.002	0.201	-0.001	0.247	1.536
2008	-0.00002	-0.00035	0.095	0.021	-0.004	0.002	0.363	1.028
2009	-0.00009	-0.00123	0.866	-0.001	-0.020	-0.004	0.670	1.692
2010	-0.00009	-0.00117	0.989	-0.029	0.127	-0.004	0.865	2.169
2011	-0.00003	-0.00042	-0.259	0.003	0.096	0.000	0.967	0.734
2012	-0.00007	-0.00092	-0.454	-0.001	-0.100	-0.001	0.942	0.128
2013	-0.00009	-0.00122	0.536	0.001	0.000	-0.039	0.690	0.826
平均	-0.00004	-0.00057	0.291	0.001	0.062	-0.005	0.509	0.897

资料来源：作者整理而得。

就产出效果而言，相当的贡献平均年增长率为 0.29% 从输出扩张，这表明铁路投资超过 2002～2013 年导致了每年平均增长国家 GDP 的 0.29%，其他条件不变，由于铁路建设和设备制造业资本支出。一个值得注意的发现是，尽管在大多数年份，这一比例总体上是正的，但在 2011 年和 2012 年，这一比例都是负的，这清楚地表明了 2011 年高铁事故导致的这几年铁路投资削减的负面后果[①]。相反，成本降低和生产率提高的经济贡献都相对较小，平均增长率分别为 0.001 和 0.062。这可能是因为在调查期间，主要的高铁系统仍在大规模建设中。

图 9-3 所示的另一个显著特征是铁路投资对 GDP 增长的滞后刺激效应。受国

---

① 2011 年 7 月 23 日浙江省发生高铁事故，当时两列高速列车因信号故障在高架桥上相撞。事故造成 50 多人死亡，100 多人受伤，由于铁路基础设施的安全问题，导致投资大幅削减 34%（Chen & Haynes, 2015）。

际金融危机影响，中国经济在 2007 年达到 14.2% 的峰值后出现大幅下滑。为了减轻经济衰退的负面影响，铁路基础设施投资被认为是政府刺激战略的一部分，并在 2008 年得到进一步加强。我们的研究证实，这种投资策略的结果是有效的，因为在 2007 年和 2010 年激烈的铁路投资之后，2009 年出现了 GDP 的温和增长。然而，随着 2010 年以后铁路投资水平的下降，实际 GDP 增长率也经历了进一步的放缓。

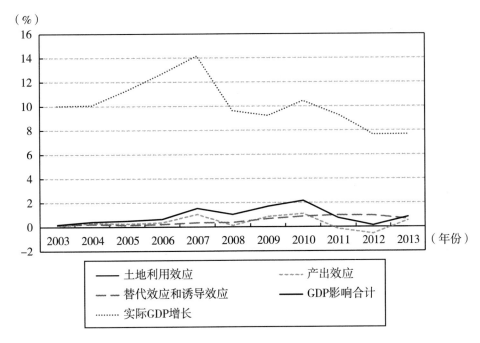

图 9－3　中国铁路基础设施投资的动态经济影响

资料来源：作者整理而得。

表 9－5 汇总了 2002～2013 年中国铁路投资的总体影响。12 年来，国家铁路发展战略实施后，全国国内生产总值增加约 1.25 万亿元，比 2002 年增长 10.30%。这一主要影响是通过刺激需求和扩大产出实现的，分别贡献了 5.74% 和 3.24%。以等价变化衡量的铁路投资对福利的总体影响与 GDP 的影响类似。实施铁路基础设施建设，居民收入增加约 2.22 万亿元，相当于社会福利比 2002 年增加 8.5%。

二氧化碳排放对环境的影响也很大，但是负面的，这主要是由于诱导需求导致的。2002～2013 年，中国铁路投资共排放二氧化碳 26754.44 万吨，其中超过 81% 是由于大量的诱导需求而导致的客运铁路服务的扩张。产出效应也导致了二氧化碳排放的增加，主要是由于铁路项目建设对中间产品的需求增加以及生产率的提高。另外，研究表明，铁路的替代效应有助于 2156 万吨二氧化碳的减排，这证实，随着更多的旅行需求从公路被铁路替代，二氧化碳排放水平也不断下降。

总体而言，中国对作为经济增长引擎的现代交通工具的需求不可避免地日益增长，而一种相对清洁的技术满足了这一需求（见表 9 – 5）。

表 9 –5　　　　　中国铁路投资的总体影响：2002 ~ 2013 年

因素	GDP 影响		福利影响		CO_2 排放	
	数值（万吨）	占比（%）	数值（万吨）	占比（%）	数值（万吨）	占比（%）
土地利用效应	—	—	—	—	—	—
直接影响	– 55	0.00	– 90	0.00	– 0.15	0.00
间接影响	– 768	– 0.01	– 1133	– 0.01	– 1.92	– 0.01
产出效应	—	—	—	—	—	—
扩大产出	393930	3.24	793696	3.17	954.11	4.95
降低成本	1469	0.01	8657	0.01	1.80	0.01
生产力增加	82995	0.68	247713	0.65	280.53	1.45
需求效应	—	—	—	—	—	—
替代效应	– 6814	– 0.06	– 6338	– 0.05	– 35.52	– 0.18
诱导效应	698059	5.74	972351	4.24	21557.56	111.75
总计	1252300	10.30	2221206	8.50	26754.44	138.69

注：GDP 和福利的价值以数百万元计算，而二氧化碳排放的价值以数千吨计算。
资料来源：作者整理而得。

9.6　总结和影响

2002 ~ 2013 年，由于政府的大量投资，中国的铁路基础设施经历了繁荣的发展。尽管许多铁路，包括大量的高铁服务被部署，影响了中国的社会和经济，提高了铁路运输效率和区域的可访问性，但实际影响的土地使用、经济增长、社会福利和环境造成的投资研究偏少。我们的研究通过使用动态的 CGE 分析对中国铁路投资进行全面的影响评估来研究这一重要问题。分析的主要结果总结如下。

首先，铁路投资对国民经济增长和社会福利产生了强大而积极的影响。2002 ~ 2013 年的连续投资，使国内生产总值增长 10.3%，社会福利增加 8.5%。这些贡献是通过增加要素投入的短期刺激效应和通过提高生产率和降低成本的长期效应的结果。铁路投资的平均乘数是 2.6，这意味着在与铁路相关行业每投入 1 元，就会增加 1.6 元的 GDP。这一发现证实了中国经济增长仍然是"政府主导的投资驱动型发展模式"（Chen & Liu，2015；董等，2015）。就具体贡献而言，产出扩大、生产率提高和诱导需求是经济增长和福利改善的主要驱动力。

其次，中国铁路基础设施建设对二氧化碳排放的环境影响是巨大的。当公路运输的需求被铁路所取代时，二氧化碳的排放确实有所减少，但与诱导需求所增加的新排放相比，这种影响相对较小。这是可以理解的，因为 2002~2013 年，客运铁路的需求呈指数级增长，主要是由诱导需求引起的，而诱导需求显然导致了能源消耗的激增。

最后，中国铁路基础设施扩张的土地利用效应是负的，主要是由于耕地的消耗。在 2002~2013 年，至少有 16 万公顷的耕地被用于新铁路线的开发，这对农业部门产生了负面影响，并抑制了经济增长。铁路发展对土地利用的延伸效应甚至更强，因为许多新发展的铁路服务促进了城市化，进一步扩大了对耕地的需求。然而，我们的分析提供了铁路投资对土地使用影响的一个下限估计，因为车站和铁路设施的土地使用由于数据的限制没有包括在内。另外，土地利用延伸效应的实际影响可能会更大，因为新高铁服务的完成，通过促进房地产、金融和旅游等服务相关行业的发展，对经济产生了刺激作用。

从这些研究结果可以得出三个政策含义。首先，动态 CGE 分析表明，铁路投资对国家 GDP 的边际贡献随着投资的持续下降而下降。这是可以理解的，因为随着更多的高铁系统被部署，额外投资的边际效益会降低，因为建成的网络足以满足社会的交通需求。因此，持续的大规模铁路投资在某种程度上可能是经济效率低下的，甚至可能由于过度供应而成为公共资源的浪费。未来的铁路发展计划需要仔细评估，公共投资必须谨慎分配，以避免重复的过度建设。

其次，研究结果还表明，铁路发展的环境效益不太确定，因为它取决于模式替代和诱导需求的水平。一般而言，如果替代效应大于诱导需求效应，则减排预期为正。然而，如果诱导需求大于替代效应，则可能导致排放增加，高铁对环境的影响变为负面。考虑到由于能源消耗的增加而产生的更多的排放是不可避免的，我们应该更加努力提高交通运输系统的能源效率，从而减少由诱导需求而产生的排放。高铁系统转向可再生能源将更有效。

最后，虽然从公路到铁路的旅行需求的替代有减少二氧化碳排放的好处，但由于公路一直是中国经济的主要运输方式，所以运输方式的改变导致对经济增长的负面影响也得到了证实。这也给政策制定者在平衡经济增长和减少二氧化碳排放方面带来了挑战。很明显，解决这一问题的真正办法是进行经济改革，包括消除能源效率较低的设备和设施。

　　未来的研究可以扩展到两个方向。第一个方面是通过建立土地利用与房地产、旅游等其他服务部门的同步效应，可以进一步细化影响模型。这将需要更新生产活动的嵌套结构，以便更充分地捕捉扩大的土地使用的影响。另一个方面是通过采用多区域 CGE 建模框架，将国家层面的评估扩展到区域层面。因此，可以适当地衡量高铁对区域差距的影响以及铁路网络改善所带来的区域溢出效应。

第*10*章

高铁的经济影响：区域视角*

10.1 引 言

在过去的十年中，由于中央政府的大力支持，中国的铁路基础设施系统经历了指数级的扩展。国家发展和改革委员会分别于 2004 年、2008 年和 2016 年推出了三项中长期铁路网络发展规划战略，这些铁路网络发展规划促进了国家铁路基础设施网络的不断扩展，概述了国家和地区级铁路基础设施发展的目标。这些规划策略的主要特点之一是开发了互联的高铁（HSR）网络，以促进城际旅行。这些高铁系统将比传统的客运铁路系统更先进，大多数路线的设计运行速度均为 250 公里/小时甚至更高。另外，高铁系统在准时性、便利性、安全性和频率上也比传统铁路能提供更好的旅行体验（Givoni & Banister，2012）。

实际上，从服务规模和部署速度两方面来看，中国高铁的发展速度是如此之快，以至于其他国家都无法与之比拟。随着更多的高铁网络投入运营，乘客数量不断增长。2016 年的年度总乘客量达到 14.4 亿人，比十年前的初始水平增长了 22 倍。铁路网络也已大大扩展，例如，截至 2016 年底，运营中的铁路总里程达到了 124000 公里，其中包括连接全国 400 多个城市的 22000 公里高铁。铁路基础设施

———————————————

　＊ 本章是根据陈（2019）的早期版本进行修订的。使用动态 CGE 模型测算高铁对区域经济的影响：以中国为例。欧洲计划研究，一月，泰勒和弗朗西斯 DOI：10. 1080 / 09654313. 2018. 1562655。经出版商（Taylor&FrancisLtd，http：//www. tandfon line. com）的许可转载。分析和解释中的任何错误均由作者承担。

的发展速度如此之快，以至于超出了 2004 年和 2008 年规划策略中概述的目标。高铁对经济发展的影响是深远的。随着越来越多的人享受高铁在城际旅行中的利益，其对区域经济的影响也在增长。

没有国家的坚定承诺和支持，就不可能实现如此大规模的高铁发展。正如陈等（2016）等所指出的，铁路部门的公共投资，主要是高铁发展，在 2003~2013 年以年均 20% 的速度快速增长。有关总轨道长度的最新目标已调整为 150000 公里，其中包括 30000 公里的乘客专用高速铁路线（PDL）。特别是，国家高铁网络将从前期的四条东西向干线和四条南北向干线扩展到由八条东西向和八条南北向干线组成的系统，其中大部分被设计为速度为 250 公里/小时或更高的 PDL。整个高铁系统预计将于 2025 年完成。最终目标是为中国 80% 以上的主要城市中心提供服务。

尽管在不久的将来，由于经济强劲势头的支持，中国的城市间旅行需求可能会继续增长，但仍不清楚铁路基础设施发展对区域经济的长期影响。更重要的是，鉴于国家铁路规划策略旨在消除中国不同地区之间的差异以实现区域经济的协调发展，因此了解高铁发展对中国不同地区经济的影响变得至关重要。

本章旨在通过使用动态空间可计算一般均衡（SCGE）模型开发一个全面的区域经济影响建模框架来解决这些关键问题。与以前的研究相比，我们的研究具有两个关键特征。第一，首次开发了基于动态 SCGE 模型的详细建模框架，用于评估铁路基础设施的发展。该框架既涵盖了铁路基础设施建设过程中资本投资所产生的短期直接影响，也涵盖了生产力和技术水平提高所带来的长期间接影响[①]。第二，评估采用了成熟的动态 SCGE 模型，由澳大利亚维多利亚大学的研究团队开发的动态 TERM（巨大区域模型）。该模型同时捕获了经济系统的时间演变和空间一般均衡互动。使用代表中国经济体系的数据对模型进行校准和更新。因此，评估将是全面而稳健的。

对高铁的区域经济影响进行实证评估至关重要，因为可以通过对当前铁路投资政策的有效性进行评估，促进未来基础设施投资决策。这种全面的建模框架为决策者提供了有意义的输入，并为从业人员在评估运输基础设施的区域经济影响时提供了更广阔的视野。此外，对中国高铁系统的区域经济影响的全面了解也为正在开发或计划开发高铁系统的其他国家提供了宝贵的见解。

---

① 尽管长期影响通常是指 10 年或 15 年以后的影响，但相对而言采用"短期"与"长期"，在基础设施发展的不同时期有所区别。具体来说，短期是指建设期，而长期是指系统完成后的运营期。

本章结构如下：第 10.2 节提供了对经济影响评估方法的逻辑审查，重点是运输基础设施；第 10.3 节为评估铁路基础设施发展建立了模型框架；第 10.4 节介绍了动态 SCGE 模型的详细建模结构；第 10.5 节介绍了数据和仿真结果；第 10.6 节给出了这一章的结论。

10.2　文献综述

高铁基础设施经济影响分析的传统方法是收益成本分析（BCA）。特别是从事前角度来看，该方法已在欧洲被广泛采用（Brand et al.，2001；de Rus & Nombela，2007；Janic，2003）。进行收益成本分析的关键目的是通过在适当的时间范围内比较新提议或开发的基础设施系统产生的所有收益和成本来证明高铁投资的价值。例如，德罗斯（De Rus，2011）认为西班牙高铁投资是基于 BCA 的第二个替代方案。这是因为考虑到模式替代水平、交通量和运营成本，预计会对经济产生积极影响。但是，正如维克曼（Vickerman，2007）所指出的那样，使用 BCA 评估高铁等大型基础设施项目（尤其是进行长期评估）可能会带来问题和挑战，这是由于项目融资相对不确定长期期限以及选择合适的折现率以将未来收益和成本转换为当前条件进行比较的困难。另外，由于交通便利性的提高，BCA 在整合更广泛的经济影响（如集聚效应和空间溢出效应）方面也存在局限性（Button，2017；Venables，2016）。所以，该方法通常被用作侧重于短期的项目水平评估，而不是侧重于长期的"社会和经济"评估。

计量经济学分析是第二种方法，通常用于评估大规模运输基础设施投资的经济影响。该方法源自新古典增长理论的传统。关键的假设是，在标准生产函数 $Y = AF(K, L)$ 中，运输基础设施可以被视为资本和劳动力之外的单独投入，其中 Y 通常表示国内生产总值（GDP），A、K 和 L 分别代表技术水平、资本份额和劳动力份额。使用基于时间序列数据或面板数据集的回归模型估算运输基础设施的输出弹性。通常发现估计的输出弹性在 -0.15 ~ 10.56 之间变化很大，这主要是由于数据和特定建模形式的差异（Melo et al.，2013）。例如，唐纳森（Donaldson，2018）发现印度的铁路降低了贸易成本和区域间价格差距，从而增加了贸易量。具体而言，由于铁路的发展，实际农业收入增加了约 16%。同样，唐纳森和霍恩贝克（2016）使用简化形式的计量经济学分析发现，如果 1890 年以前的所有铁路全部拆除，美国农业用地的总价值将减少60%。

陈和海恩斯（2017）使用荟萃（Meta）分析发现，中国交通基础设施的平均产出弹性约为0.13。尽管计量经济学分析可以从长期的角度帮助确定基础设施投入与区域经济产出之间的统计联系，但评估结果通常是不完整的。这是因为分析通常基于对调查期间基础设施变化的需求不变的隐含假设。由于缺乏回归分析中的反馈机制，因此未捕获对经济体系作为对需求变化的响应的间接影响。为了从需求和供应两方面全面捕捉基础设施系统改进的效果，需要进行总体平衡评估。

最新的区域经济影响评估方法，尤其是在大规模和长期情况下，是可计算的一般均衡（CGE）分析。CGE本质上是一个联立方程组，涉及数千个方程和变量。该模型使用社会核算矩阵形式的实际经济数据来模拟经济与政策，技术或其他外部因素的变化之间的相互作用。这些外部因素被认为是对系统的"冲击"。在经济体系遭受冲击之后，该模型计算出优化的解决方案（也称为"平衡解决方案"）。CGE模型已被广泛用于大型基础设施系统的影响评估（见表10-1）。根据区域规模和对时间影响的考虑，CGE模型可以分为四种类型：静态单区域模型，动态单区域模型，静态多区域模型和静态单区域模型。动态的多区域模型。前两种类型通常用于国家级别或单个区域级别的影响评估。由于这些模型仅考虑单个区域，因此对区域间商品和要素输入流量的变化所表现出的空间溢出效应一无所知，对基础设施投资的评估通常受到限制。

表10-1　　　　　利用 CGE 分析总结基础设施投资的影响

类别	模型	地区	区域数量	分析层次	部门数量	参考文献
静态单区域模型	IFPRI	美国	1	国家	4	洛夫格伦等（2002）
	Conrad	德国	1	国家	–[a]	康拉德（1997）
	Static_Chen[b]	美国	1	国家	13	陈和海恩斯（2013）
动态单区域模型	Dynamic_Chen[b]	中国	1	国家	48	陈等（2016）
	Kim[b]	韩国	1	国家	19	金姆（1998）
	Rioja[b]	7个拉丁美洲国家	1	国家	2	里奥哈（1999）
	Seung + Kraybill[b]	俄亥俄州	1	州	2	胜和克雷比尔（2001）

类别	模型	地区	区域数量	分析层次	部门数量	参考文献
静态 SCGE	B – MARIA	巴西	3	省	40	哈达德等（2010）
	CGEurope	欧洲	1341	欧盟标准地区统计单元	6	布鲁克尔等（2004）
	PINGO	挪威	19	国家	32	沃尔德和让·汉森（2007）
	PINGO	挪威	90	地区	25	汉森和乔纳森（2017）
	RAEM 3.0	荷兰	40	欧盟标准地区统计单元	14	克纳普和奥斯特哈文（2000）
	Sino TERM	中国	31	省	137	霍里奇和维特沃（2008）
	J – SCGE	日本	47	行政区	7	小池等（2015）
	K – SCGE	韩国	6	省	7	小池等（2015）
	Robson and Dixit[b]	悉尼	14	SA4	2	罗伯森和迪克西特（2017）
动态 SCGE	Kim + Kim[b]	韩国	14	省	–[a]	金姆和金姆（2002）
	Kim[b]	韩国	5	大都市地区	4	金姆等（2004）
	REAM 3.0	荷兰	40	欧盟标准地区统计单元	15	伊万诺娃等（2007）

注：a. 信息不清楚；b. 在 CGE 模型没有名字的情况下，采用作者的名字。
资料来源：作者搜集整理得到。

备选方案是空间 CGE（或 SCGE），也称为多区域 CGE 模型，该模型在建模框架中由两个以上区域作为独立经济体组成。它被认为与基础设施投资典型的大规模，长期系统的区域经济影响评估更为相关。这是因为通过自下而上的方法明确考虑了区域间贸易。因此，该模型能够衡量由政策，系统或行业冲击引起的不同区域影响以及相关的区域溢出效应。如表 10 - 2 所示，开发了几种 SCGE 模型并将其应用于交通基础设施评估。例如，哈达德（Haddad，2010）使用称为 B-MARIA 的 SCGE 模型评估了巴西运输部门的长期区域影响。该模型是基于 MONASH 模型开发的，MONASH 模型是在澳大利亚开发的多区域 CGE 模型（Adams et al.，1994）。为了评估跨欧洲运输网络对区域经济的影响，贝克尔（Bröcker，1998）开发了一个 SCGE 模型，该模型由 NUTS3 级别的 1341 个区域组成。通过减少特定环节的运输成本并跟踪经济影响来模拟影响。

表 10 – 2　　　　　　铁路基础设施建设的 SCGE 建模机制

类别	序号	直接影响	CGE 政策冲击中的适用性	TERM 中的相关变量	变量代表什么	短期/长期影响	驱动因素代表什么	相关数据源和一些关键注意事项
土地利用	1	直接土地利用效应	要素输入冲击	Xland	按部门和地区划分的土地使用变化	短期影响	铁路设施建设的土地使用，预计将对农业部门产生负面影响	铁路 GIS 网络数据
	2	扩展效果	要素输入冲击	Xland		短期影响	土地用于城市扩张以应对高铁发展	使用回归分析进行侧面估算，以识别不同部门的土地使用与铁路发展之间的联系
输出刺激	3	直接输出扩展	要素输入冲击；部门产出冲击	xinvitot	部门资本投资	短期影响	资本投资刺激措施导致铁路相关行业的产量增长	区域铁路基础设施支出统计
	4	扩展输出	部门产出冲击	xinvitot		长期影响	与铁路客运相关的行业，例如旅游，酒店，房地产等	使用回归分析的侧面估计，以识别由于铁路发展而导致的产出扩张之间的联系
	5	成本下降	保证金冲击	atradmar_cs	保证金的技术效率	长期影响	发达的铁路系统降低了运输成本（适用于客运和货运）	减少旅行时间可以代替减少运输成本

续表

类别	序号	直接影响	CGE 政策冲击中的适用性	TERM 中的相关变量	变量代表什么	短期/长期影响	驱动因素代表什么	相关数据源和一些关键注意事项
输出刺激	6	生产力直接提高	生产效率冲击	Atot	按行业和地区划分的全投入式增强技术变革	长期影响	铁路系统的发展提高了铁路运输部门的生产率	需要进行侧面估计以量化各地区铁路部门的生产率变化
	7	扩大生产力	生产效率冲击	Atot		长期影响	改善铁路网络的可及性并降低成本，从而提高了其他部门的生产率	需要附带估计以按区域量化其他部门（例如制造业和第三产业）的生产率变化
供给影响	8	持续的需求	弹性冲击	Elasticitu	运输方式之间的替代弹性	长期影响	高铁改善交通需求	不同方式和地区之间运输需求替代的侧面估计
	9	需求减少	部门产出冲击	ahou_s	按商品和地区划分的家庭偏好变化	长期影响	新铁路系统的发展产生了新的铁路运输需求	各地区感应铁路需求的侧面估算

注：a. 短期效应是指铁路基础设施建设阶段资本支出产生的直接效应。长期影响是指间接影响，如节省旅行时间，促进生产率提高等。在基础架构完成之前，无法实现这些效果；b. 尽管《铁路统计数据》包括不同地区局的铁路土地使用数据，但由于地区铁路局的地理边界与 SCGE 框架不一致，因此该数据无用。因此，更好的方法是采用铁路 GIS 网络数据来估算直接土地利用；c. 数据包含在《铁路统计汇编》中；d. 与乘客运输相比，CGE 建模结构通常具有更详细的部门间货运表示。因此，可能会对铁路相关部门造成外部冲击。

资料来源：作者根据陈等（2016）进行的扩展。

PINGO 是另一个 SCGE 模型，用于预测挪威的区域和区域间货运。该模型的被用于评估挪威 9 个交通基础设施项目的更广泛的经济影响（Hansen & Johansen，

2017）。与 CGEurope 类似，该模拟是通过对运输边际成本的冲击来实现的，但铁路运输已包括在总运输部门中（Vold & Jean-Hansen，2007）。RAEM 2.0 是一个静态 SCGE 模型，旨在对连接阿姆斯特丹和格罗宁根的潜在高铁基础设施建议进行影响评估（Knaap & Oosterhaven，2000）。通过减少运输边际来模拟这种影响，并根据旅行时间，工作数量和消费者价格指数的变化来衡量结果。相反，RAEM 3.0 具有与 RAEM 2.0 类似的结构，本质上是一个动态递归 SCGE 模型，其中考虑了资本积累和技术进步，存量和流量关系以及向后看的期望（Ivanova et al.，2007）。RAEM 2.0 和 RAEM 3.0 SCGE 模型之间的主要区别在于后者结合了国际贸易，联邦政府的广泛代表权以及对荷兰旅客旅行和区域间移民的详细处理（Ivanova et al.，2007）。

SinoTERM 是霍里奇和威特沃（Horridge & Wittwer，2008）为中国开发的静态 SCGE 模型。该模型是根据澳大利亚巨大区域模型（TERM）进行修改和更新的。该模型的一个特点是区域间货运代表区域间贸易。因此，该分析能够捕获对其他区域的空间溢出效应，作为对冲击的反应，在这种情况下，这是货运利润率的下降（按离岸价下降）。

小池（Koike，2015）开发了一系列结构相似的 SCGE 模型，对日本、韩国和中国台湾的高铁网络进行评估。与上述其他 SCGE 模型不同，小森模型中的商务旅行和私人（休闲）旅行分别考虑了乘客旅行。通过对要素输入和运输边际的冲击来实施特定的模拟。此外，罗伯森和迪克西特（Robson & Dixit，2017）为城市交通项目的经济评估开发了综合交通分配和空间 CGE 模型，实施了一个假设的模拟情景，结果显示了对福利收益的积极影响。尽管采取了各种方法，但由于以下三个原因，有关铁路基础设施区域影响评估的现有研究仍然有限。

第一，大多数研究从事前角度评估了使用 SCGE 模型对运输基础设施的影响。由于模拟通常是基于假设场景进行的，具有一些任意指定的冲击值，因此缺乏基于证据的基础，结果的含义可能非常有限（Chen & Haynes，2017）。

第二，尽管有许多研究通过运输边际冲击来评估铁路基础设施系统的经济影响，但对其他重要驱动因素的关注却较少，例如，资本存量、技术和生产率的变化。另外，以前的研究通常通过假设基础设施项目已完成并且处于运营阶段来评估影响，而短期（例如，在施工期间）和长期影响（在系统部署之后）之间的差异通常被忽略。

第三，缺乏使用动态 SCGE 模型进行影响评估的系统方法。这意味着，由于铁路基础设施的改善，影响的时空相互作用常常被忽略。实际上，在我们的综述中，仅发现了动态 SCGE 在基础设施投资的区域经济影响评估中的三种应用，所有这些应用都是基于 CGE 输入驱动力的假设情景进行了分析（Ivanova et al.，2007；Kim & Kim，2002；Kim et al.，2004）。

10.3　建模框架

本章旨在通过开发用于评估铁路基础设施发展的综合建模框架来填补这些研究空白。该框架是从第 9 章中开发的建模结构扩展而来的。不是使用单区域动态 CGE 模型，而是将多区域动态 CGE 模型（称为 "空间 CGE" 或 "SCGE"）应用于该建模框架，以评估来自以下方面的影响事前观点。事前观点是指这样一个事实，即 CGE 模拟方案和相关的直接影响驱动程序是基于与基础设施投资，性能和部署有关的真实数据开发的。因此，从事前的角度来看，模拟结果有望比实际结果更为真实。如表 10 - 2 所示，使用 SCGE 模型开发的铁路基础设施对区域经济的影响可以从三类直接影响因素中得出：土地利用影响，产出刺激作用和需求影响。

第一类影响具体而言，土地利用效果可以分为直接土地利用效果和扩展土地利用效果。第一个效果是指直接用于基础设施开发目的的土地使用和购置，例如将可耕地转化为建设用地，以开发铁路，车站和设施中心。第二个效果是指扩大土地使用，这被认为是铁路发展刺激的城市土地开发/转换。例如，高铁的建设可能会导致新建高铁车站周围房地产的繁荣发展。但耕地减少，这种发展可能会对农业部门产生负面影响，而由于土地用途的变化则可能产生积极影响。从 CGE 建模的角度来看，这两种效应都可以视为短期效应，并且可以通过要素输入冲击来建模，这意味着一旦将冲击添加到区域经济体系中，就可以立即实现效应。

第二类影响是刺激基础设施投资增加导致的产量增长。具体而言，刺激效应包括直接产出扩大，扩大产出扩大，成本降低以及直接和扩大生产率的提高。直接产出增长是指与铁路相关的部门（如运输设备、制造业和铁路运输）的总产出增长，这是由于这些部门之间的资本投入增加了。相反，间接产出增长是指与铁路有关的部门（主要是旅游业等第三部门）的产出增长。这两种效应之间的主要区别在于，前者应被视为短期效应，因为该区域的经济影响通常是在基础设施建设期间实现的，而后者的影响通常是在基础设施建设之后的较长时期内实现的。

降低成本的效果是不言而喻的。它是通过 CGE 中的运输边际冲击来建模的，它被认为是长期影响，因为只有在新基础设施系统开始运行之前，才能实现诸如降低运输成本和节省旅行时间的好处。同样，生产率的影响都被认为是铁路基础设施建设的间接和长期的经济利益，因为这些影响只有在部署新系统后才能获得。

第三类影响是由于新的铁路基础设施系统运行而导致的铁路运输需求变化。可以在两个方面对这种效果进行建模。第一个方面由于不同运输方式之间的替代，例如，部署新的 HSR 线可能会导致需求变化。尽管 CGE 模型通常通过生产活动的嵌套结构捕获固有的替代，但是自适应替代作为对引入新运输服务的响应，必须通过调整相关的弹性参数明确建模。需求变化的第二个方面来自诱导需求。它是通过部门输出冲击建模的，而不是通过铁路运输部门本身产生的，需求效应被认为对区域经济增长具有间接和长期的影响，因为这种效应仅在基础设施达到运营阶段后才可用。

10.4　动态 SCGE 建模方法

本研究中采用的动态 SCGE 模型是一种建立完善并得到公认的动态 TERM（巨大区域模型）模型。该模型是由澳大利亚维多利亚大学政策研究中心（CoPS）开发的，并且由马克·塞里奇和格林威特沃（Mark cerridge & Glyn Wittwer）等几位领先的 CGE 建模人员进行了更新。该模型具有一些独特的功能，可用于大规模的多区域 CGE 评估。例如，由于该模型是一个自下而上的模型，其中每个区域都被视为一个单独的经济体，因此该模型具有对区域经济影响进行可靠衡量的能力。这种建模结构能够提供高度的区域详细信息，使研究人员能够检查特定于区域的影响。此外，该模型还包括对运输成本的详细考虑，这使用户可以模拟运输基础设施改善的效果，以响应运输成本的变化。

TERM 的原始形式是为澳大利亚开发的比较静态模型，但已扩展到代表不同国家的 13 个版本。TERM 的中文版本称为 SinoTERM，它覆盖 31 个省区市的静态模型（Horridge & Wittwer，2008）。该模型遵循标准的 CGE 结构由联立方程组组成，该联立方程组代表四种类型的经济活动：生产、消费、政府和贸易之间的联系和相互作用。

　　具体来说，该模型是一个嵌套的生产层次结构，该模型假设每个经济部门仅生产一种商品，并通过嵌套生产结构最大化利润，该结构同时具有中间商品和主要因素的嵌套生产结构通过顶部嵌套的 Leontief 函数（见图 10 – 1）。在右侧，初级产品是由三种要素投入产生的：土地，劳动力和资本。后者是从称为"技能巢"的第三层"替代恒定不变弹性"（CES）嵌套派生的，该嵌套表示不同类型的劳动之间的替代。在左侧，在 CES 生产功能下通过各种货物生产中间货物。每种商品还可以通过第三层 CES 功能（也称为"Armington 巢"）从既有本土商品又有进口商品的组合中衍生而来。在第四层"巢"中，可以通过 CES 功能将本土商品分解为不同的生产来源，这基本上反映了区域间的贸易互动。在第五层中，通过 Leontief 生产函数将各种保证金成本添加到每种商品。在第六层中，每个边距的来源都通过 CES 功能进行汇总。

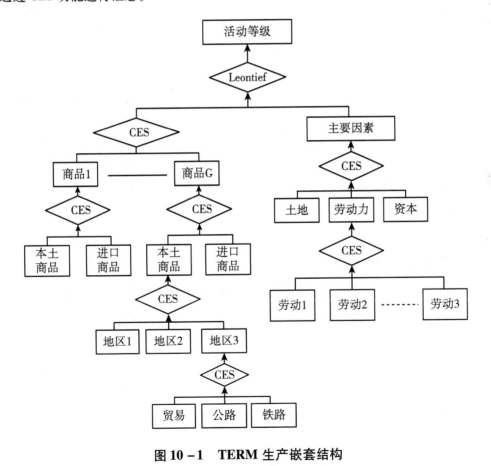

图 10 – 1　TERM 生产嵌套结构

TERM 假设每个家庭都采用 Klein - Rubin 函数形式，这是一种非同质的效用形式，并受预算约束。[1] 该模型不区分地区政府和国家政府，但是政府活动功能包括政府税收、政府收入和支出。TERM 考虑两种税种：商品税和生产税。TERM 的动态特征遵循 ORANIG-RD 单区域模型的结构，该模型包括代表资本积累、投资和工资调整规则的方程式（Horridge，2012）。具体来说，资本积累可以表示为：

$$K_{i,r,t+1} = K_{i,r,t}(1 - D_{i,t}) + I_{i,r,t} \qquad (10.1)$$

其中，$K_{i,r,t}$ 表示在 t 年中区域 r 在第 i 部门中可用的资本存量，$I_{i,r,t}$ 表示在 t 年中区域 r 在 i 部门中的投资数量，$D_{i,t}$ 表示折旧率。基准年的资本存量数量是由外部提供的，而投资水平则取决于给定时间段内区域 r 中 i 部门的预期回报率. Horridge（2012）指出，动态 TERM 中的投资机制涉及两个基本假设：（1）投资/资本比率与预期收益率正相关；（2）预期收益率通过部分调整机制收敛到实际收益率。这两个假设分别用式（10.2）和式（10.3）表示：

$$G = F(E) \qquad (10.2)$$

$$G = Q \times G_{trend} \times \left(\frac{M^\alpha}{Q - 1 + M^\alpha} \right) \qquad (10.3)$$

其中，G 表示下一时期的资本总增长率，E 表示下一时期的预期总收益率；M 代表预期总收益率 E 与正常总收益率 Rnormal 之间的比值；Q 表示（最大/趋势）投资/资本比率；Gtrend 表示为 Rnormal 的函数。第一个等式的实现假设每个部门都具有长期或正常的回报率，并且需要由外生确定的预期总回报率。第二个等式的校准需要参数的规范，例如，投资弹性，投资/资本比率 G 和正常总收益率 Rnormal，这些都是外生提供的。

动态 TERM 中的工资调整方程式假设，如果实际就业高于趋势（预测）就业，则工资会上升（Wittwer et al.，2005）。由于就业与实际工资负相关，因此，当经济体系达到长期市场准入水平时，预计实际就业与趋势就业之间将趋于一致。工资与就业之间的关系可以表示为：

$$\frac{\Delta W_t}{W_0} = \gamma \left[\left(\frac{L_0}{T_0} \right) - 1 \right] + \gamma \Delta \left(\frac{L}{T} \right) \qquad (10.4)$$

其中，W 代表实际工资，L 和 T 分别代表实际就业和趋势就业。g 表示反映劳动力

---

① 非同质意味着收入增加会导致即使在固定价格比率的情况下，预算份额也会发生变化。

市场调整速度的正参数。

另外，为建立模型框架还进行了以下假设：

（1）与其他工作（Robson & Dixit，2017）不同，由于缺乏区域一级的旅行需求数据，模型中未考虑由于网络效应导致的交通运输行为变化。

（2）假定城市土地利用与铁路基础设施发展呈线性关系①。

（3）假定农业用地减少是由于城市扩张造成的，但是，没有考虑由于技术进步而增加的农业生产率。

（4）假定生产力的影响是由铁路运输部门驱动的，而评估中未反映非运输行业的生产力的影响。

（5）鉴于分析中区域单位的地理规模相对较大，因为每个区域至少覆盖多个省份，因此我们假设，通过节省旅行时间来衡量的铁路运输成本变化在每个区域内比在各个区域之间要大得多。

对中国铁路基础设施建设进行综合经济影响评估的主要挑战之一是数据限制。如果评估是在区域一级进行的，则尤其如此。如第 9 章所述，使用 CGE 分析进行的评估需要两种类型的数据：一种代表直接影响动因，用于计算 CGE 模拟中的政策冲击幅度。另一种是社会会计矩阵，用作 CGE 校准的基准数据。本章节讨论了对铁路基础设施进行区域经济影响评估所需的数据。重点是介绍以前的研究中经常忽略的直接影响因素②。这些数据反映了土地使用变化，资本投资水平，运输成本和生产率的变化，所有这些都可以视为铁路基础设施发展的直接结果③。

10.4.1　土地利用变化

铁路基础设施的发展对土地用途的变化有两个影响。一是直接使用土地来发展铁路设施（如车站、路线和维修中心）所造成的直接影响。二是铁路系统的发展也可能由于其对城市化的刺激而导致土地使用效果的扩大，这体现在房地产

---

① 验证假设的一种可能方法是将铁路基础设施 GIS 数据与从遥感获得的城市土地利用数据相集成。然后，需要根据合并后的面板数据进行计量经济学分析，以识别铁路基础设施开发与城市土地使用之间的联系。

② 许多使用 CGE 进行运输基础设施系统影响评估的研究都是基于假设情景的，因此直接影响因素的水平通常是基于任意假设确定的，这导致缺乏政策冲击的经验基础（Chen & Haynes，2017）。

③ 由于数据的可用性，我们的评估考虑 ID 为 1、2、3、5 和 6 的直接影响因素，如表 10 - 2 所示。

相关部门的增长和高铁新市镇的发展。由于耕地转换为城市土地，所有这些影响预计将对农业部门产生负面影响。由于无法公开获得区域一级铁路建设的土地使用数据，因此铁路基础设施土地使用的面积大小系数是根据以下公式估算的：

$$\mathrm{Direct}_{\mathrm{LandUse}_{r,t}} = \frac{\mathrm{WB}_{r,t} - \Delta\mathrm{Track}_{r,t} \times M}{\mathrm{WB}_{r,t}} \times 100\% \qquad (10.5)$$

其中，$\mathrm{WB}_{r,t}$和$\Delta\mathrm{Track}_{r,t}$表示耕地面积，并在 t 年中在区域 r 中增加了新的轨道长度，而 M 表示开发 1 公里轨道所需的额外区域大小（Chen et al.，2016），此计算采用 5 公顷土地/公里的价值。应该注意的是，上述计算基于两个假设：（1）新铁路线建设的土地使用完全是从耕地转换而来的；（2）假定铁路基础设施开发的土地使用效率在不同的地区是一致的。

可以通过使用陈等（2016）类似的方法估算由于铁路发展而导致的土地利用扩展效应。该方法假设，如果存在线性关系，则可以估算由于新的铁路基础设施发展而导致的城市土地利用变化。中国高铁发展带来的耕地面积变化的估计结果如图 10 - 2 所示，其结果揭示了两种清晰的模式：一是城市土地利用扩展导致的耕地减少水平比直接土地利用调整的幅度更大。二是耕地变化的水平在时间和空间上都有很大变化。

10.4.2 资本投资

资本投资是区域经济增长的关键驱动力之一，因此，反映区域铁路资本投资模式的详细数据对于有效的区域经济影响评估至关重要。2002 ~ 2013 年铁路基础设施建设的资本投资数据来自《铁路统计汇编》。数据包括四个主要领域的资本支出：铁路路线建设、设施建设、铁路设备采购和现有基础设施升级。如图 10 - 3 所示，自 2007 年以来，铁路资本投资经历了大幅增长，并在 2010 年达到顶峰，然后下降。该投资主要由黄河中游和长江中游等地区主导。铁路基础设施的资本投资有望在短期内通过增加资本要素投入而产生不同的区域经济影响。从建模的角度来看，将不同领域和地区的详细资本投资数据转换为每个相应部门中 K 的百分比变化，然后将这些数字用于估算 CGE 模拟中的间接经济影响。

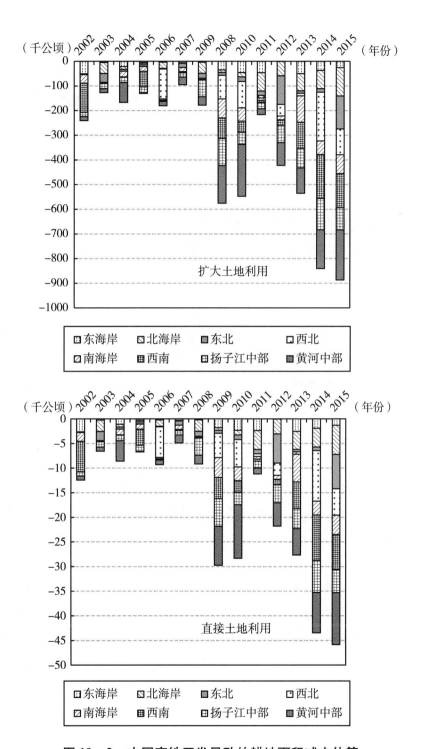

图 10 – 2　中国高铁开发导致的耕地面积减少估算

（十亿美元/2014年）

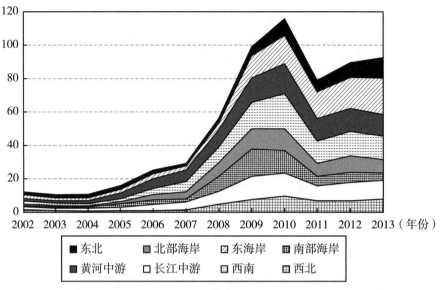

图 10 - 3 中国各地区铁路基础设施投资

10.4.3 铁路运输成本

运输成本变化被认为是衡量铁路基础设施改善的经济影响所需的第三个主要驱动因素。由于基础设施系统的发展，运输成本的降低有望提高经济效率并促进最终需求和供应的扩大。但是，广义运输成本的计算可能会非常具有挑战性，因为它涉及货币成本和时间成本，这很难量化（Button，2010）。假设较高的运行速度意味着较短的行进时间，则可以采用技术速度来衡量铁路运输成本的变化（Chen et al.，2016）。

鉴于评估重点是客运铁路系统，因此采用了客运铁路的平均技术运行速度作为代理来计算不同年份的旅行时间变化。由于地区特征和基础设施条件的不同，速度因地区铁路局的不同而不同[①]。如图 10 - 4 所示，以每 100 公里小时数衡量的旅行时间成本在 2002 ~ 2013 年普遍下降，这表明在过去十年中，铁路基础设施的质量确实在不断提高。

---

① 尽管中国铁路是中国铁路总公司（原铁道部）所有，但其运营和维护实际上是由 18 个地区铁路实体管理的：哈尔滨铁路局，沈阳铁路局，北京铁路局，太原铁路局，呼和浩特铁路局，郑州铁路局，武汉铁路局，西安铁路局，济南铁路局，上海铁路局，南昌铁路局，广州铁路（集团）公司，南宁铁路局，成都铁路局，昆明铁路局，兰州铁路局和乌鲁木齐铁路局。

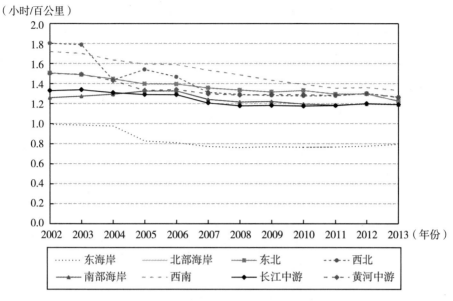

（小时/百公里）

图 10 - 4　2002～2013 年中国铁路各地区成本

资料来源：2003～2014 年《铁路统计汇编》。

还应注意，这样的计算有一些注意事项。例如，鉴于我们研究的重点是客运铁路系统，因此未考虑货运铁路的速度变化。下一步，鉴于铁路客运服务（包括高铁和普通铁路）的货币成本由中国铁路总公司监管，我们假设不同地区的铁路运输服务的货币成本没有差异。另外，我们不区分速度是由于硬件改进（例如，基础设施的改进）还是软件调整（例如，由于对安全性的关注，铁路运营和管理的进步等原因而导致的法规调整）。尽管如此，一旦获得此类数据，就需要在未来的研究中进一步解决这些问题。

10.4.4　生产率变化

鉴于采用了先进的高铁技术，中国在铁路资本上的大量投资可能会提高客运铁路系统的生产率。由于 CGE 模型中的生产率冲击意味着生产活动的技术改进，因此按照陈等（2016）的方法，采用了客运铁路的劳动生产率作为衡量铁路运输部门生产率变化的指标。本质上，如式（10.6）所示，劳动生产率（P）是一个比率，该比率是由乘客公里数（PKM）除以每个区域的雇员人数（r）得出的：

$$P_{t,r} = \frac{\dfrac{PMK_{t,r}}{Employee_{t,r}} - 1}{\dfrac{PMK_{t-1,r}}{Employee_{t-1,r}}} \times 100\% \tag{10.6}$$

图 10 – 5 说明了 2002 ~ 2013 年不同地区的劳动力产出（PKM / 雇员）的变化。平均劳动产出的总体趋势正在增长，这表明自高铁的大规模发展以来，客运铁路的生产率已经提高。在某些地区，如长江中游地区和南海岸，在 2006 ~ 2012 年表现有所波动。这可能是由于开放了一些主要的高铁服务，例如，武汉至广州的高铁，导致铁路劳动力的增加。

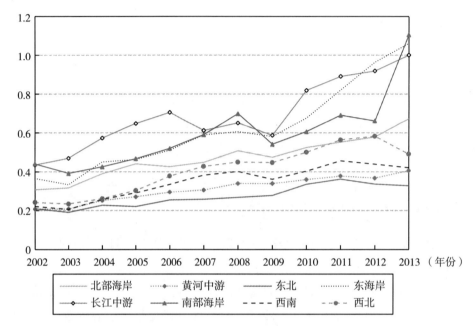

图 10 – 5　2002 ~ 2013 年中国客运铁路的劳动力平均产出变化

10.4.5　SCGE 模型的数据

SCGE 建模的基准数据来源于 SinoTERM 数据库（Horridge & Wittwer，2008），其中载有 2002 年中国的国家投入产出和供给使用表以及用于估计产出和最终需求区域分布的区域数据。霍里奇（Horridge，2012）介绍了详细的 TERM 数据库结构和开发流程。使用 TERM 评估中国铁路基础设施发展对区域经济的影响的优势在于，该模型包含不同运输方式贸易利润的详细细分。正如霍里奇等（2005）所指出的，TERM 假设每个地区的所有用户都按照共同的比例消费来自其他地区的商品。具体来说，商品的价值体现在三个方面：

（1）基本价值 = 产出价格（对于国内生产的商品）或 CIF 价格（对于进口）；

（2）交付价值 = 基本价值 + （运输或零售）保证金；

（3）买方的价值 = 交付的价值 + 税。

这种详细的结构使我们能够通过对铁路运输成本变化的冲击来模拟铁路基础设施发展的间接经济影响。原始数据库包括 137 个扇区和 31 个区域。为了方便进行 CGE 模拟，我们采用了 SinoTERM 数据库的精简版进行评估，共有 8 个区域。附表 10 - 1 汇总了各部门的详细桥接表。

另外，进行了以下更新以提高 CGE 仿真的准确性。第一，由于原始的 SinoTERM 是静态模型，因此我们根据白等（2006）的研究结果将其投资/资本比率指定为 25，从而将该模型升级为动态模型。第二，要素替代的弹性输入根据郭等（2014）以及查和周（Zha & Zhou，2014）进行了更新，其余参数是从霍里奇和威特沃（Horridge & Wittwer，2008）的相关研究中获得的。

10.5　结　果

如图 10 - 6 所示 CGE 模拟分为五组进行，以提供以下情况之间的分类影响比较：土地使用，资本投资，运输成本变化，生产率变化和同时产生的影响。该模型使用 RunDynam 仿真，RunDynam 是由维多利亚大学的 GEMPACK 软件团队开发的编程接口。考虑到直接影响因素可以捕捉到 2002 ~ 2013 年，该模型可以动态递归求解，换句话说，计算结果是一期一次的。为了对工资进行固定，而对就业进行内生性调整，对模拟应用了短期克劳尔确定规则。另外，当模拟涉及资本投资冲击时，还应用了一条附加规则来外生投资变量，以实现收敛的优化解决方案。

图 10 - 6（a）说明了由于铁路基础设施发展而导致的土地使用变化对地区生产总值（GRP）的影响。显然，由于农业相关部门的土地因素的限制，土地利用效应对 GRP 的增长有负面影响。冲击的幅度在不同地区有所不同。例如，西北和南部沿海地区铁路基础设施发展对土地使用的负面影响相对高于其他地区。负面影响发生在 2006 年的西北地区和 2013 年的南海岸地区。这两个地区的影响值都比平常高，这主要是由于这些地区铁路基础设施的发展导致城市化的扩展效应。

图 10 - 6（b）展示了由于铁路基础设施发展而产生的资本投资效应的区域影响。2002 ~ 2013 年呈上升趋势，但在此期间的中间出现了两个主要下降趋势。2008 年的下降可以用当年由于经济衰退造成的投资减少来解释，而 2011 年的下降则反映了当年发生的高铁事故对铁路投资的影响[①]。就区域影响差异而言，因为铁路运输行业资本投资的强劲刺激作用，西南和西北欠发达地区在此期间的增长相对较大。

[①]　2011 年 7 月 23 日发生高铁事故，造成 40 人死亡和 172 人受伤。这是由于极端天气条件下的设备缺陷引起的。结果，考虑到安全问题，大规模铁路的发展速度放慢了（Chen & Haynes，2015）。

图 10-6（c）说明了铁路运输成本变化的区域影响。尽管开发初期存在一些波动，但对 GRP 的影响不大，并且随着时间的推移会出现较小的增长趋势。2003～2008 年的波动可以通过改变铁路运行速度管理的监管政策来解释。由于大多数铁路系统仍在建设中，因此 2008 年之后的温和增长趋势可能反映了在此期间，运输成本并未发生重大变化。

生产率变化影响的区域影响如图 10-6（d）所示。一般而言，铁路运输部门的生产率提高与调查期间对 GRP 的积极影响相关，平均幅度约为 0.7%。但是，2009 年和 2012 年也有两个主要下降趋势/点，这可能是多种原因造成的。一是应该注意生产力变量实质上代表了铁路部门劳动力的生产率水平。因此，该变量受乘客公里数（PKM）和员工人数的变化影响。二是 2009 年的下滑最有可能是由于经济衰退导致的铁路客运需求减少，而 2011 年的下滑很可能是由于新高铁开通导致与铁路部门相关的工作数量增加服务。

最后但并非最不重要的一点是，结合了四种效果的同时，仿真结果如图 10-6（e）所示。显然，尽管在经济衰退的影响下，铁路基础设施发展对经济的贡献趋于下降，但总体经济影响仍然是积极的。

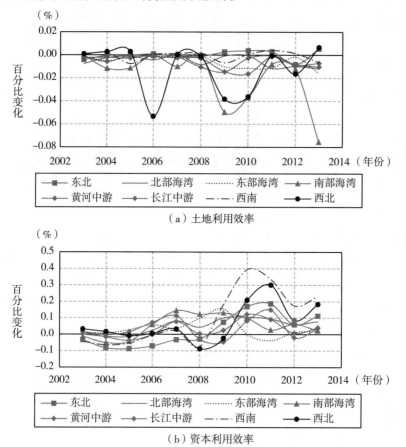

（a）土地利用效率

（b）资本利用效率

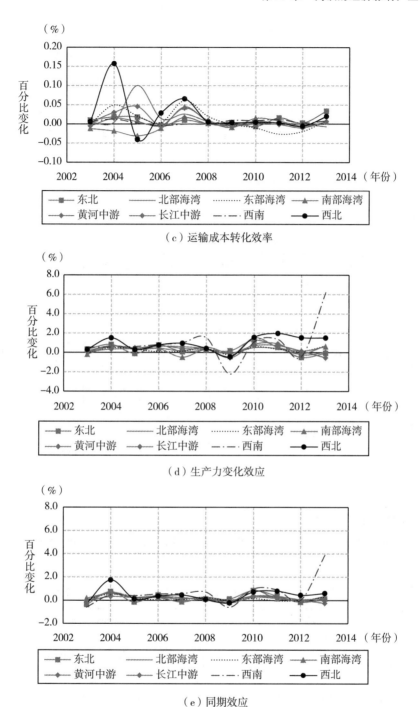

图 10 - 6　基于多种效应的铁路发展的区域经济影响

资料来源：作者整理而得。

　　表 10 - 3 总结了 2002 ～ 2013 年铁路基础设施发展对地区经济的总体影响。实际 GDP 变化水平在南部沿海地区最大，而对西北地区的影响最小。铁路基础设施

发展对就业的影响有所不同，最大的就业增长发生在西南部，而最小的增长发生在东部沿海。东海岸就业的负面结果表明，铁路基础设施的发展对东部地区的就业产生了负面的溢出效应。如果以 GDP 乘数衡量，2002 年和 2013 年铁路发展对区域经济的贡献是北海岸地区最高的。铁路基础设施对全国实际国内生产总值的总体影响为 531.6 亿美元，比 2002 年的基础水平增长了 4.22%。实际总产值与实际国内生产总值的乘数分别为 1.01 和 0.09，表明在铁路部门投资 1 美元，分别使总产值增长 1.01 美元和实际 GDP 增长 0.09 美元。

表 10 – 3　　　　　　中国铁路基础设施建设对地区经济的
　　　　　　　　　　总体影响：2002 ~ 2013 年

地区	Nominal Output	Real Outputa	Real GDPa	Agg. Employ.[b]	Nominal Output	Real Output	Real GDP	Agg. Employ.	Output Multiplier (nominal)	Output Multiplier (real)	GDP Multiplier (real)
	Level Change				Percentage Change						
东北	151.36	60.81	6.66	0.11	61.29	23.43	3.94	0.21	3.14	1.26	0.14
北部海湾	172.77	77.45	8.19	0.41	32.55	14.02	4.57	0.38	2.16	0.97	0.10
东海海湾	295.38	132.06	8.92	-0.04	46.84	19.87	3.07	-0.04	4.67	2.09	0.14
南部海湾	246.28	108.26	11.14	0.11	58.58	24.85	4.39	0.15	3.56	1.57	0.16
黄河中游	251.26	142.03	7.17	0.00	86.27	46.55	3.55	0.00	2.44	1.38	0.07
长江中游	128.75	73.40	3.51	0.14	37.35	20.48	3.32	0.10	1.27	0.72	0.03
西南	40.50	20.52	5.61	2.67	13.78	6.85	14.42	1.77	0.40	0.20	0.06
西北	22.86	12.42	1.96	0.69	27.45	14.81	9.63	2.28	0.41	0.22	0.04
国家	1309.16	626.94	53.16	4.08	46.19	21.19	4.22	0.55	2.10	1.01	0.09

注：结果反映了土地使用，资本投资，运输成本变化和生产率变化的同时影响。a. 2014 年的十亿美元。b. 数以百万计的工作。

表 10 – 4　　　　2002 ~ 2013 年中国铁路基础设施发展对区域经济的影响

地区	GDP (billions of dollars)						Employment (millions of jobs)					
	Land Use Effect	Invest. Effect	Cost Change Effect	Prod. Effect	Total Impact (Sum.)	Total Impact (Sim.)	Land Use Effect	Invest. Effect	Cost Change Effect	Prod. Effect	Total Impact (Sum.)	Total Impact (Sim.)
东北	0.01	0.82	0.33	5.25	6.41	6.66	0.02	-0.02	0.01	0.03	0.04	0.11
北部海湾	-0.20	1.80	0.53	6.25	8.38	8.19	0.01	0.15	0.04	0.23	0.43	0.41
东海海湾	-0.36	1.99	0.57	7.26	9.46	8.92	-0.02	0.06	0.01	0.01	0.07	-0.04
南部海湾	-1.03	2.54	-0.03	9.76	11.24	11.14	-0.05	0.06	-0.03	0.11	0.09	0.11
黄河中游	-0.28	1.16	0.44	6.00	7.31	7.17	-0.03	0.03	0.02	0.05	0.07	0.00

续表

地区	GDP（billions of dollars）						Employment（millions of jobs）					
	Land Use Effect	Invest. Effect	Cost Change Effect	Prod. Effect	Total Impact（Sum.）	Total Impact（Sim.）	Land Use Effect	Invest. Effect	Cost Change Effect	Prod. Effect	Total Impact（Sum.）	Total Impact（Sim.）
长江中游	−0.11	0.70	0.13	3.30	4.02	3.51	0.01	0.10	−0.01	0.17	0.26	0.14
西南	0.00	0.80	0.04	4.32	5.16	5.61	0.07	0.38	−0.02	1.69	2.12	2.67
西北	−0.05	0.29	0.10	1.71	2.05	1.96	0.00	0.13	0.03	0.57	0.73	0.69
国家	−2.03	10.10	2.11	43.85	54.03	53.16	0.02	0.88	0.04	2.86	3.81	4.08

资料来源：作者整理而得。

　　表 10-4 总结了 2002～2013 年铁路基础设施发展对区域经济影响的分类结果。一方面，很明显，对区域经济增长的大部分贡献来自铁路运输部门生产率提高的积极影响。另外还发现资本投资的积极作用是巨大的。一般而言，铁路基础设施发展相关部门（如建筑和铁路设备制造）的资本支出约占总影响的 20%。另一方面，土地利用效应和运输成本节省效应相对较小。总体而言，同步模拟的总影响与通过简单求和得出的结果基本一致，这证实了 CGE 结果是可靠的。中国铁路基础设施发展的总体影响在 2002～2013 年使实际 GDP 增长了 4%。

　　值得注意的是，使用不同的 CGE 模型（Chen et al.，2016）。实际国内生产总值增长率与我们先前在国家一级的评估非常接近（增长率约为 4.62%），但是，与陈等的土地利用效应和产出效应的总结果相比，发现 GDP 水平变化的结果相对较小[①]。一种可能的解释是，由于这些不同的 CGE 模型采用的参数不同，因此估算值可能不同。例如，鉴于 SCGE 模型倾向于通过各种区域间替代来捕获更复杂的区域间商品流，因此由于内部替代效应，合计结果可能会被消除。

10.6　结　论

　　本章以中国为例，介绍一个综合的建模框架，以评估铁路基础设施发展对区域经济的影响。通过应用动态 SCGE 模型（用于经济影响评估的最新方法），开

---

　　①　应当注意，比较是在汇总的模拟结果之间进行的，仅考虑两个影响：土地使用影响和产出影响（成本降低和生产率变化）。因此，尽管陈等（2016）发现总影响为 10.3%，约 55% 的贡献来自铁路基础设施发展的需求效应。

发了详细的建模程序，以反映新添加的 HSR 服务的短期和长期效果。期望这种建模过程从事后角度提供比在事前角度通常评估的传统方法更可靠的估计。

综合考虑土地利用、资本投入、运输成本和生产率的变化这四个影响，结果表明中国的铁路基础设施建设以高铁为主导，对全国实际 GDP 产生积极的影响总体增长率为4%。影响在西南地区更为深远，而在发达的东部则相对较小。相反，在发达地区，如南部和东部的沿海省份，实际 GDP 的总体水平变化相对较大。结果表明，中国的铁路基础设施建设促进了区域经济活动的趋同，因为欠发达地区的增长速度要高于发达地区。另外，研究结果还表明，高铁的长期影响（由于铁路运输生产力的提高和运输成本的降低）往往远大于其短期影响（例如，土地使用和产出影响）。

第一，应当指出，鉴于数据的局限性和假设，这些经验结果是初步的。因此，评估结果应谨慎解释。在未来的研究中可能会解决一些限制。例如，可以进一步改进直接影响因素，如铁路生产率指标。尽管现有指标反映了铁路部门运营效率的动态，但不可避免地会包括影响区域经济绩效的其他干扰因素，如经济周期和法规变化的影响。这解释了在经济衰退时期铁路生产率下降对区域经济增长的负面影响。因此，为了有效地捕捉生产力变化的趋势以响应基础设施和技术的改进，需要开发新的指标。

第二，可以通过将更多驱动因素纳入区域经济模型系统来进一步改善评估，例如，由于开通长途高铁而引起的区域间运输成本的变化。同样，一旦获得关于区域旅行需求的数据，就可以通过将诱导的需求效应和替代效应纳入分析来进一步改善评估。

第三，SCGE 建模系统的一些关键参数（例如，要素输入的替代弹性、阿明顿弹性）存在局限性，需要进一步验证和更新。例如，早期研究表明，除非根据特定的区域评估重点仔细评估和选择关键参数，否则 CGE 的结果可能会有偏差（Chen & Haynes，2017；Partridge & Rickman，1998）。因此，为了对基础设施系统进行更准确的长期区域经济影响评估，在数据收集和参数校准方面需要付出更多的努力。

然而，该研究在以下方面为中国和其他国家的基础设施建设规划者和决策者提供了启示。第一，由于已发现大型基础设施系统（如高铁）的长期经济影响远大于其短期影响，因此，针对未来基础设施投资的决策和规划需要考虑全面的影响评估结果（包括短期和长期影响）。在几个欧洲国家中，尤其是对大型基础设施的经济影响评估通常依赖于简单方法（如 BCA），而仅侧重于短期影响的情况尤其如此。显然，长期影响不容忽视。第二，鉴于不同地区铁路基础设施投资的经济影响趋于不同，因此，未来对高铁的基础设施开发和投资计划需要更加谨慎地执行，以便最大限度地提高其对社会和经济的利益。

第11章

总 结

11.1 小 结

随着交通技术的快速发展和城际旅行需求的不断增长，高铁在许多国家受到了前所未有的关注。中国、韩国、土耳其、日本、西班牙、德国、法国和英国已经开通高铁，奥地利、瑞典、芬兰、葡萄牙、波兰和美国等正在规划高铁或讨论是否应该发展高铁。考虑到开通高铁需要考虑很多因素，所以以多样化的发展模式并不令人惊讶。此外，高铁建设还需面对组织、技术、资金和政治等多方面的挑战，因此，不同国家对高铁建设的决策是不同的且不确定的。

当许多国家还在高铁的收益和成本之间进行权衡时，中国已经在 2004～2017 年建造了超过 22000 公里的高铁，由 8 条东西走向干线和 8 条南北走向干线组成，最高运行速度为 350 公里/小时，这大大增加了主要城市群之间的时空联系。在中国政府的大力支持下，国家高铁网络计划得以持续、相对稳定地实施。此外，2016 年，中国发布了新的高铁建设计划，提出了一个更加雄心勃勃的铁路基础设施发展愿景，即 2030 年将整个铁路网建设成为高达 17.5 万公里，高铁网络为 3.8 万公里。

中国高铁的发展是惊人的，中国技术转让、新技术开发、重大技术创新和高铁各方面的工业生产规模扩大到了前所未有的水平。它将规划、全系统的整合及在非常具有挑战性的地形进行建设相结合，严格贯彻"做中学"克服了各种环境障碍。铁路调整、新桥建设到高铁车站建设使得基础设施投资增大,这对城市结构调整产生了重大影响,尤其是在中型城市。高铁的建设导致了房地产和土地投机行为的盛行,然而尽管存在这些问题,高铁在其既定目标、内部重组和中国空间经济重组方面取得了成功。随着"一带一路"倡议和位于北京西南部的雄安新区项目的实施,高铁的建设让这些项目具有更加广阔前景,实践证明,中国政府可以通过制定目标和确定项目来实现这些目标,并有效实施。

作为一个大型基础设施项目,中国的高铁可以与世界上任何高铁的建设相媲美,也可以与埃及的苏伊士运河和阿斯旺大坝的建设相媲美,可以与美国的横贯大陆铁路系统和州际公路系统相媲美。中国的高铁带来的经济影响将在未来数年持续显现,它提高了重工业的生产能力,巩固了国家的城市结构,同时,通过城市集聚和劳动力流动,高铁还将直接和间接地使得中国转向更强大的服务型经济并创建一个一体化的全国市场。

有效、全面地理解高铁对中国的经济地理和空间、竞争结构等的影响是必不可少的。这样的研究将有助于公众和决策者更好地认识到现有投资的好处,并有助于评估如何提高未来基础设施发展的有效性和效率。这与"一带一路"倡议关系很大,尽管该倡议根植于国际关系中,但其核心是基础设施建设。另外,了解高铁对中国空间经济的影响,也为其他拥有类似高铁或计划建设此类高铁的国家提供经验。

笔者首次提出了一种全面的方法来研究高铁在中国的影响,重点是在土地利用、经济体系、环境、区域差异、旅游和城市房地产等方面,研究高铁对中国经济地理的空间溢出效应。笔者的分析涉及一个多层次的框架,它侧重于国家和区域一级的发展。这些方法包括空间计量模型和最先进的可计算一般均衡模型。

不同研究的主要结果如表 11-1 所示。具体来说,中国高铁的发展对土地价值和土地利用都有实质性的影响。例如,使用超过 629741 份土地交易记录的微观层面数据,构建空间计量模型,进行回归分析表明高铁的发展与土地价值增长正相关,其系数为 3%~13%。并且这种影响在省会城市更为明显,尤其是当距离高铁车站更近的时候。在土地利用方面,以京沪高铁为例研究发现,高铁对城市扩张具有正向影响,但其在空间和时间上的影响存在较大的差异:一方面,在高铁发展之前和发展过程中,这种影响更为广泛;另一方面,高铁对土地利用的影响,中小城市比已经形成高密度土地结构的大城市更明显。

表 11 –1 研究中国高铁文献总结

章节	主题	时期	方法	主要研究结果
2	土地价值	2007～2015 年	空间特征分析	高铁会使得沿线土地价值增长 3%～13%。省会城市和离高铁站越近的地方影响越大
3	土地使用	2005～2016 年	遥感和 GIS	高铁对城市扩张的影响是显著的，但在空间和时间上有很大的差异。这种影响在中小城市更为强烈，且普遍在高铁开通之前和开通过程中更为显著
4	房地产价值	2014 年	空间特征分析	京沪高铁对中小城市房地产价值的影响较大，但对北京的影响较小，且具有地域性
5	房地产价值	2015 年	空间特征分析	在不同城市，高铁的溢出效应不同。例如，在广州，城际高铁的空间溢出效应对房地产价值的影响较强，但对成都等影响较弱，基本上为区域性影响
6	旅游需求	1999～2016 年	空间计量分析	研究发现，高铁对西部旅游需求的影响较大，中部地区无影响，东部发达地区影响较小
7	航空交通供给与需求	2001～2014 年	计量分析	高铁对我国国内航空运输具有显著的替代作用。大城市之间，里程 500～800 公里的高铁对航空的影响最大
8	区域性差异	2000～2014 年	计量分析	高铁促进中国区域经济的融合，这种影响主要集中在长江中游、西南和南方
9	国家经济与环保	2002～2013 年	动态单区域 CGE	2002～2013 年，铁路投资连续增长，占 GDP 增长的 10.3%，社会福利增长 8.5%。由于高铁开通，并没有显著降低碳排放量，因为高铁的诱导需求远大于替代需求
10	区域经济	2002～2013 年	动态 CGE	研究发现，铁路基础设施投资对国内实际 GDP 增长率的影响在西南地区更强，在发达的东部地区相对较小

第 4 章和第 5 章分别研究了长距离高铁和短距离城际铁路（IPR）对房价变化的影响。长距离时，我们发现高铁对京沪沿线的房地产价值有正向的影响，但这些影响在省会城市和非省会（中小）城市之间有很大的差异。具体而言，高铁的开通对中小城市的房价产生了相当大的影响（局部效应加上溢出效应）。然而，高铁对省会城市的影响往往较小，只有局部效应。

在知识产权方面，不同的大都市受到的影响各不相同。例如，知识产权的直接和间接（空间溢出）效应在大的集聚性区域，如广州是很强的。相反，在其他地区，如成都，仅发现知识产权对房价的直接影响，这表明知识产权对房价的影响在空间上往往是局部的，而不是区域性的。

总体而言，这些关于高铁对土地利用和房地产影响的不同研究证实，高铁的引入确实对土地价值和房地产价值的增长产生了正向作用，但这种作用往往在空间上有所不同。例如，以京沪高铁为例，从城市扩张率和房价变化两方面衡量，中小城市受到的影响相对较大。另外，高铁对房地产价值的正向影响主要来自中小城市的空间溢出效应，作用于大城市。这一现象表明，与大城市相比，高铁对中小城市的正向溢出效应更有利于城市发展，这很可能是由于交通可达性的改善。反之，在省会等大城市，高铁的影响往往是区域性的，这可能是因为高铁带来的可达性改善对大城市整体可达性的影响较小。

第 6 章和第 7 章分别考察了高铁对旅游需求和航空供需变化的影响。本研究运用空间经济计量法，研究表明高铁的开通对旅游业和航空业产生了显著的影响。研究发现，高铁对旅游需求的影响（以国内入境游客数量和国内旅游收入衡量）在不同地区存在显著差异。例如，对西部欠发达地区的影响较大，而对中部地区的影响较小，对东部发达地区的影响较小。同样，高铁的开通也对国内航空产生了显著的替代效应，但不同的高铁线路、距离和城市类型的替代效应的程度不同。例如，武广高铁开通后，武广沿线主要城市的航空需求下降了 45%，与此同时，京沪高铁的开通使得航空需求下降 33.6%。

第 8 章采用面板回归方法考察高铁对区域经济差距的影响。根据内生增长模型，中国高铁对促进区域经济趋同具有正向影响，即在高铁的影响下欠发达地区的人均 GDP 增速往往快于发达地区。

第 9 章和第 10 章评估了高铁对国民经济、环境以及区域经济增长的影响，研究基于两种不同地理尺度的 CGE 模型，结果非常相似。例如，在区域一级的 CGE 评估中，2002～2013 年铁路基础设施投资使全国 GDP 增长了 4.22%，这是因为土地利用变化、产出刺激和生产率提高。在国家一级的 CGE 评估中，铁路基础设施投资对同期实际 GDP 增长的贡献约为 4%。由于数据的可得性，铁路基础设施的需求效应的总体经济影响只能在国家一级加以衡量，结果表明，虽然从传统交通方式到高铁的替代对经济增长有轻微的负向作用，但诱导需求的正向影响超过替代效应，故其系数为 5.74%。

对第 8 章和第 10 章的比较也发现在区域一级的影响十分类似。例如，尽管研究方法不同，但两项研究都发现铁路基础设施发展对区域经济增长的影响在中国西南等欠发达地区往往要更显著。

11.2 不足和贡献

我们对高铁影响的实证研究涉及很多方面，包括土地利用、房地产、旅游、交通、区域经济和环境，且研究结果总体上是一致的。高铁的开通对中国经济地理的各个方面产生了显著影响。从社会经济的角度来看，中国大规模的铁路基础设施投资是成功的，特别是在实现促进区域协调发展的目标方面。高铁在中国的地理和经济中扮演着统一均衡的角色，然而，应该注意的是，这一结果并不意味着铁路基础设施的这种跨越式发展应该在未来持续实施。毕竟，从社会经济的角度来看，一个经济上正向的影响并不一定意味着从其他角度来看也是正向的。事实上，正如高铁的资金来源主要为银行贷款和铁路债券，高铁的大规模发展增加短期流动性风险和长期债务危机（Chen & Haynes，2015）。因此，未来高铁规划实施应该更加谨慎。

另外，我们应该注意到，我们的研究侧重于量化的效益，因为其目标是衡量基础设施建设的直接和间接社会经济效益，这种方法没有考虑到成本。因此，中国现有的高铁发展模式需要重新考虑，并对未来扩张的收益和成本进行估算。特别是，未来应更多地考虑如何提高其质量，而不是数量。高铁的规划政策需要从公平、可靠性和可持续性的角度进一步考虑以下几个关键问题：高铁发展引起的社会扩张是否与由于可达性和票价有关？现有的高铁系统对各种意外事件（如人为造成的系统中断或极端天气事件）有应对吗？下一条高铁线路在开通一段时间后财务上能否可持续？最后，鉴于磁悬浮和超回路列车等城际交通创新技术的迅速发展，现有的基于轮轨的高铁在未来 35 年内在技术上还是可持续的吗？

显然，高铁发展的长期战略不仅要以区域协调发展、强调经济发展、创造就业和区域增长为目标，还应关注其他方面，如社会公平、系统风险和可持续性。

11.3 研究展望

中国高铁的发展不仅因为旅行节约时间缩短，提高区域连通性和可达性使普通民众受益，它还使得学者重新考虑我们现有的理论和研究方法是否能研究新技术对我们的社会和环境是否有影响这类问题。因此，需要进行持续的研究工作以便让我们进一步了解随着基础设施随着时空上的发展其影响将如何变化。具体来说，将不同地区、不同时期的结果进行比较可以更全面地反映高铁对经济、社会和环境的影响。

另一个可以进一步探讨的方向是研究高铁对区域竞争力的影响。例如，高铁的发展是否通过促进新的企业形成和知识外溢而带来更有活力的区域经济增长。新经济地理学理论认为，高铁等交通基础设施会降低交通成本，增加可达性，从而促进知识溢出，所以劳动力的生产效率将会提高。一些研究已经提供了一些初步证据来阐明上述假设（Lin，2017；Dong et al.，2018），但还要做更深入的研究以进行非总体分析，非总体分析可能对规划者和决策者更有意义。

另外，考虑到高铁的发展大大缓解现有的铁路的容量问题，可以研究高铁是否通过提高货运铁路效率以促进地区间贸易发挥了重要作用。这一研究可能为"一带一路"倡议提供启示，因为"一带一路"倡议的重点就是通过大规模基础设施建设来改善与"一带一路"沿线国家的国际贸易。

参 考 文 献

［1］骆玲，曹洪. 高速铁路的区域经济效应研究 ［M］. 成都：西南交通大学出版社，2010.

［2］数据来源于中国媒体报道 http：//finance. sina. com. cn/ roll/20140607/003319340443。(2014 年 9 月 26 日起)。

［3］Adams P. D. , Dixon P. B. , McDonald D. , Meagher G. A. and Parmenter, B. R. (1994). Forecasts for the Australian economy using the MONASH model. International Journal of Forecasting, 10 (4)：557 –571.

［4］Ahlfeldt G. M. (2011). The train has left the station：do markets value intracity access to intercity rail connections? German Economic Review, 12 (3)：312 –35.

［5］Albalate D. and Bel G. (2012). High-speed rail：lessons for policy makers from experiences abroad. Public Administration Review, 72 (3)：336 –49.

［6］Albalate D. and Bel G. (2012). The Economics and Politics of High-speed Rail：Lessons from Experiences Abroad. Lanham, MD：Lexington Books.

［7］Albalate D. and Fageda X. (2016). High speed rail and tourism：empirical evidence from Spain. Transportation Research Part A：Policy and Practice, 85：174 –85.

［8］Albalate D. , Bel G. and Fageda X. (2015). Competition and cooperation between high-speed rail and air transportation services in Europe. Journal of Transport Geography, 42：166 –74.

［9］Albalate D. , Campos J. and Jiménez J. L. (2017). Tourism and high speed rail in Spain：does the AVE increase local visitors? Annals of Tourism Research, 65：71 –82.

［10］Andersson D. E. , Shyr O. F. and Fu J. (2010). Does high-speed rail accessibilityinfluence residential property prices? Hedonic estimates from southern Taiwan. Journal of Transport Geography, 18 (1)：166 –74.

［11］ Ansar A. , Flyvbjerg B. , Budzier A. and Lunn D. （2016）. Does infrastructure investment lead to economic growth or economic fragility? Evidence from China. Oxford Review of Economic Policy, 32 （3）: 360 – 90.

［12］ Armington Paul S. （1969）. A theory of demand for products distinguished by place of production. Staff Papers, International Monetary Fund, 16 （1）: 159 – 78.

［13］ Armstrong R. J. and Rodriguez D. A. （2006）. An evaluation of the accessibility benefits of commuter rail in eastern Massachusetts using spatial hedonic price functions. Transportation, 33 （1）: 21 – 43.

［14］ Bai C. , Hsieh C. and Qian Y. （2006）. The return to capital in China. Brookings Papers on Economic Activity, Economic Studies Program, The Brookings Institution, 37: 61 – 102.

［15］ Bak X. F. and Hewings G. J. （2017）. Measuring foreclosure impact mitigation: evidence from the Neighborhood Stabilization Program in Chicago. Regional Science and Urban Economics, 63: 38 – 56.

［16］ Barro R. J. and Sala-i-Martin X. （1995）. Economic growth, 1995. New York: McGraw-Hill.

［17］ Bayley M. （2012）. Regional development via high-speed rail: a study of the Stockholm-Ma'laren region and possibilities for Melbourne regional Victoria. Master's thesis, Division of Transportation and Logistics, KTH Railway Group.

［18］ Behrens C. and Pels E. （2012）. Intermodal competition in the London-Paris passenger market: high-speed rail and air transport. Journal of Urban Economics, 71 （3）: 278 – 88.

［19］ Bertrand M. and Mullainathan S. （1999）. Is there discretion in wage setting? A test using takeover legislation. The Rand Journal of Economics, 30 （3）: 535 – 54.

［20］ Bilotkach V. , Fageda X. and Flores-Fillol R. （2010）. Scheduled service versus personal transportation: the role of distance. Regional Science and Urban Economics, 40 （1）: 60 – 72.

［21］ Bonnafous A. （1987）. The regional impact of the TGV. Transportation, 14: 127 – 37.

［22］ Bowes D. R. and Ihlanfeldt K. R. （2001）. Identifying the impacts of rail transit stations on residential property values. Journal of Urban Economics, 50 （1）: 1 – 25.

[23] Bradfield M. (1988). Regional Economics: Analysis and Policies in Canada. Toronto: McGraw-Hill Ryerson.

[24] Brand D., Kiefer M., Parody T. and Mehndiratta S. (2001). Application of bene fit-cost analysis to the proposed California high-speed rail system. Transportation Research Record: Journal of the Transportation Research Board, 1742: 9 – 16.

[25] Brotchie J. (1991). Fast rail networks and socioeconomic impacts. In J. Brotchie, M. Batty, P. Hall and P. Newton (eds), Cities of the 21st Century: New Technologies and Spatial Systems. New York: Longman Cheshire, 25 – 37.

[26] Bröcker J. (1998). How would an EU-membership of the Visegrád-countries affect Europe's economic geography? EU-membership of the Visegrád-countries. The Annals of Regional Science, 32 (1): 91 – 114.

[27] Bröcker J. (2004). Computable general equilibrium analysis in transportation economics. In D. A. Hensher and K. J. Button (eds), Transport Geography and Spatial Systems. Handbook 5 of Handbook in Transport. Kidlington, UK: Pergamon/Elsevier Science, 269 – 89.

[28] Bröcker J., Korzhenevych A. and Schürmann C. (2010). Assessing spatial equity and efficiency impacts of transport infrastructure projects. Transportation Research Part B: Methodological, 44 (7): 795 – 811.

[29] Bullock R. H., Salzberg A. and Jin Y. (2012). High-speed rail-the first three years: taking the pulse of China's emerging program. China Transport Topics No. 04, February. World Bank, Washington, DC.

[30] Button K. (2010). Transport Economics. Cheltenham, UK and Northampton, MA, USA: Edward Elgar Publishing.

[31] Button K. (2012). Is there any economic justification for high-speed railways in the United States? Journal of Transport Geography, 22: 300 – 302.

[32] Button K. (2017). High-speed railways: do they produce economic growth? Mercatus Center Research Paper. George Mason University.

[33] Cai F., Wang D. and Du Y. (2002). Regional disparity and economic growth inChina: the impact of labor market distortions. China Economic Review, 13 (2): 197 – 212.

[34] Cai H., Henderson J. V. and Zhang Q. (2013). China's land market auc-

tions: evidence of corruption? The Rand Journal of Economics, 44 (3): 488 – 521.

[35] Campa J. L., López-Lambas M. E. and Guirao B. (2016). High speed rail effects on tourism: Spanish empirical evidence derived from China's modelling experience. Journal of Transport Geography, 57: 44 – 54.

[36] Campos J. and Gagnepain P. (2009). Measuring the intermodal effects of high- speed rail. InEconomic Analysis of High-Speed Rail in Europe. Bilbao: BBVA Foundation, 71 – 88.

[37] Cantos P. , Gumbau-Albert M. and Maudos J. (2005). Transport infrastructures, spillover effects and regional growth: evidence of the Spanish case. Transport Reviews, 25 (1): 25 – 50.

[38] Cao G. , Feng C. and Tao R. (2008). Local "land finance" in China's urban expansion: challenges and solutions. China & World Economy, 16 (2): 19 – 30.

[39] Cao J. , Liu X. C. , Wang Y. and Li Q. (2013). Accessibility impacts of China's high-speed rail network. Journal of Transport Geography, 28: 12 – 21.

[40] Cartenì A. , Pariota L. and Henke I. (2017). Hedonic value of high-speed rail services: quantitative analysis of the students' domestic tourist attractiveness of the main Italian cities. Transportation Research Part A: Policy and Practice, 100: 348 – 65.

[41] Cascetta E. , Papola A. , Pagliara F. and Marzano V. (2011). Analysis of mobility impacts of the high speed Rome-Naples rail link using within day dynamic mode service choice models. Journal of Transport Geography, 19 (4): 635 – 43.

[42] Casler S. D. and Rose A. (1998). Carbon dioxide emissions in the US economy: a structural decomposition analysis. Environmental and Resource Economics, 11 (3 – 4): 349 – 63.

[43] Castillo-Manzano J. I. , Pozo-Barajas R. and Trapero J. R. (2015). Measuring the substitution effects between high speed rail and air transport in Spain. Journal of Transport Geography, 43: 59 – 65.

[44] CCAP and CNT (Center for Clean Air Policy and Center for Neighborhood Technology) (2006). High speed rail and greenhouse gas emissions in the US. Working Paper. Center for Clean Air Policy, No. 21 (7). Washington, DC.

[45] Cervero R. and Hansen M. (2002). Induced travel demand and induced road investment: a simultaneous equation analysis. Journal of Transport Economics and Policy,

36: 469 – 90.

［46］ Chan G. (2018). Understanding China's New Diplomacy: Silk Roads and Bullet Trains. Cheltenham, UK and Northampton, MA, USA: Edward Elgar Publishing.

［47］ Chan K. M. (2010). Harmonious society. In H. K. Anheier and S. Toepler (eds), International Encyclopedia of Civil Society. New York: Springer, 821 – 5.

［48］ Chandra S. and Vadali S. (2014). Evaluating accessibility impacts of the proposed America 2050 high-speed rail corridor for the Appalachian Region. Journal of Transport Geography, 37: 28 – 46.

［49］ Chen C. L. and Wei B. (2013). High-speed rail and urban transformation in China: the case of Hangzhou East rail station. Built Environment, 39 (3): 385 – 98.

［50］ Chen J. and Fleisher B. M. (1996). Regional income inequality and economic growth in China. Journal of Comparative Economics, 22 (2): 141 – 64.

［51］ Chen K. and Liu Q. (2015). Economic development and corruption in China in the shadow of rent seeking. In R. D. Congleton and A. L. Hillman (eds).

［52］ Chen Z. (2017). Impacts of high-speed rail on domestic air transportation in China. Journal of Transport Geography, 62: 184 – 96.

［53］ Chen Z. (2017). Using web-crawled data for urban housing research. In L. Schintler and Z. Chen (eds), Big Data for Regional Science. London: Routledge, 52 – 63.

［54］ Chen Z. (2019). Measuring the regional economic impacts of high-speed rail using a dynamic SCGE model: the case of China. European Planning Studies, January, DOI: 10. 1080/09654313. 2018. 1562655.

［55］ Chen Z. and Haynes K. (2012). Tourism industry and high speed rail, is there a linkage: evidence from China's high speed rail development. GMU-School of Public Policy Research Paper No. 14. George Mason University, Arlington, Virginia.

［56］ Chen Z. and Haynes K. (2014). Spatial impact of transportation infrastructure: a spatial econometric CGE approach. In P. Nijkamp, A. Rose and K. Kourtit (eds), Regional Science Matters-Studies Dedicated to Walter Isard. Cham, Germany: Springer-Verlag, 163 – 86.

［57］ Chen Z. and Haynes K. (2015a). Chinese Railway in the Era of High-speed. Bingley, UK: Emerald Group Publishing.

[58] Chen Z. and Haynes K. (2015b). Impact of high speed rail on housing values: an observation from the Beijing-Shanghai line, Journal of Transport Geography, 3: 91–100.

[59] Chen Z. and Haynes K. (2015c). Multilevel assessment of public transportation infrastructure: a spatial econometric computable general equilibrium approach. The Annals of Regional Science, 54 (3): 663–85.

[60] Chen Z. and Haynes K. E. (2013). Transportation capital in the United States: a multimodal general equilibrium analysis. Public Works Management & Policy, 1087724X13507899.

[61] Chen Z. and Haynes K. E. (2013). Transportation capital in the United States: a multimodal general equilibrium analysis. Public Works Management & Policy, 19 (2): 97–117.

[62] Chen Z. and Haynes K. E. (2015). Impact of high-speed rail on international tourism demand in China. Applied Economics Letters, 22 (1): 57–60.

[63] Chen Z. and Haynes K. E. (2015). Chinese Railways in the Era of High-speed. Bingley, UK: Emerald Group Publishing.

[64] Chen Z. and Haynes K. E. (2015a). Impact of high speed rail on housing values: an observation from the Beijing-Shanghai line. Journal of Transport Geography, 43: 91–100.

[65] Chen Z. and Haynes K. E. (2015b). Chinese Railways in the Era of High Speed. Bingley, UK: Emerald Group Publishing.

[66] Chen Z. and Haynes K. E. (2016). Technology transfer and capture: high speed rail in China. Journal of Asian Politics and History, 9, Fall: 1–17.

[67] Chen Z. and Haynes K. E. (2017). Impact of high-speed rail on regional economic disparity in China. Journal of Transport Geography, 65: 80–91.

[68] Chen Z. and Haynes K. E. (2017). Transportation infrastructure and economic growth in China: a meta-analysis. In H. Shibusawa, K. Sakurai, T. Mizunoya and S. Uchida (eds), Socioeconomic Environmental Policies and Evaluations in Regional Science. Springer: Singapore, 339–57.

[69] Chen Z. and Zhou Y. (2018). Spatial impacts of high-speed rail on urban transformation in China: evidence from land value change. Lincoln Institute of Land Poli-

cy White Paper.

［70］Chen Z. , Xue J. , Rose A. Z. and Haynes K. E. (2016). The impact of high-speed rail investment on economic and environmental change in China: a dynamic CGE analysis. Transportation Research Part A: Policy and Practice, 92: 232 – 45.

［71］Clever R. and Hansen M. (2008). Interaction of air and high-speed rail in Japan. Transportation Research Record: Journal of the Transportation Research Board, 2043: 1 – 12.

［72］Clewlow R. R. , Sussman J. M. and Balakrishnan H. (2014). The impact of high- speed rail and low-cost carriers on European air passenger traffic. Transport Policy, 33: 136 – 43.

［73］Clewlow R. R. L. (2012). The climate impacts of high-speed rail and air transportation: a global comparative analysis. Doctoral dissertation, Massachusetts Institute of Technology.

［74］Coffman C. and Gregson M. E. (1998). Railroad development and land value. The Journal of Real Estate Finance and Economics, 16 (2): 191 – 204.

［75］Companion to the Political Economy of Rent Seeking. Cheltenham, UK and Northampton, MA, USA: Edward Elgar Publishing, 395 – 409.

［76］Conrad K. (1997). Traffic, transportation, infrastructure and externalities: atheoretical framework for a CGE analysis. The Annals of Regional Science, 31 (4): 369 – 89.

［77］Crouch G. I. (1994). The study of international tourism demand: a survey of practice. Journal of Travel Research, 32 (4): 41 – 55.

［78］De Rus G. (2008). The economic effects of high speed rail investment. Discussion Paper 2008/16. OECD-ITP Joint Transport Research Centre. OECD, Paris.

［79］De Rus G. (2011). The BCA of HSR: should the government invest in high speed rail infrastructure? Journal of Benefit-Cost Analysis, 2 (1): 1 – 28.

［80］De Rus G. and Inglada V. (1997). Cost-benefit analysis of the high-speed train in Spain. The Annals of Regional Science, 31 (2): 175 – 88.

［81］De Rus G. and Nombela G. (2007). Is investment in high speed rail socially profitable? Journal of Transport Economics and Policy, 41 (1): 3 – 23.

［82］Debrezion G. , Pels E. and Rietveld P. (2007). The impact of railway stations on residential and commercial property value: a meta-analysis. The Journal of Real Estate Finance and Economics, 35 (2): 161 – 80.

[83] Debrezion G., Pels E. and Rietveld P. (2011). The impact of rail transport on real estate prices: an empirical analysis of the Dutch housing market. Urban Studies, 48 (5): 997 – 1015.

[84] Delaplace M., Pagliara F., Perrin J. and Mermet S. (2014). Can high speed rail foster the choice of destination for tourism purpose? Procedia-Social and Behavioral Sciences, 111: 166 – 75.

[85] Demurger S. (2001). Infrastructure development and economic growth: an explanation for regional disparities in China? Journal of Comparative Economics, 29 (1): 95 – 117.

[86] Deng F. F. (2005). Public land leasing and the changing roles of local government in urban China. The Annals of Regional Science, 39 (2): 353 – 73.

[87] Diaz R. B. and Mclean V. A. (1999). Impacts of rail transit on property values. In American Public Transit Association Rapid Transit Conference Proceedings, Toronto, May 22 – 27: 1 – 8.

[88] Ding C. and Lichtenberg E. (2011). Land and urban economic growth in China. Journal of Regional Science, 51 (2): 299 – 317.

[89] Dobruszkes F. (2011). High-speed rail and air transport competition in Western Europe: a supply-oriented perspective. Transport Policy, 18 (6): 870 – 9.

[90] Dobruszkes F., Dehon C. and Givoni M. (2014). Does European high-speed rail affect the current level of air services? An EU-wide analysis. Transportation Research Part A: Policy and Practice, 69: 461 – 75.

[91] Donaldson D. (2018). Railroads of the Raj: estimating the impact of transportation infrastructure. American Economic Review, 108 (4 – 5): 899 – 934.

[92] Donaldson D. and Hornbeck R. (2016). Railroads and American economic growth: a "market access" approach. Quarterly Journal of Economics, 131 (2): 799 – 858.

[93] Dong Z., Wei X. and Zhang Y. (2015). The allocation of entrepreneurial efforts in a rent-seeking society: evidence from China. Journal of Comparative Economics, 44 (2): 353 – 71.

［94］ Elhorst J. P. （2014）. Spatial panel data models. In Spatial Econometrics：From Cross-sectional Data to Spatial Panels. Berlin and Heidelberg：Springer, 37 – 93.

［95］ Elhorst J. P. （2014）. Spatial panel data models. In Spatial Econometrics：From Cross-sectional Data to Spatial Panels. Berlin andHeidelberg：Springer. Fröidh, O. （2008）. Perspectives for a future high-speed train in the Swedish domestic travel market. Journal of Transport Geography, 16 （4）：268 – 277.

［96］ El-Said M. , Lofgren H. and Robinson S. （2001）. The impact of alternative development strategies on growth and distribution：simulations with a dynamic model. TMD Discussion Paper 78. International Food Policy Research Institute, Washington, DC.

［97］ Fleisher B. M. and Chen J. （1997）. The coast-noncoast income gap, productivity, and regional economic policy in China. Journal of Comparative Economics, 25 （2）：220 – 36.

［98］ Fu X. , Zhang A. and Lei Z. （2012）. Will China's airline industry survive the entry of high-speed rail? Research in Transportation Economics, 35 （1）：13 – 25.

［99］ Fujita M. and Hu D. （2001）. Regional disparity in China 1985 – 1994：the effects of globalization and economic liberalization. The Annals of Regional Science, 35 （1）：3 – 37.

［100］ Fujita M. and Thisse J. F. （1996）. Economics of agglomeration. Journal of the Japanese and International Economies, 10 （4）：339 – 78.

［101］ Gaubatz P. （1999）. China's urban transformation：patterns and processes of morphological change in Beijing, Shanghai and Guangzhou. Urban Studies, 36 （9）：1495 – 521.

［102］ Gilbert R. and Perl A. （2010）. Moving People and Freight Without Oil, Gabriola Island, BC：New Society Press.

［103］ Givoni M. （2006）. Development and impact of the modern high-speed train：a review. Transport Reviews, 26 （5）：593 – 611.

［104］ Givoni M. （2007）. Environmental benefits from mode substitution：comparison of the environmental impact from aircraft and high-speed train operations. International Journal of Sustainable Transportation, 1 （4）：209 – 30.

［105］ Givoni M. and Banister D. （2012）. Speed：the less important element of the high speed train. Journal of Transport Geography, 22：306 – 7.

［106］ Givoni M. and Dobruszkes F. （2013）. A review of ex-post evidence for mode substitution and induced demand following the introduction of high-speed rail. Transport Reviews, 33 （6）: 720 – 42.

［107］ Givoni M. and Rietveld P. （2009）. Airline's choice of aircraft size-explanations and implications. Transportation Research Part A: Policy and Practice, 43 （5）: 500 – 10.

［108］ Gleave S. D. （2004）. High Speed Rail: International Comparisons: Final Report. London: Commission for Integrated Transport.

［109］ Gleave S. D. （2006）. Air and Rail Competition and Complementarity. Case study report prepared for European Commission DG Energy and Transport. London, 1 – 149.

［110］ Graham D. J. （2007）. Agglomeration, productivity and transport investment. Journal of Transport Economics and Policy, 41 （3）: 317 – 43.

［111］ Gu C. , Shen J. , Wong K. Y. and Zhen F. （2001）. Regionalpolarization under the socialist-market system since 1978: a case study of Guangdong province in south China. Environment and Planning A, 33 （1）: 97 – 119.

［112］ Guirao B. and Campa J. L. （2016）. Should implications for tourism influence the planning stage of a new HSR network? The experience of Spain. The Open Transportation Journal, 10 （1）: 22 – 34.

［113］ Guirao B. and Soler F. （2008）. Impacts of the new high speed rail services on small tourist cities: the case of Toledo （Spain）. WIT Transactions on Ecology and the Environment, 117: 465 – 73.

［114］ Gundlach E. （1997）. Regional convergence of output per worker in China: a neoclassical interpretation. Asian Economic Journal, 11 （4）: 423 – 42.

［115］ Guo Z. , Zhang X. , Zheng Y. and Rao R. （2014）. Exploring the impacts of a carbon tax on the Chinese economy using a CGE model with a detailed disaggregation of energy sectors. Energy Economics, 45: 455 – 62.

［116］ Gutiérrez J. （2001）. Location, economic potential and daily accessibility: an analysis of the accessibility impact of the high-speed line Madrid-Barcelona-French border. Journal of Transport Geography, 9 （4）: 229 – 42.

［117］ Haddad E. A. , Hewings G. J. , Perobelli F. S. and Santos R. C. （2010）.

Regional effects of port infrastructure: a spatial CGE application to Brazil. International Regional Science Review, 33 (3): 239 – 63.

[118] Hagler Y. and Todorovich P. (2009). Where High-speed Rail Works Best. New York: America 2050.

[119] Hansen W. and Johansen B. G. (2017). Regional repercussions of new transport infrastructure investments: an SCGE model analysis of wider economic impacts. Research in Transportation Economics, 63: 38 – 49.

[120] Hao R. and Wei Z. (2010). Fundamental causes of inland-coastal income inequality in post-reform China. The Annals of Regional Science, 45 (1): 181 – 206.

[121] Haynes K. E. (1997). Labor markets and regional transportation improvements: the case of high-speed trains. An introduction and review. The Annals of Regional Science, 31 (1): 57 – 76.

[122] Haynes K. E. (2006). Infrastructure: The Glue of Megacities, Vol. 9. Amsterdam: Kenniscentrum Grote Steden. Hirota, R. (1984). Present situation and effects of the Shinkansen. Transport Policy and Decision Making, 3 (3): 255 – 70.

[123] Hensher D. , Li Z. and Mulley C. (2012). The impact of high speed rail on land and property values: a review of market monitoring evidence from eight countries. Road & Transport Research: A Journal of Australian and New Zealand Research and Practice, 21 (4): 3 – 14.

[124] Hernández A. and Jiménez J. L. (2014). Does high-speed rail generate spillovers on local budgets? Transport Policy, 35: 211 – 19.

[125] Higgins C. D. and Kanaroglou P. S. (2016). Forty years of modeling rapid transit's land value uplift in North America: moving beyond the tip of the iceberg. Transport Reviews, 36 (5): 610 – 34.

[126] Horridge M. (2012). The TERM model and its database. InG. Wittwer (ed.), Economic Modeling of Water: The Australian CGE Experience. Dordrecht: Springer, 13 – 35.

[127] Horridge M. and Wittwer G. (2008). SinoTERM, a multi-regional CGE model of China. China Economic Review, 19 (4): 628 – 34.

[128] Horridge M. , Madden J. and Wittwer G. (2005). The impact of the 2002 – 2003 drought on Australia. Journal of Policy Modeling, 27 (3): 285 – 308.

［129］ Hsing Y. T. (2010). The Great Urban Transformation: Politics of Land and Property in China. Oxford: Oxford University Press.

［130］ http://www.chinadaily.com.cn/dfpd/shehui/2013 - 12 - 24 content_17194424.htm, 访问日期2015 年4 月19 日.

［131］ Hu A. and Wang S. (1996). Changes in China's regional disparities. Washington Center for Chinese Studies, 6 (9).

［132］ Intergovernmental Panel on Climate Change (1997). Greenhouse Gas Inventory Reporting Instructions: Revised 1996 IPCC Guidelines for National Greenhouse Gas Inventories. Intergovernmental Panel on Climate Change, Paris.

［133］ Ivanova O., Heyndrickx C., Spitaels K. et al. (2007). RAEM: version 3.0. Transport & Mobility Leuven, Leuven.

［134］ Janic M. (2003). Multicriteria evaluation of high-speed rail, transrapid Maglev and air passenger transport in Europe. Transportation Planning and Technology, 26 (6): 491 - 512.

［135］ Janic M. (2011). Assessing some social and environmental effects of transforming an airport into a real multimodal transport node. Transportation Research Part D: Transport and Environment, 16 (2): 137 - 49.

［136］ Jian T., Sachs J. D. and Warner A. M. (1996). Trends in regional inequality in China. China Economic Review, 7 (1): 1 - 21.

［137］ Jiang C. and Zhang A. (2016). Airline network choice and market coverage under high-speed rail competition. Transportation Research Part A: Policy and Practice, 92: 248 - 60.

［138］ Jiang J. (2008). A Preliminary Study on Holistic Transportation. The Office of the Department of Transportation Planning in Jiangxi Province (in Chinese).

［139］ Jime-nez J. L. and Betancor O. (2012). When trains go faster than planes: the strategic reaction of airlines in Spain. Transport Policy, 23: 34 - 41.

［140］ Johnston J. and Dinardo J. (1997). Econometric Methods, 4th edn. New York: McGraw-Hill/Irwin.

［141］ Kanbur R. and Zhang X. (2005). Fifty years of regional inequality in China: a journey through central planning, reform, and openness. Review of Development Economics, 9 (1): 87 - 106.

[142] Kim E. (1998). Economic gain and loss from public infrastructure investment. Growth and Change, 29 (4): 445 – 69.

[143] Kim E. and Kim K. (2002). Impacts of regional development strategies on growth and equity of Korea: a multiregional CGE model. The Annals of Regional Science, 36 (1): 165 – 89.

[144] Kim E. , Hewings G. J. and Hong C. (2004). An application of an integrated transport network-multiregional CGE model: a framework for the economic analysis of highway projects. Economic Systems Research, 16 (3): 235 – 58.

[145] Knaap T. and Oosterhaven J. (2000). The welfare effects of new infrastructure: an economic geography approach to evaluating new Dutch railway links. Paper presented at the 47th North American Meeting of the Regional Science Association, Chicago, IL, November: 9 – 11.

[146] Knox S. (2006). Can a high speed rail line in the UK help to close the productivity gap between London and the South East and the Regions, and boost economic growth? Working Paper. Transportation Planning Society, London.

[147] Koike A. , Ishikura T. , Miyashita M. and Tsuchiya K. (2015). Spatial economic analysis for intercity transport policies. In Y. Hayashi, S. Morichi, T. H. Oum and W. Rothengatter (eds), Intercity Transport and Climate Change: Strategies for Reducing the Carbon Footprint. Cham, Germany: Springer, 177 – 213.

[148] Krugman P. R. (1991a). Increasing returns and economic geography. Journal of Political Economy, 99 (3): 483 – 99.

[149] Krugman P. R. (1991b). Geography and Trade. Cambridge, MA: MIT Press. Krugman, P. R. (1998). What's new about the new economic geography? Oxford Review of Economic Policy, 14 (2): 7 – 17.

[150] Kuznets S. (1955). Economic growth and income inequality. American Economic Review, 45 (1): 1 – 28.

[151] LeSage J. (2014). What regional scientists need to know about spatial econometrics. The Review of Regional Studies, 44 (1): 13 – 32.

[152] LeSage J. and Pace R. K. (2009). Introduction to Spatial Econometrics. New York: CRC Press.

[153] Levinson D. , Mathieu J. M. , Gillen D. and Kanafani A. (1997). The full

cost of high-speed rail: an engineering approach. The Annals of Regional Science, 31 (2): 189 – 215.

[154] Levinson D. M. (2012). Accessibility impacts of high-speed rail. Journal of Transport Geography, 22: 288 – 91.

[155] Li H. and Haynes K. E. (2011). Economic structure and regional disparity in China: beyond the Kuznets transition. International Regional Science Review, 34 (2): 157 – 90.

[156] Li L. (2007). Solutions for the development of an environment-friendly transportation system. Institute of Comprehensive Transportation of National Development and Reform Commission. http://www. cas. cn/zt/jzt/cxzt/gxdhjdstzx/stshystjs/200708/t20070806_2671223. shtml (assessed on May 24, 2015) (in Chinese).

[157] Li Z. C. and Sheng D. (2016). Forecasting passenger travel demand for air and high-speed rail integration service: a case study of Beijing-Guangzhou corridor, China. Transportation Research Part A: Policy and Practice, 94: 397 – 410.

[158] Liao F. H. and Wei Y. D. (2012). Dynamics, space, and regional inequality in provincial China: a case study of Guangdong province. Applied Geography, 35 (1): 71 – 83.

[159] Lin B. and Sun C. (2010). Evaluating carbon dioxide emissions in international trade of China. Energy Policy, 38 (1): 613 – 21.

[160] Lin C. C. and Chen Y C. (2003). The integration of Taiwanese and Chinese air networks for direct air cargo services. Transportation Research Part A: Policy and Practice, 37 (7): 629 – 47.

[161] Lin G. C. (2007). Reproducing spaces of Chinese urbanisation: new city-based and land-centred urban transformation. Urban Studies, 44 (9): 1827 – 55.

[162] Lofgren H. , Harris R. L. and Robinson S. (2002). A Standard Computable General Equilibrium (CGE) Model in GAMS, Vol. 5. Washington, DC: International Food Policy Research Institute.

[163] Long H. , Liu Y. , Wu X. and Dong G. (2009). Spatio-temporal dynamic patterns of farmland and rural settlements in Su-Xi-Chang region: implications for building a new countryside in coastal China. Land Use Policy, 26 (2): 322 – 33.

[164] López E. , Gutiérrez J. and Gómez G. (2008). Measuring regional cohesion

effects of large-scale transport infrastructure investments: an accessibility approach. European Planning Studies, 16 (2): 277 - 301.

[165] Lü X. and Landry P. F. (2014). Show me the money: interjurisdiction political competition and fiscal extraction in China. American Political Science Review, 108 (3): 706 - 22.

[166] Ma L. J. C. (2002). Urban transformation in China, 1949 - 2000: a review and research agenda. Environment and planning A, 34 (9): 1545 - 69.

[167] Ma L. J. C. and Cui G. (2002). Economic transition at the local level: diverse forms of town development in China. Post-Soviet Geography and Economics, 43 (2): 79 - 103.

[168] Martín J. C. and Reggiani A. (2007). Recent methodological developments to measure spatial interaction: synthetic accessibility indices applied to high-speed train investments. Transport Reviews, 27 (5): 551 - 71.

[169] McDonald S. (2005). The PROVIDE Project Standard Computable General Equilibrium Model: Version 2. Technical Paper Series 15625, PROVIDE Project.

[170] Melibaeva S., Sussman J. and Dunn T. (2011). Comparative study of high speed passenger rail development in megaregion corridors: current experiences and future opportunities. In Proceedings of the ASME/ASCE/IEEE 2011 Joint Rail Conference, Pueblo, Colorado, March: 16 - 18.

[171] Melo P. C., Graham D. J. and Brage-Ardao R. (2013). The productivity of transport infrastructure investment: a meta-analysis of empirical evidence. Regional Science and Urban Economics, 43 (5): 695 - 706.

[172] Ministry of Railways (2008). The Mid-and Long-term Railway Network Plan. Beijing. Na, K. Y., Han, C. and Yoon, C. H. (2013). Network effect of transportation infrastructure: a dynamic panel evidence. The Annals of Regional Science, 50 (1): 265 - 74.

[173] Mohammad S. I., Graham D. J., Melo P. C. and Anderson R J. (2013). A metaanalysis of the impact of rail projects on land and property values. Transportation Research Part A: Policy and Practice, 50: 158 - 70.

[174] Monzón A., Ortega E. and López E. (2013). Efficiency and spatial equity impacts of high-speed rail extensions in urban areas. Cities, 30: 18 - 30.

［175］ Morley, S. , Piñeiro V. and Robinson S. (2011). A dynamic computable general equilibrium model with working capital for Honduras, No. 1130. International Food Policy Research Institute, Washington, DC.

［176］ Ollivier G. , Bullock R. , Jin Y. and Zhou N. (2014). High-speed railways in China: a look at traffic. China Transport Topics No. 11, December. World Bank, Washington, DC.

［177］ Pagliara F. , Vassallo J. and Roma-n C. (2012). High-speed rail versus air transpor-tation: case study of Madrid-Barcelona, Spain. Transportation Research Record: Journal of the Transportation Research Board, 2289: 10 – 17.

［178］ Palanza F. (1998). Contribution of major road and rail infrastructure projects to regional development. Evaluation Unit, European Investment Bank, Luxembourg.

［179］ Pan H. and Zhang M. (2008). Rail transit impacts on land use: evidence from Shanghai, China. Transportation Research Record: Journal of the Transportation Research Board, 2048 (1): 16 – 25.

［180］ Paper. Centre for Urban and Regional Development Studies, Newcastle University. Tvrdoň, M. and Skokan, K. (2011). Regional disparities and the ways of their measurement: the case of the Vise grad four countries, Technological and Economic Development of Economy, 17 (3): 501 – 18.

［181］ Park Y. and Ha H. K. (2006). Analysis of the impact of high-speed railroad service on air transport demand. Transportation Research Part E: Logistics and Transportation Review, 42 (2): 95 – 104.

［182］ Partridge M. D. and Rickman D. S. (1998). Regional computable genera-lequilibrium modeling: a survey and critical appraisal. International Regional Science Review, 21 (3): 205 – 48.

［183］ Pol P. M. (2003). The economic impact of the high-speed train on urban regions. Paper presented at the 43rd Congress of the European Regional Science Association: Peripheries, Centres, and Spatial Development in the New Europe, Jyväskylä, Finland, August: 27 – 30.

［184］ Pol P. M. J. (2003). The economic impact of the high-speed train on urban regions. European Regional Science Association Econ Papers. http: //www. ersa. org (assessed on April 24, 2018).

［185］ Preston J. (2013). The economics of investment in high speed rail: summary and conclusions. Discussion Paper No. 2013 – 30. International Transport Forum, Paris.

［186］ Puga D. (2002). European regional policies in light of recent location theories. Journal of Economic Geography, 2 (4): 373 – 406.

［187］ Puga D. (2008). Agglomeration and cross-border infrastructure. EIB Papers, European Investment Bank, Luxembourg, 13 (2): 102 – 24.

［188］ Rioja F. K. (1999). Productiveness and welfare implications of public infrastructure: a dynamic two-sector general equilibrium analysis. Journal of Development Economics, 58 (2): 387 – 404.

［189］ Robson E. N. and Dixit V. V. (2017). A general equilibrium framework for integrated assessment of transport and economic impacts. Networks and Spatial Economics, 17 (3): 989 – 1013.

［190］ Rodríguez-Pose A. and Fratesi U. (2004). Between development and social policies: the impact of European Structural Funds in Objective 1 regions. Regional Studies, 38 (1): 97 – 113.

［191］ Roll M. and Verbeke A. (1998). Financing of the trans-European high-speed rail networks: new forms of public-private partnerships. European Management Journal, 16 (6): 706 – 13.

［192］ Roma-n C., Espino R. and Martin J. C. (2007). Competition of high-speed train with air transport: the case of Madrid-Barcelona. Journal of Air Transport Management, 13 (5): 277 – 84.

［193］ Rosen S. (1974). Hedonic prices and implicit markets: product differentiation in pure competition. Journal of Political Economy, 82 (1): 34 – 55.

［194］ Sasaki K., Ohashi T. and Ando A. (1997). High-speed rail transit impact on regional systems: does the Shinkansen contribute to dispersion? The Annals of Regional Science, 31 (1): 77 – 98.

［195］ Saw S. H. and Wong J. (2009). Regional Economic Development in China. Singapore: Institute of Southeast Asian Studies. Song, S., Chu, G. S. F. and Chao, R. (2000). Intercity regional disparity in China. China Economic Review, 11 (3): 246 – 61.

［196］ Seung C. K. and Kraybill D. S. (2001). The effects of infrastructure investment: a two-sector dynamic computable general equilibrium analysis for Ohio, International Regional Science Review, 24 (2): 261 – 81.

［197］ Shaw S. L. , Fang Z. , Lu S. and Tao R. (2014). Impacts of high speed rail on railroad network accessibility in China. Journal of Transport Geography, 40: 112 – 22.

［198］ Shen Y. , Silva J. D. A. and Martínez L. M. (2014). Assessing high-speed rail's impacts on land cover change in large urban areas based on spatial mixed logit methods: a case study of Madrid Atocha railway station from 1990 to 2006. Journal of Transport Geography, 41: 184 – 96.

［199］ Strand J. and Vägnes M. (2001). The relationship between property values and railroad proximity: a study based on hedonic prices and real estate brokers' appraisals. Transportation, 28 (2): 137 – 56.

［200］ Tan M. , Li X. and Lv C. (2004). The occupation of cultivated land due to the expansion of land use for construction in Chinese cities in the 1990s. China Science: D Series, 34 (12), 1157 – 65 (in Chinese).

［201］ Theil H. (1967). Economics and Information Theory. Amsterdam: Horth-Holland. Tomaney, T. (2011). Local and regional impacts of high speed rail in the UK. Working

［202］ Thurlow J. (2003). A Dynamic Computable General Equilibrium Model for South Africa. Washington, DC: International Food Policy Research Institute.

［203］ Tomaney T. (2011). Local and regional impacts of high speed rail in the UK. Working Paper. Centre for Urban and Regional Development Studies, Newcastle University.

［204］ Ureña J. M. de and Coronado J. M. (2009). Changing territorial implications of high speed rail in Spain: from individual lines, stations and services to networks. Paper presented at Panel: Territorial Implications of High Speed Rail, International Congress "City Futuresin a Globalising World", Madrid, June: 4 – 6.

［205］ Venables A. J. (2016). Incorporating wider economic impacts within cost-benefit appraisal. OECD Discussion Paper for International Transport Forum. Paris, 2016 – 05.

［206］ Vickerman D. and Ulied A. (2009). Indirect and wider economic impacts of high speed rail. In G. de Rus (ed.), Economic Analysis of High Speed Rail in Europe. Madrid: Fundación BBVA, 89 – 118.

[207] Vickerman R. (1997). High-speed rail in Europe: experience and issues for future development. The Annals of Regional Science, 31 (1): 21 – 38.

[208] Vickerman R. (2007). Cost-benefit analysis and large-scale infrastructure projects: state of the art and challenges. Environment and Planning B: Planning and Design, 34 (4): 598 – 610.

[209] Vickerman R. (2017). Can high-speed rail have a transformative effect on the economy? Transport Policy, 62: 31 – 7.

[210] Vickerman R., Spiekermann K. and Wegener M. (1999). Accessibility and economic development in Europe. Regional Studies, 33 (1): 1 – 15.

[211] Vold A. and Jean-Hansen V. (2007). PINGO-A Model for Prediction of Regional and Interregional Freight Transport in Norway. Institute of Transport Economics. TOI report, 899.

[212] Wan Y., Ha H. K., Yoshida Y. and Zhang A. (2016). Airlines' reaction to high- speed rail entries: empirical study of the Northeast Asian market. Transportation Research Part A: Policy and Practice, 94: 532 – 57.

[213] Wang M. and Liu X. (2012). Technical exploration of high-speed new town planning ideas, based on ROD template. In M. Wang, Y. Lu and X. Ai (eds), Theory and Practice on Comprehensive Development of Rail Transit. Beijing: China City Press.

[214] Wang Y. and Wu B. (2015). Railways and the local economy: evidence from Qingzang railway. Economic Development and Cultural Change, 63 (3): 551 – 88.

[215] Wee B. V., Janse P. and Brink R. V. D. (2005). Comparing energy use and environmental performance of land transport modes. Transport Reviews, 25 (1): 3 – 24.

[216] Wei F., Chen J. and Zhang L. (2014). The pricing effects of competition from high-speed rails: evidence from the Chinese airline market. Nankai Economic Research, (6): 133 – 50 (in Chinese).

[217] Williamson J. G. (1965). Regional inequality and the process of national development: a description of the patterns. Economic Development and Cultural Change, 13 (4): 1 – 84.

[218] Wittwer G., Vere D. T., Jones R. E. and Griffith G. R. (2005). Dynamic

general equilibrium analysis of improved weed management in Australia's winter cropping systems. Australian Journal of Agricultural and Resource Economics, 49 (4): 363 – 77.

[219] Wu J. (2013). Financial and economic assessment of china's high-speed rail investments. Discussion Paper No. 28. OECD, Paris.

[220] Wu J., Nash C. and Wang D. (2014). Is high speed rail an appropriate solution to China's rail capacity problems? Journal of Transport Geography, 40: 100 – 11.

[221] Xia W. and Zhang A. (2016). High-speed rail and air transport competition and cooperation: a vertical differentiation approach. Transportation Research Part B: Methodological, 94: 456 – 81.

[222] Xinhua News (2018). China publishes master plan for Xiongan New Area. http: //en. people. cn/n3/2018/0423/c90000 – 9452423. html, accessed on November: 28.

[223] Yan M., Huang J. C. and Peng S. C. (2011). The influence of construction land expansion to cultivated land and grain production in central China. Economic Geography, 7 (31): 1157 – 64 (in Chinese).

[224] Yang H. and Zhang A. (2012). Effects of high-speed rail and air transport competition on prices, profits and welfare. Transportation Research Part B: Methodological, 46 (10): 1322 – 33.

[225] Yang J. and Gakenheimer R. (2007). Assessing the transportation consequences of land use transformation in urban China. Habitat International, 31 (3): 345 – 53.

[226] Yao S. and Zhang Z. (2001). On regional inequality and diverging clubs: a case study of contemporary China. Journal of Comparative Economics, 29 (3): 466 – 84.

[227] Yeh A. G. O. and Li X. (1999). Economic development and agricultural land loss in the Pearl River Delta, China. Habitat International, 23 (3): 373 – 90.

[228] Yu D. and Wei Y. D. (2008). Spatial data analysis of regional development in Greater Beijing, China, in a GIS environment. Papers in Regional Science, 87 (1): 97 – 117.

[229] Yu L. and Chao P. (2016). Transportation networks link Chengdu to the world. China Daily, January 26. http: //www. chinadaily. com. cn/regional/2016 – 01/ 26/ content_23245807. htm, accessed on November 30, 2016.

[230] Zha D. and Zhou D. (2014). The elasticity of substitution and the way of

nesting CES production function with emphasis on energy input. Applied Energy, 130: 793 – 8.

[231] Zhang A. (1998). Industrial reform and air transport development in China. Journal of Air Transport Management, 4 (3): 155 – 64.

[232] Zhang Q. and Zou H. F. (2012). Regional inequality in contemporary China. Annals of Economics and Finance, 13 (1): 113 – 37.

[233] Zhang Q. , Yang H. , Wang Q. and Zhang A. (2014). Market power and its determinants in the Chinese airline industry. Transportation Research Part A: Policy and Practice, 64: 1 – 13.

[234] Zhao J. , Zhao Y. and Li Y. (2015). The variation in the value of travel-time savings and the dilemma of high-speed rail in China. Transportation Research Part A: Policy and Practice, 82: 130 – 40.

[235] Zhao L. and Chang J. (2012). Spatial cause for china's ecological deterioration and countermeasures of ecological civilization. Jianghan Forum, 5: 31 – 5 (in Chinese).

[236] Zhao Z. (2014). High-speed trains made in China on track for success. China Daily, June 11.

[237] Zheng S. and Kahn M. E. (2013). China's bullet trains facilitate market integration and mitigate the cost of megacity growth. Proceedings of the National Academy of Sciences of the USA, 110 (14), E1248 – E53.

[238] Zhu P. , Yu T. and Chen Z. (2015). High-speed rail and urban decentralization in China. Transportation Research Record: Journal of the Transportation Research Board, 2475: 16 – 2.

[239] Zhu X. and Tao Y. (2013). Agglomeration and regional coordination. In L. Ming, C. Zhao, X. Zhu and X. Xu (eds), China's Regional Development. New York: Rout ledge, 21 – 56.

[240] Zhu Y. (2014). Carbon coefficient estimation based on the intermediate input. Sciencepaper Online (in Chinese).